AMRA

Bianca Sommer

Das heilende Wissen der Tiere

Botschaften von Tiergruppenseelen

Vorwort von Pavlina Klemm

AMRA

Besuchen Sie unseren Shop:
www.AmraVerlag.de

Ihre 80-Minuten-Gratis-CD erwartet Sie.
Unser Geschenk an Sie … einfach anfordern!

Eine Originalausgabe im AMRA Verlag
Hotline: + 49 (0) 61 81 – 18 93 92
Kundendienst: Info@AmraVerlag.de

Herausgeber & Lektor	Michael Nagula
Einbandgestaltung	Guter Punkt
Layout & Satz	Birgit Letsch
Autorenfoto	Robert Kainz
Druck	Tschechien

ISBN 978-3-95447-504-9 (Buch)
ISBN 978-3-95447-505-6 (eBook)

Folgende Bücher mit ähnlicher Thematik sind bei AMRA erhältlich:
Dean Koontz – Trixie, ein Engel auf Erden. Mein Golden Retriever
Dean Koontz – Acht Schritte zum Glück. Trixies Ratgeber fürs Leben
Tom Kenyon – Mit den Krokodilen ringen. Spirituelle Reiseberichte
Maike Maja Nowak – Ohne Schuld. Meine Geschichte mit Tinkapur
Ren Hurst – Die heilende Kraft der Pferde. Verbreitung von Liebe

Ich widme dieses Buch
all jenen Menschen,
die ihre Stimme erheben für die,
die es nicht selbst können.
All jenen, die sich für diese Inkarnation
zu dieser Zeit entschieden haben,
um zu gestalten, zu verändern
und zu bewegen.
All jenen, die ihr Licht hell erstrahlen lassen,
um ein Leuchtturm zu sein,
und auch denen, die ihr Licht dazu nutzen,
viele andere Lichter zu entzünden.
Ich widme es den Tieren,
die so viel auf sich nehmen, damit
wir Menschen verstehen.

Ich wünsche allen Menschen, dass sie
die Begrenzungen des Verstandes niederreißen,
ihr Herz vollständig öffnen und
die Liebe fließen lassen.

Inhalt

Liebe Leserinnen und Leser,

als ich das Manuskript öffnete, das ihr jetzt hier als Buch in euren Händen haltet, kam mir eine Welle der Liebe, Reinheit und auch der Natürlichkeit entgegen, die in Biancas Texten enthalten sind. Schon bei den ersten Zeilen spürte ich, dass die Verbindung mit dem Reich der Tiere und der Natur ihr im Blut liegt. Und auch, dass die Kommunikation mit den Tieren ihre Berufung ist.

Und je länger ich in Biancas wundervollem Manuskript las, desto größer wurde mein Wunsch, euch einige Gedanken und Eindrücke zu vermitteln, die mir beim Lesen ihres wirklich einzigartigen Werkes in den Sinn gekommen sind.

Bianca stellt euch hier gechannelte Botschaften von tierischen Begleitern des Menschen, aber auch von wild lebenden Tieren vor – und sie machen eines sofort deutlich:

Jedes Tier hat sein eigenes Bewusstsein und ist an das Bewusstsein der übergeordneten Seele seiner Art angebunden, die Bianca Tiergruppenseele nennt. Und um das Channeling eben dieser Tiergruppenseelen geht es in diesem Buch.

Es ist kaum zu glauben, was wir alles mitgeteilt bekommen und welche Fülle an Informationen die einzelnen Botschaften enthalten. Die großartigen Channelings, die Bianca hier zusammengetragen hat, sind deswegen so bedeutend, weil wir erfahren dürfen, dass jede Tierart auf diesem Planeten eine bestimmte Aufgabe hat – und diese Aufgabe verbindet sie gleichzeitig mit anderen Arten von Tierreichen und mit der menschlichen Gemeinschaft.

Und es geht noch weiter: Auch wenn jede Tiergruppenseele im Tierreich ihre eigene Funktion und Aufgabe besitzt und sich nach eigenen Regeln richtet, tragen alle Tiergruppenseelen doch gleich mehrere gemeinsame und nahezu identische Gedanken und Auffassungen in sich, die sie uns Menschen übermitteln.

Ihre Botschaft für unsere menschliche Gemeinschaft ist ein Aufruf, zu unserer Natürlichkeit zurückzukehren. Die Gesetze der Natur und die Gesetze der natürlichen Kommunikation zu ehren. Aufzuhören, Rivalen und Feinde zu sein, und stattdessen endlich wieder die positive Kraft des Kollektivs zu nutzen.

Es geht darum, mehr im Hier und Jetzt zu leben. Denn der gegenwärtige Augenblick verbindet uns mit der positiven Kraft und Energie der Natur. Er verbindet uns mit der positiven Kraft und Energie unserer Galaxis und unseres Universums, das überall um uns herum ist, in jeder einzelnen Pore. Der gegenwärtige Augenblick bringt uns innere Ruhe und lässt uns die Schönheit und das feine Geschehen um uns herum wahrnehmen.

Unsere tierischen Lieblinge lehren uns das, während sie sich in unserer unmittelbaren Nähe aufhalten und uns bei unserer spirituellen Entwicklung begleiten. Häufig zeigen sie uns mit ihrem Verhalten unsere noch unverarbeiteten Themen auf. Man könnte sagen, dass sie uns einen Spiegel vorhalten. Außerdem lassen sie uns unsere natürlichen Potenziale entdecken. Ihre Anbindung an das gemeinsame Höhere Bewusstsein ihrer tierischen Gruppenseele verbindet auch uns mit Reinheit und Natürlichkeit.

Jeder von uns befindet sich bereits auf dem Weg zu mehr Natürlichkeit und einer größeren Verbindung zu seinem Inneren Ich. Jeder von uns – auch wenn unsere Wege unterschiedlich sind und jeder eine andere Entwicklung durchläuft – strebt in dieser Zeit nach der reinsten Liebe zu sich selbst. Und wenn wir es wollen und bereit dafür sind, können wir die Weisheit und das

Wissen der Tierwesen annehmen, die uns von jeher auf diesem Planeten begleiten. Sie warten nur darauf, dass wir ihre Weisheit und ihr Wissen in unsere Herzen eintreten lassen, in unseren Geist und in unser Leben.

Und was ich ganz und gar großartig finde: Bianca lässt uns auf diesem Weg nicht allein. Sie bietet uns allen in diesem Buch auch Übungen an, damit wir, ihre begeisterten Leserinnen und Leser, die Kommunikation mit den Tierwesen selbst erlernen und ihre Gefühle, ihre Bedürfnisse und ihre Botschaften selbst wahrnehmen können – aus eigener Erfahrung.

Ich wünsche euch viel Freude und viele Erkenntnisse beim Lesen und Üben. Und gleichzeitig wünsche ich euch eine geistige Verschmelzung mit der Reinheit der Tiere und der Vielfältigkeit des Naturreichs. Dieses Buch ermöglicht euch das!

Und dir, liebe Bianca, danke ich für dieses ganz wundervolle Geschenk, das du uns allen in Form deines Buches gemacht hast. Alle Menschen und alle Tiere und Lebewesen leben gemeinsam auf diesem Planeten. Jede einzelne Gemeinschaft ist ein Teil des unermesslichen großen Ganzen. Und alles beeinflusst sich gegenseitig. Wir beeinflussen gegenseitig unsere gemeinsame Existenz und unsere gemeinsame Zukunft.

Jetzt ist die Zeit gekommen, dass wir beginnen, die Komplexität des gemeinsamen Lebens und Seins auf diesem wunderschönen Planeten Erde zu verstehen.

In Liebe,

Pavlina Klemm

Einleitung

Tiere begleiten uns Menschen schon seit Jahrtausenden. Stand früher eher der Nutzen der jeweiligen Tierart im Vordergrund, so sind es heute die Gesellschaft der Tiere und ihre bedingungslose Liebe, die uns veranlassen, ein Tier zu uns zu nehmen. Und wer freut sich nicht, beim Heimkommen sehnsüchtig erwartet und liebevoll begrüßt zu werden? Die Tiere geben uns so unendlich viel zurück, dass das Zusammenleben mit ihnen eine Wohltat für unsere Seele ist. Ob es der Spaziergang mit dem Hund nach einem anstrengenden Arbeitstag ist, ein schöner Ausritt auf dem Rücken des geliebten Pferdes oder die abendliche Schmuseeinheit mit Katze oder Kaninchen – die Zeit, die wir mit unseren Tieren verbringen, ist stets eine gut genutzte Zeit.

Wir fühlen uns mit den Tieren verbunden, lieben sie meist auf eine so intensive Weise, dass wir nie wieder ohne sie sein wollen. Und das Wunderbare ist, dass sie uns auch all ihre Liebe schenken und dies auf die ihnen eigene Art deutlich zeigen. Sie lieben uns, so wie wir sind. Egal ob wir geschminkt sind oder nicht, ob wir groß oder klein, dick oder dünn sind. Selbst wenn wir alles andere als gut gelaunt sind oder wenn wir traurig sind, lieben sie uns und zeigen uns das deutlich.

Mitunter zeigen sie es in solchen Momenten sogar noch viel mehr. Sie wissen, wie sie uns zum Lachen bringen oder von unseren Sorgen ablenken können. Es scheint, als würden sie genau erkennen, was in uns vorgeht, und genau das tun, was uns in dieser Situation am besten hilft!

Ich weiß aus Erfahrung, dass dies nicht nur so zu sein scheint, sondern so ist. Tiere sind Empathen, Muskelleser und exzellent darin, unsere Aura, unser ganzes Energiefeld wahrzunehmen und zu verstehen. Als Empathen nehmen sie unsere Gefühle wahr und spüren diese ganz deutlich. Wir können ihnen nichts vormachen und genau das macht es uns so leicht, in Gegenwart der Tiere wir selbst zu sein. Hinzu kommt, dass viele Tiere als Muskelleser jede noch so kleine Anspannung oder Verspannung bemerken und darauf reagieren. So wird manch eine Katze zum Kletterkünstler, um sich genau dorthin zu legen, wo wir Probleme haben. Sie nehmen die Energie der Anspannung dort auf und wandeln sie um. Es ist also nicht nur die Körperwärme, die für die Entspannung sorgt. Tiere nehmen die feinstofflichen Energien sehr deutlich wahr und interagieren mit unserem Energiefeld.

Ist es da verwunderlich, dass es uns in ihrer Gegenwart stets besser geht? Wohl jeder Tierhalter wird bestätigen, dass das Zusammenleben mit seinem Tier das Wohlbefinden und die Lebensqualität deutlich gesteigert haben. Ein weiterer positiver Nebeneffekt ist oftmals, dass wir durch das Tier in unserem Leben bestimmte Lebensgewohnheiten ändern, uns weiterentwickeln und viel dazu lernen. Doch ist dies tatsächlich ein Nebeneffekt? Oder könnte es vielleicht sogar sein, dass jedes Tier aus einem ganz bestimmten Grund in unser Leben getreten ist?!

Wohl jeder, der mit Tieren zusammenlebt, wünscht sich, zu verstehen, was das Tier ihm sagen oder mit seinem Verhalten mitteilen möchte. Die meisten Tierhalter haben sich schon mehr als einmal die Frage gestellt: »Was würde mein Tier mir sagen, wenn es reden könnte?« Tiere kommunizieren mit uns, doch haben die meisten Menschen verlernt, ihnen auf die richtige Weise zuzuhören. Denn wenn man mit einem Tier reden möchte, ist es immer ein Gespräch von Herz zu Herz, von Seele zu Seele. Es ist eine Kommunikation, die zu einem großen Teil jenseits von Worten stattfindet.

Tiere haben, wie wir Menschen auch, eine Seele – obwohl es noch immer Theorien gibt, die das Gegenteil behaupten. Dies mag wohl bestimmten Aussagen der katholischen Kirche geschuldet sein, in denen den Tieren eine Seele entweder ganz abgesprochen wurde (Chrysostomos bezeichnete im vierten Jahrhundert nach Christus den Glauben, dass Tiere eine Seele haben könnten, als tief häretisch), oder in denen zumindest die Unsterblichkeit der Seele der Tiere bestritten wurde. So gestand Thomas von Aquin, einer der bekanntesten Theologen des Mittelalters, Tieren zwar zu, eine Seele zu haben, jedoch würde diese, seiner Meinung nach, mit dem Tod des Tieres verlöschen.

Ich selbst vertrete die Ansicht, die heute am weitesten verbreitet ist: Wir alle, ob Mensch oder Tier, sind Seelen, die sich im jeweiligen physischen Körper aufhalten, um bestimmte Erfahrungen zu machen. So wie wir Menschen auf Seelenebene unser Leben planen, tun es auch die Tiere. Hierbei fällt jedoch eines besonders auf: Die Lebensplanung vieler Tiere dreht sich zumeist darum, wie sie »ihrem« Menschen bei dessen Lernaufgaben helfen können. Aber einer Seele bei ihren Lernaufgaben als Mensch zu helfen, was bedeutet das genau?

Jede Seele ist bestrebt, zu lernen, zu wachsen und sich weiterzuentwickeln. Vor der Inkarnation plant daher eine Seele bestimmte Erfahrungen, die diesem Wachstum und dieser Weiterentwicklung dienen. Während es bei den Seelen, die als Mensch inkarnieren, anscheinend primär darum geht, sich weiterzuentwickeln, neue Erfahrungen als menschliches Wesen zu machen und die unterschiedlichsten Situationen zu meistern, geht es bei den Tieren wohl in erster Linie darum, die Menschen auf diesem Weg zu unterstützen und zu begleiten. Sie zeigen uns bestimmte Themen auf, indem sie uns Verhaltensmuster spiegeln oder sich vermeintlich völlig gegensätzlich zu unseren eigenen Charakterzügen verhalten. Die Lebensplanung der Tiere dreht sich also in der Regel weniger darum, welche Erfahrungen sie selbst machen möchten, als darum, wie sie uns Menschen bei der Erfüllung unserer Lebensplanung helfen können.

Vom Zusammenleben mit Tieren können wir in vielerlei Hinsicht profitieren. Es wirkt sich nachweislich positiv auf unseren Körper aus – das Streicheln von Tieren senkt zum Beispiel den Blutdruck und mindert Stressanzeichen. Das Zusammenleben mit ihnen beruhigt auch aufgewühlte Emotionen und erhöht die Lebensfreude und Lebensqualität – und es trägt zur seelischen Weiterentwicklung bei. Auf welche Weise die Tiere dies tun, ist sehr unterschiedlich. In diesem Buch möchte ich die Botschaften von Tieren übermitteln und damit zeigen, dass Tiere eine größere Rolle für uns spielen, als wir vielleicht bisher dachten …

Manch einer hat schon erkannt, dass es Seelentiere gibt. Seelentiere – das sind die, deren Seelen besonders eng mit der unseren verbunden sind. Die, die wir sofort als solche erkennen. Wir fühlen sie auf eine sehr intensive Art und wissen schon im ersten Moment, dass genau dieses Tier zu uns gehört. Die Verbindung mit diesen Tieren ist bereichernd, stark, einfach immens von Liebe und vom Miteinander geprägt. Und sie sind es auch, die uns in unserer Entwicklung am weitesten bringen, die uns vorantreiben und uns die nächsten Schritte aufzeigen. Sie sind es, die Vertrauen und Liebe in unser Leben bringen, ohne eine Gegenleistung zu erwarten. Und sie sind es auch, die wir am schwersten gehen lassen können, wenn ihre Zeit gekommen ist. Denn sie werden wir am meisten vermissen.

Als Tierkommunikatorin und Medium habe ich in vielen Jahren unzählige Gespräche mit verschiedenen Tieren geführt, mit ihnen über ihren Alltag gesprochen, aber auch über ihre Lebensaufgaben. Dabei stellte ich fest, dass sie nahezu immer Lebensaufgaben nannten, die sich um ihren Menschen drehten. Sie berichteten, warum sie bei diesem Menschen sind und was dieser von ihnen lernen kann oder wie sie diesem Menschen helfen können. Und seit einiger Zeit weisen die Tiere noch viel deutlicher auf ihre Aufgabe und ihre Möglichkeiten hin als zuvor – was mich dazu brachte, noch genauer hinzuschauen. Dabei stellte ich fest, dass alle Tierseelen mit dem Höheren Bewusstsein ihrer jeweiligen Tierart verbunden sind.

Man spricht bei diesem Höheren Bewusstsein einer Tierart auch oft von der Gruppenseele der jeweiligen Gattung, also zum Beispiel der Gruppenseele der Katzen, der Hunde, der Pferde. Die Intensität der Anbindung der jeweiligen Tierseele an das Höhere Selbst dieser Gattung ist von Tier zu Tier verschieden, wie auch bei uns Menschen einige stärker angebunden sind als andere. Bei manchen Tiergesprächen wurde mir so viel Weisheit und Wissen zuteil, dass ich sofort merkte, dieses Tier ist sehr intensiv an die Tiergruppenseele angebunden und die übermittelten Informationen stammen wenigstens zum Teil aus dieser Quelle. Dadurch wurde mein Interesse geweckt, direkt mit dem Höheren Selbst der Tiere in Verbindung zu gehen.

Es gibt nur wenige Berichte von anderen Channelmedien, die sich mit Tiergruppenseelen verbinden und deren Botschaften übermitteln. Dabei scheint mir das gerade in der heutigen Zeit so wichtig zu sein – zumal viele Menschen Tieren besonders nahestehen und von Tieren leichter etwas annehmen können als von anderen Menschen.

Also habe ich begonnen, diese Gruppenseelen zu channeln und war tief berührt von den dabei übermittelten Informationen. Sie bestätigen, was ich in all den Jahren ahnte und nun sicher weiß: Die Tiere sind an unserer Seite, um unser spirituelles Wachstum zu unterstützen. Gerade in dieser herausfordernden Zeit sollten wir daher den Tieren wieder mehr Beachtung schenken und ihnen zuhören. Wir leben Tag für Tag mit ihnen zusammen, sind von ihnen umgeben. Und doch haben wir irgendwann in all den Jahrhunderten verlernt, ihnen zuzuhören.

Dabei sind Tiere unser Leuchtturm. Sie geben uns Orientierung und erinnern uns an das, was wir vergessen haben. Wir sollten ihnen wieder mehr Raum geben, mehr Beachtung schenken und in ein neues Miteinander mit den Tieren kommen – ja mit der ganzen Natur und allem, was ist.

In diesem Buch möchte ich euch auf eine spirituelle Reise mitnehmen – eine Reise in die Gedanken- und Gefühlswelt der Tiere. Obwohl wir mit den Tieren vieles gemeinsam haben, gibt es bei ihnen doch auch gänzlich andere Gedankengänge. In all den Jahren meiner Tätigkeit habe ich unzählige Tiergespräche geführt, von denen ich einige hier wiedergebe. Es sind Channelings der jeweiligen Tiergruppenseelen. Sie zeigen uns besonders deutlich auf, weshalb die Tiere bei uns sind und was wir von ihnen lernen können. Sie möchten Mut machen. Mut zur Veränderung. Mut zur Weiterentwicklung. Und Mut dazu, wir selbst zu sein und unsere Fähigkeiten zu nutzen.

Von Herz zu Herz!

Eure Bianca

Seelenverträge zwischen Mensch und Tier

Jede Seele kommt aus der Geistigen Welt. Dort, auf Seelenebene, findet eine enorme Weiterentwicklung und ein ständiges Wachstum der Seelen statt. Doch um zu wachsen und sich ständig weiterentwickeln zu können, brauchen die Seelen »Nahrung«. Ich setze diesen Begriff hier ganz bewusst in Anführungszeichen, da es um Nahrung im weiteren Sinne geht: um Brennstoff, Energie, also das, was die Basis für die Entwicklung und das Wachstum darstellt. Doch was genau braucht eine Seele, um zu reifen, zu wachsen und sich zu entwickeln?

Die Seele lebt von den Erfahrungen, die sie während der Inkarnationen macht. Genauer gesagt lebt sie von den Emotionen, die wir in dieser Zeit durchleben. Dabei unterscheidet die Seele nicht, welcher Art die Emotionen sind, denn alle sind gleichermaßen Nahrung für die Seele. Je stärker die Emotion ist, desto mehr kann die Seele daran wachsen.

Menschen teilen ihre Gefühle meist in gute und schlechte ein. Bei Tieren wird oft weniger stark unterschieden, wenngleich auch Tiere nach sehr traumatischen Erlebnissen oft lange brauchen, um sich davon zu erholen. Bei Mensch und Tier ist jedoch eines immer gleich: Jede einzelne Seele inkarniert mit einem Plan für das Leben im jeweiligen Körper.

Nahezu jeder Tierhalter kennt das Gefühl, wenn man das erste Mal ein Tier sieht und genau weiß: »Das ist mein neuer Wegbegleiter.« Man sieht das Tier und weiß einfach, dass es genau dieses und kein anderes ist. Es ist eine fast schon magische Verbindung, und man hat gar keine Augen mehr für andere Tiere. Oft vergisst man in solchen Momenten sogar, wie das Tier eigentlich aussehen sollte, welche Vorstellungen man bezüglich der Farbe oder Größe ursprünglich hatte. Das alles spielt plötzlich keine Rolle mehr, denn man hat nur noch Augen für dieses eine Tier, das manchmal ganz anders ist, als man es sich gedacht hatte. Oft zeigt sich erst viel später, welche Aufgabe das Tier in unserem Leben zu haben scheint. Doch manchmal erkennt man schon bei der ersten Begegnung, welche Rolle es im eigenen Leben spielen wird.

Ich selbst kenne diese Momente von jedem meiner Tiere, die mich in meinem Leben begleitet haben oder noch heute begleiten. Bei jedem Einzelnen kann ich mich exakt an den ersten Augenblick erinnern, an dieses einzigartige Gefühl des Erkennens. Bei jedem von ihnen wusste ich unmittelbar, dass genau dieses Tier für mich bestimmt ist und kein anderes in Frage kommt.

Mit Hilfe der Tierkommunikation ist es möglich, das Tier besser kennenzulernen. Aber man kann es auch zu seiner Aufgabe für einen Menschen und nach seinen allgemeinen Lebensaufgaben befragen. Oft kommen Antworten wie »Ich bin bei diesem Menschen, um zu zeigen, dass Liebe ohne Bedingungen möglich ist«, »Ich bringe Bewegung in das Leben meiner Menschen und halte sie auf Trab«, »Ich möchte ihm/ihr zeigen, wie schön das Leben ist« und dergleichen mehr. Tatsächlich teilen die Tiere auffallend häufig genau solche Aufgaben mit, wenn man sie danach fragt. Doch hin und wieder kommt es auch zu ungewöhnlich detaillierten Aussagen wie »Meine Aufgabe ist es, Struktur und Fokussierung in das Leben meines Menschen zu bringen«. Erfragt man die Lebensaufgabe eines Tieres und geht dabei wirklich in die Tiefe, so erfährt man nicht nur wichtige Aspekte, die das Zusammenleben von Mensch und Tier betreffen. Vielmehr bietet sich dann auch die Chance für den Menschen, durch diese Informationen sich selbst besser, schneller oder zielgerichteter zu entwickeln.

Doch nicht nur die Tiere erfüllen Aufgaben an uns Menschen, manchmal ist es auch andersherum. So kann unsere Aufgabe für das Tier darin bestehen, ihm zu zeigen, dass wir Menschen ebenfalls zu uneingeschränkter Liebe fähig sind oder dass wir in der Lage sind, durch dieses Tier zu lernen und zu wachsen. Die Aufgaben, die Menschen und Tiere vor der Inkarnation auf Seelenebene abgesprochen haben, sind Teil der Seelenverträge, die wir miteinander haben. In diesen ist nicht nur definiert, warum eine bestimmte Seele zu uns kommt, sondern auch – zumindest in einem groben Rahmen – wann, wie und sogar für welchen Zeitraum.

Natürlich gibt es bei all diesen Punkten einen gewissen Spielraum. Maßgeblich hängt dieser Spielraum davon ab, ob und in welchem Tempo wir Menschen überhaupt in der Lage sind, uns so zu verändern, wie das Tier an unserer Seite es uns ermöglichen würde. Als Grundlage dient uns dazu die ungefähre Zeitspanne, die wir laut unserer Vereinbarung auf Seelenebene gemeinsam mit dem Tier verbringen dürfen. Einmal hier auf der Erde, können wir in den meisten Fällen nichts »anders machen«, damit das Tier zum Beispiel länger lebt. Dieser Wunsch ist besonders häufig bei Menschen anzutreffen, die gerade in tiefer Trauer um ihr geliebtes Tier sind. Sie fragen sich oft über Wochen oder Monate hinweg, ob sie irgendetwas hätten ändern können.

Was in den Seelenverträgen festgeschrieben wurde, können wir nicht willentlich ändern. Wir können lediglich den Spielraum nutzen, der uns zur Verfügung steht, und mit unserem Tier zusammenleben. Ich sehe das Zusammenleben eines Menschen mit seinem Tier als Symbiose: Beide Seiten profitieren voneinander. Doch liegt es zumeist am Menschen, ob er wirklich alle Vorteile und Chancen, die sich ihm durch das Zusammenleben ermöglichen, wahrnimmt – oder nicht.

Tierkommunikation

Wahrscheinlich hast du schon davon gehört, dass es Menschen gibt, die mit Tieren »reden« können. Sie nehmen auf telepathischem Weg Kontakt zu einem Tier auf, von dem sie meist nur ein Foto haben, den Namen wissen und die Fragen von Herrchen oder Frauchen kennen, die sie dem Tier stellen sollen. Viele Tierhalter sind überzeugt, dass es möglich ist, auf diese Weise mit einem Tier zu reden, und suchen ganz unbefangen eine Tierkommunikatorin oder einen Tierkommunikator auf. Einige glauben nicht so recht daran, wollen es aber doch einmal probieren. Die Amerikanerin Penelope Smith hat mit ihren Büchern und Seminaren zu diesem Thema die Tierkommunikation in den letzten Jahren einem breiteren Publikum bekannt gemacht.

Wer auf einen Kontakt zu seinem geliebten Tier hofft und ein seriöses Tiermedium aufsucht, sollte im Vorfeld keine Informationen preisgeben. Das Medium ist immer in der Beweispflicht und sollte im Gespräch deutliche Details zu dem Tier aufzeigen können, ohne vorab irgendwelche Informationen zu haben. Umso mehr erstaunt es den Klienten dann, wenn Details aus dem Wohnumfeld des Tiers genannt oder das Wesen und bestimmte Eigenarten des Tiers exakt beschrieben werden.

Tierkommunikation funktioniert auf verschiedenen Wegen. So kann sich das Medium über eine Meditation mit einem bestimmten Tier verbinden oder es setzt sich über ein Foto mit dem Tier in Verbindung. Wichtig ist immer die innere Ausrichtung auf das jeweilige Tier, mit dem das Medium »reden« möchte – wobei es in der Regel keine Unterhaltung im herkömmlichen Sinne ist, kein verbales Gespräch. Eine solche Kommunikation ist ein Austausch von Informationen. Das geschieht über Bilder, Gefühle, Geschmack, Gerüche, körperliche Empfindungen, aber auch über Worte, Sätze oder sogenanntes Hellwissen.

Für viele ist Hellwissen oft die am schwersten anzunehmende Form der Kommunikation auf Seelenebene. Der Grund dafür ist recht einfach: Ein Bild, eine körperliche Empfindung, Geräusche, Gerüche, Geschmack oder auch Emotionen sind für unseren Verstand leicht zu akzeptieren und werden von ihm als real wahrgenommen. Doch etwas zu wissen, ohne die Herkunft der entsprechenden Information erkennen und analysieren zu können – das bringt unseren Verstand am schnellsten dazu, alles zu hinterfragen und nicht glauben zu wollen.

Tierkommunikation ist übrigens kein modernes Phänomen. Sie hat eine jahrtausendealte Tradition. Als die Sprache noch nicht so weit entwickelt war wie heute, fand ein großer Teil der Verständigung zwischen den Lebewesen nonverbal statt. Doch mit zunehmender Entwicklung der Sprache und besonders, nachdem die Technologisierung eingesetzt hatte, schwand die Erinnerung an die uns allen gegebene Fähigkeit der nonverbalen Wahrnehmung auf medialem und telepathischem Weg. Bei den Urvölkern waren es bald nur noch wenige Auserwählte, die weiterhin diese Fähigkeiten nutzten – zum Wohle ihres Stammes.

Wir alle haben schon von Schamanen und Medizinmännern gehört, die »die Geisterwelt bereisten«, dort Rat suchten oder den perfekten Ort und Zeitpunkt für eine Jagd bekannt gaben. Und vielleicht haben wir uns auch schon gefragt, woher sie eigentlich wussten, wie groß beispielsweise die Büffelherde sein würde und wann sie über eine bestimmte Ebene oder durch ein bestimmtes Tal zog? Das ist im Prinzip recht einfach erklärt. Die

Medizinmänner verbanden sich mit dem Geist, dem Höheren Selbst, der Büffel. Sie erweiterten ihren Wahrnehmungsbereich, ihr Bewusstsein, und richteten den Fokus auf Büffelherden in ihrem Jagdgebiet. Durch die klare Ausrichtung darauf fanden sie eine Herde und verbanden sich mit ihr über mehrere Tage hinweg. Da sie sich in ihrem Jagdgebiet gut auskannten, konnten sie anschließend recht genaue Informationen dazu geben, wie groß die Herde war, welche Tiere gejagt werden durften und auch, wann und wo der beste Zeitpunkt für die Jagd war. Sie »sahen« das ungefähre Tempo der Herde und die ungefähre Richtung, die sie nahm. Durch die tagelange mediale Anbindung lernten sie die Herde wirklich gut kennen.

Natürlich kann man sich jetzt fragen, wieso es doch gelegentlich vorkam, dass die Jäger ohne Beute heimkamen. Nun, der vom Schamanen genannte Ort und Zeitpunkt hing natürlich davon ab, dass die Herde sich ungestört weiter im bisherigen Tempo und in die gleiche Richtung bewegte wie an den Tagen zuvor. Es gab immer mögliche Störfaktoren, die daran etwas ändern konnten. Doch meist kehrten die Jäger erfolgreich zurück und so war das Überleben des Stammes gesichert.

Schamanen und Medizinmänner oder Medizinfrauen suchten sich ihre Lehrlinge selbst aus. Oft waren es die besonders ruhigen, verträumten, sensiblen und zurückhaltenden jungen Menschen, denen die Ehre zuteilwurde, bei einem dieser Stammesmitglieder, die zu den wichtigsten überhaupt zählten, in die Ausbildung zu gehen. Sie wurden genau wegen dieser vorgenannten Eigenschaften ausgewählt. Sie waren Träumer – das brachte es mit sich, dass sie gut visualisieren und bildhaft wahrnehmen konnten. Als Tagträumer hatten sie obendrein die Fähigkeit, sich gedanklich an andere Orte zu begeben, was als äußerst wichtig angesehen wurde, um die Geisterwelt bereisen zu können. Sensibilität und Einfühlungsvermögen galten ebenfalls als unabdingbar, denn es wies darauf hin, dass der Betreffende das Wohl des Stammes über das eigene stellen würde. Und ein Mensch mit offenem Herzen ließ sich leichter in die Geheimnisse der Geisterwelt einweisen als jemand mit verschlossenem Herzen oder zu aktivem Verstand.

An solche Auserwählte wurde das Wissen weitergegeben, wie man sein Bewusstsein erweitert, den Wahrnehmungsbereich vergrößert und sich mit feinstofflichen Welten, damals einfach »die Geisterwelt« genannt, verbindet. Oftmals wurden unterstützend noch bewusstseinserweiternde Substanzen eingenommen, da man glaubte, nur durch ihre Unterstützung überhaupt mit dieser Welt in Verbindung treten zu können.

Doch prinzipiell sind derartige Hilfsmittel nicht erforderlich. Es reicht, sich bewusst zu machen, dass jeder einzelne Mensch die Fähigkeit hat, sich mit der Geistigen Welt und mit anderen Wesen zu verbinden. Jeder Mensch trägt daher auch die Fähigkeit in sich, sich mit Tieren medial zu verbinden und eine Tierkommunikation durchzuführen. Natürlich braucht das etwas Übung und in der Regel bedarf es anfangs einer guten Anleitung, aber tatsächlich steckt diese Fähigkeit in jedem Einzelnen von uns.

Wenn ich bei einem Auswertungsgespräch nach einem Tierkontakt die Informationen, die ich von dem Tier empfangen habe, an seinen Menschen weitergebe, ist es für diesen oft nur eine Bestätigung dessen, was er oder sie bereits geahnt hatte. Wie gesagt: Kommunikation findet immer statt. Und wenn wir den Tieren Aufmerksamkeit entgegenbringen, bekommen sie ohnehin alles mit, was wir sagen oder denken.

Nur unser persönlicher Wahrnehmungsbereich ist häufig noch ein wenig blockiert. Wir sind es, die lernen dürfen, wieder zuzuhören, denn die Tiere tragen immenses Wissen in sich und lassen uns gerne an ihrem Wissensschatz teilhaben.

Im Alltag lösen wir Probleme, die wir mit Mitmenschen haben, am ehesten durch Kommunikation. Doch das Gleiche mit einem Tier zu tun, wenn es Probleme gibt, ist noch immer nicht selbstverständlich. Da zieht man zuerst den Tierverhaltenstherapeuten, Trainer oder Tierarzt hinzu, statt das Gespräch selbst zu suchen. Oder man findet sich damit ab, dass das Tier seltsame Angewohnheiten hat, statt sich mit ihm auszutauschen. Das ist sogar nachvollziehbar, denn keine Schule und kaum ein Elternhaus lehrt uns, dass wir mit den Tieren sehr konkret kommunizieren können.

Mit Tierkommunikation können wir viele Probleme lösen – ja, sogar im vornherein verhindern. Denn die meisten Schwierigkeiten im Zusammenleben von Mensch und Tier entstehen durch Missverständnisse. Tiere haben eine etwas andere Denkweise und eine andere Logik als wir und dem sollten wir Rechnung tragen. Durch die mediale Kommunikation mit Tieren können wir zum Beispiel ihre Wünsche und Bedürfnisse erfragen, um dem Tier die bestmöglichen Lebensumstände schaffen zu können. Wäre es nicht wunderbar, wenn selbst ganz banale Gespräche, Alltagsplaudereien, mit dem Tier selbstverständlich wären? Möglich ist das durchaus, und es gibt bereits viele Menschen, für die das Normalität ist.

Auch kann man dem Tier selbstverständlich bestimmte Veränderungen in seinem Lebensumfeld vorab erklären. So wie man seiner Familie eine längere Abwesenheit oder den Familienzuwachs im Voraus mitteilt, kann und sollte man auch das Tier darauf vorbereiten. Am besten erfragt man dabei gleich, was dem Tier helfen könnte, sich gut an die neue Situation zu gewöhnen. Ich durfte zum Beispiel einmal eine liebenswerte Hündin aus dem Ausland auf ihr neues Zuhause vorbereiten. Und die Frau, zu der die Hündin kurz darauf kam, hatte ihrerseits nun schon das Wissen, was die etwas schüchterne Hundedame brauchte und wie sie ihr den Einzug ins neue Heim so angenehm und leicht wie möglich machen konnte. Sie hatte vorab sogar darum gebeten, dass ich die Hündin frage, ob sie überhaupt zu dieser Frau ziehen möchte! Das ist leider noch eine Seltenheit. Doch wäre es schön, wenn dies zur Normalität werden würde.

Stell dir vor, die Tiere, die im Zoo leben, wären vorher gefragt worden, ob sie sich dafür zur Verfügung stellen und was sie bräuchten, damit sie sich dort wohl fühlen! Man könnte alles nach ihren Bedürfnissen gestalten und die Tiere wären dabei sogar glücklich, da sie eine wichtige Aufgabe für viele Menschen erfüllen könnten. Die Welt wäre so viel schöner, wenn wir alle wieder mehr kommunizieren würden, auch mit den Tieren …

Haben sich bereits Probleme im Zusammenleben von Mensch und Tier eingestellt, können die Gründe und Ursachen durch ein Gespräch mit dem betreffenden Tier erforscht und Lösungsansätze ausgearbeitet werden. Oft kann das Tier nämlich genau sagen, wie ihm oder ihr am besten geholfen werden kann. Mittels Visualisierungen, die gemeinsam mit dem Tier durchgeführt werden, hat man als Tierkommunikator die Möglichkeit, neue Verhaltensweisen auszuprobieren und zu erarbeiten. Schon so manches Verhaltensproblem wurde dadurch gelöst!

Eines bleibt jedoch immer gleich: der freie Wille des Tiers. Der darf auch durch einen noch so direkten Kontakt niemals umgangen oder übergangen werden. Das Tier kann und wird nach wie vor seine eigenen Entscheidungen treffen – entweder aus dem ureigenen Instinkt heraus oder durch bewusstes Handeln.

Wir können dem Tier zwar neue Verhaltensweisen und die positiven Folgen davon aufzeigen, die Tierkommunikation wird dem Tier aber niemals die Entscheidungsfreiheit nehmen oder gar den Grundcharakter des Tiers ändern können. Hier zieht die Tierkommunikation eine klare Grenze. Der individuelle Charakter ist nur insofern beeinflussbar, als wir manche Verhaltensweisen vielleicht gemeinsam mit dem Tier verändern können, das grundlegende Naturell bleibt davon jedoch unberührt. Vor allem, wenn die Verhaltensweisen des Tiers mit seiner Lebensaufgabe hinsichtlich des betreffenden Menschen zu tun haben, wird das Tier sein Verhalten durch ein Gespräch eher nicht ändern. Doch allein das Aufzeigen und Anbieten von Alternativen ist bereits eine wunderbare Möglichkeit, die vieles ändern kann. Schon die Tatsache, dass der Tierhalter jemanden mit dem Tier in Kontakt treten lässt oder dies selber tut, kann positive Veränderungen beim Tier hervorrufen. Das Tier kann sich auch ändern, wenn der dazugehörige Mensch etwas an sich selbst ändert – und genau hier liegt ein Teil des großen Potenzials im Zusammenleben mit einem Tier!

Eine weitere wundervolle Möglichkeit, die uns der telepathische Kontakt mit einem Tier bietet, ist der Körperscan. Hierbei wird der Körper des Tiers von Kopf bis Fuß energetisch betrachtet. So können Erkrankungen, deren Symptome und Ursachen, erkannt werden. Nicht jedem Tiermedium liegt ein solcher Gesundheitscheck. Es gibt Menschen, die sich damit schwerer tun als andere, und Menschen, die dazu einen mühelosen Zugang haben. Als Tierkommunikator sollte man wissen, wo die eigenen Stärken liegen, und entsprechende Anfragen an Medien weiterleiten, die sich damit leichter tun. Hilfreich ist der Körperscan, wenn das Tier Symptome zeigt, deren Ursachen unklar sind und bislang nicht gefunden werden konnten.

Man sollte sich aber bewusst machen, dass ein solcher Körperscan keinen Tierarztbesuch ersetzt – obwohl er eine sinnvolle Ergänzung sein und durchaus auch Leben retten kann.

Vor einigen Jahren, als ich noch als Tierheilpraktikerin tätig war, meldete sich eine Dame, deren Hund es nach einer Kastration sehr schlecht ging. Es befand sich offensichtlich Blut im Urin und der aufgesuchte Tierarzt hatte lediglich eine Blutentnahme vorgenommen. Die Ergebnisse würden erst am folgenden Tag da sein. Ich bat sie, umgehend einen anderen Tierarzt aufzusuchen und auf einen Ultraschall des Bauchraums und der Nieren zu bestehen. Das Gefühl, das ich vom Hund übermittelt bekommen hatte, war eindeutig: Die Nieren waren überlastet und der Bauch fühlte sich unnormal an. Ich konnte es kaum definieren, was sich dort im Bauch so falsch anfühlte, aber irgendetwas schien dort zu sein, was da nicht hingehörte.

Zum Glück fragte die zweite Tierarztpraxis nicht lange nach und schaute sich alles im Ultraschall an. Es stellte sich heraus, dass sehr viel Flüssigkeit im Bauchraum war. Sofort wurden die beiden in die nächstgelegene Tierklinik geschickt, in der weitere Untersuchungen vorgenommen und der Hund schließlich auch operiert wurde. Die Operation kam gerade noch rechtzeitig, der Hund überlebte knapp. Und die Nieren, die sehr in Mitleidenschaft gezogen waren, erholten sich rasch wieder.

Letzten Endes ist es also den Informationen, die das Tier selbst übermittelte, und dem schnellen Handeln des Tierhalters zu verdanken, dass der Hund überlebte.

Mit Freude durfte ich in den letzten Jahren feststellen, dass die Tierkommunikation immer mehr in den Alltag vieler Tierhalter Einzug gehalten hat. Die Möglichkeiten, die sich aus solchen Kommunikationen ergeben, sind schier unendlich. Das Wissen der Tiere ist enorm und sie lassen uns gern daran teilhaben, was ein enorm großes Wachstumspotenzial für den Menschen birgt. Die Übermittlung von Informationen ist ein Teil der Lebensaufgabe des Tieres, und der Mensch kann dadurch erkennen, welche Entwicklungsschritte die nächsten sind, welche Muster sich durch sein Leben ziehen und wo zum aktuellen Zeitpunkt seine Chancen auf Weiterentwicklung liegen. Ist es nicht wunderbar, wenn wir diese greifbaren Möglichkeiten für uns nutzen können?

Aber nicht nur durch eine Tierkommunikation bekommen wir von unseren tierischen Begleitern wertvolle Impulse, auch durch ein Channeling der Tiergruppenseele können wir tiefgehende Botschaften empfangen. Diese sind jedoch meist nicht an eine einzelne Person gerichtet, sondern an uns Menschen im Allgemeinen – an die Gesamtheit der Menschen.

Channeln

Das Channeln der Tiergruppenseelen ist ebenfalls jedem möglich. Theoretisch zumindest. Umso erstaunlicher ist es, dass es weltweit nur wenige Menschen gibt, die das jemals getan haben und ihre Channelings der Öffentlichkeit zugänglich machen. Dabei sind die Informationen, die dabei durchgegeben werden, oft wegweisend. Wir können durch sie erfahren, welche Botschaften die jeweilige Tierart an uns Menschen weitergeben will, und auch, was wir daraus lernen können. Warum bisher so wenige Menschen das Höhere Selbst der Tiere channeln, kann ich nur mutmaßen: Es ist für manche Menschen vielleicht noch zu wenig greifbar, dass alles mit allem verbunden ist, dass auch die Tiere ein gemeinsames Bewusstseinsfeld miteinander teilen und es somit möglich ist, das Höhere Selbst einer ganzen Gattung zu channeln.

Doch was ist Channeln eigentlich? Bei einem Channeling verbindet sich das Medium mit der feinstofflichen Welt, um Informationen einer bestimmten Präsenz zu empfangen und weiterzugeben. Dabei wird sich das Medium auf ein Channeling immer gut vorbereiten. Ich selbst beginne regelmäßig mit einer Meditation, bei der ich mich möglichst intensiv erde und mein Herz öffne. Ich richte meine Intention auf die Präsenz aus, die ich channeln möchte, zum Beispiel auf die Gruppenseele der Hunde. Dann erweitere ich mein Wahrnehmungsfeld und begebe mich in einen Trancezustand. Manche Medien channeln in einer leichten Trance, andere begeben sich in eine tiefe Trance. Durch die verschiedenen Herangehensweisen gibt es auch bei den Channelings Unterschiede. So kann sich ein Medium, das in einer tiefen Trance channelt, in der die gechannelte Wesenheit durch das Medium spricht, hinterher oft nicht mehr an das Gesagte erinnern. Wird in einer leichten Trance gechannelt, können die Informationen auf ähnliche Weise an das Medium übermittelt werden wie bei einer Tierkommunikation: über Hellwissen, Bilder, Gefühle, Wörter und dergleichen. Dies wird dann vom Medium quasi übersetzt und weitergegeben. Ich selbst channele meistens in einer tiefen Trance, weshalb ich auch alle meine Channelings aufnehme, bevor ich sie mir selbst anhöre, um sie zum Beispiel hier wiedergeben zu können.

Jedes Channeling ist wertvoll. Channelings des Höheren Selbst der Tierarten empfinde ich als sehr berührend und wegweisend für diese Zeit. Und so nehme ich dich in diesem Buch mit in die Welt der Tiere. Wir können dadurch so manche Zusammenhänge besser verstehen, die Tiere besser verstehen. Wir dürfen von ihnen lernen, uns durch sie weiterentwickeln und die Botschaften der Tiere und die Channelings des Höheren Selbst der verschiedenen Tierarten auf uns und in uns wirken lassen.

Ich weiß, dass die Tiergespräche und auch die Channelings in diesem Buch dich zum Nachdenken anregen werden. Noch mehr aber weiß ich, dass vieles davon dich als Leser berühren wird – und genau das ist jetzt wichtig.

Wir alle dürfen unsere Herzen wieder mehr öffnen, uns verbinden – mit den Tieren und allem, was ist.

– 1 –

Katzen und ihre Botschaften

Allein in Deutschland gibt es in jedem vierten Haushalt mindestens eine Katze, wobei der Trend dahin geht, mehrere Katzen zu halten. Etwa fünfzehn Millionen Katzen sind es, die hier Seelentröster, Familienmitglieder und Freunde sind. Hatten die Katzen in früheren Jahrhunderten noch die Hauptaufgabe, das Revier frei von Nagetieren zu halten, so haben sich die Aufgaben der Katzen in der neueren Zeit deutlich geändert. Statt Mäuse oder Ratten verjagen sie heutzutage Kummer und Einsamkeit. Sie bringen Freude ins Haus, sorgen mitunter für ungeplante Neuanschaffungen und bieten auch mal Grund zur Sorge. Doch selbst wenn die fünfte Vase zerbrochen, das neue Sofa bereits nach wenigen Wochen wieder zerkratzt und der dritte Teppich ruiniert ist – wir lieben unsere tierischen Freunde meist so sehr, dass wir über all das hinwegsehen können. Denn was sie uns auf emotionaler Ebene geben, ist so kostbar, dass die ungeplanten Kosten ein geringer Preis für all dieses Glück sind.

Glück – das ist es, was wir in Gegenwart der Schmusekatzen empfinden, auch wenn sie manchmal ihre Krallen zeigen. Uns geht das Herz auf, wenn wir nach Hause kommen, die Katze uns leise entgegenläuft und uns um die Beine streicht. Liegt man dann abends gemütlich auf dem Sofa, die Katze auf dem Schoß, schnurrend und sichtlich zufrieden, fühlt man sich unendlich geliebt und kann sich wohl kaum etwas Schöneres auf der Welt vorstellen. Manch eine Katze ist auch Partnerersatz oder wird gar als geliebtes Kind angesehen. Sie wird überschüttet mit all unserer Liebe und gibt uns diese tausendfach zurück. Es ist ein kostbares Geben und Nehmen.

Die meisten Menschen haben eine sehr tiefe Verbindung mit ihren Katzen, lieben deren Freigeist und Unabhängigkeit, die Anhänglichkeit, die doch mit dem Freiheitsdrang einhergeht. Mit ihrer Fähigkeit, lautlos durch ihr Revier zu streifen und selbst in der Dunkelheit noch sehr gut zu sehen, faszinieren uns die Stubentiger schon seit Jahrtausenden. Es sind ihre Gesellschaft, ihre Sanftheit und ihre Liebe, die uns dazu bringen, mit ihnen unser Leben teilen zu wollen.

Katzen. Faszinierende Geschöpfe, die unzählige Mysterien in sich tragen, und einige davon möchten wir hier ein wenig lüften. Wir können von dem Wissen dieser Tiere profitieren, ihre Weisheit für unser Leben nutzen und so aus dem Zusammenleben mit ihnen ein noch größeres Miteinander werden lassen.

Im Folgenden werde ich Auszüge aus Gesprächen mit Katzen wiedergeben und aufzeigen, auf welche Art sie zu unserer Entwicklung beitragen, wie sie uns spiegeln und mit uns verbunden sind. Lass dich inspirieren, und vielleicht erkennst du ja Parallelen zu deinem eigenen Stubentiger. Bitte wundere dich nicht, dass ich das Wort Besitzer vermeide. Für mich ist es so, dass man eine Seele niemals besitzen kann, aber man kann mit einer anderen Seele sein Leben teilen. Ich verwende deshalb lieber die Formulierung »Menschin« oder »Mensch«, wenn ich eine Tierhalterin oder einen Tierhalter meine.

Den Abschluss dieser Botschaften der Katzen bilden die Channelings des Höheren Selbst der Katzen.

Katze Lucy

Als ich eine eMail von Lucys Menschen bekam, spürte ich die Verzweiflung und die Sorge, die zwischen den Zeilen verborgen waren. Es ging gleich um zwei größere Probleme im Zusammenleben mit Lucy, und man wusste sich allmählich keinen Rat mehr. Lucy lebte schon von klein auf in dieser Familie, die vor zwei Jahren um ein Familienmitglied reicher geworden war. Ganz offensichtlich liebte Lucy den kleinen Max, schleckte ihm gerne den Kopf ab und lag oft bei ihm. Doch seit längerem stellte die Mama von Max fest, dass Lucy ihr kleines Geschäft nahezu täglich im Kinderbett verrichtete.

Sie war besorgt, sowohl um Max als auch um Lucy. Die Sorge in Bezug auf Max war, dass er möglicherweise krank werden könnte oder dass Lucy ihr Geschäft gar auf dem schlafenden Kleinkind verrichten würde. Zudem war sie bekümmert und fragte sich, ob sie Lucy zu wenig Aufmerksamkeit schenkte oder irgendetwas getan hatte, weshalb Lucy nun eifersüchtig auf Max war. Sie betonte, dass sie extra darauf geachtet hatte, dass Lucy nicht zu kurz kam oder sich irgendwie zurückgesetzt fühlen könnte. Doch augenscheinlich musste ja doch etwas schiefgelaufen sein. Hinzu kam, dass Lucy sich seit einiger Zeit sein Fell am Bauch ausriss. Die Ursache war unklar, aber die Familie vermutete einen Zusammenhang mit der Geburt des Kleinkindes. Einige Tierhalter hätten sich an dieser Stelle wahrscheinlich rasch dazu entschieden, Lucy abzugeben. Doch die Liebe zu ihrer Katze veranlasste diese Familie, sich an mich zu wenden und mich ein Gespräch mit Lucy führen zu lassen.

Als ich mit Lucy in Verbindung ging, erwartete mich eine selbstbewusste und offenherzige Katze, die zeigte, dass sie sehr anhänglich und verschmust war und ein hohes Verantwortungsgefühl gegenüber Max hatte. »Ich habe eine wichtige Aufgabe, ich bin sein Beschützer. Ich achte auf ihn und schaue, dass es ihm gut geht. Das liegt in meiner Verantwortung!«, erklärte sie. Ich ließ mich von ihr mitnehmen, mir ein wenig ihren Alltag zeigen. Dabei fiel mir auf, dass sie sehr wohl auch die Katzentoilette für ihre Geschäfte benutzte. Ich konnte keinerlei Unstimmigkeiten im Bereich der Harnorgane wahrnehmen und bekam von ihr übermittelt, dass sie in diesem Bereich keinerlei Schmerzen oder Unwohlsein hatte.

Da die von ihr übermittelten Informationen mir noch keinen Aufschluss darüber gaben, warum sie in das Kinderbett pieselte, fragte ich vorsichtig nach. Sie antwortete: »Da riecht es nach Klo.« Und sie ergänzte, dass es ihre Aufgabe sei, auf Max aufzupassen. Es lag ihr sehr am Herzen, dass es ihrem Schützling gut ging. Der erste Teil ihrer Antwort war vielleicht nicht sehr rücksichtsvoll, jedoch sehr aussagekräftig und deutlich. Im Gespräch mit der Familie konnten wir die Aussage dann noch besser verstehen, denn Lucy pieselte ausschließlich frühmorgens in das Kinderbett: kurz bevor die Mama Max aus dem Bett nahm und wickelte! Lucy wollte mit der Unsauberkeit nur anzeigen, dass die Windel voll war und gewechselt werden musste. Da sie das nicht selbst tun konnte, hatte sie dieses Verhalten entwickelt, um die Menschen in ihrem Umfeld darauf aufmerksam zu machen, dass die Bedürfnisse ihres kleinen Schützlings umgehend wahrzunehmen seien. Ich erklärte ihr, dass die Mama sich darum kümmerte und sie künftig darauf verzichten solle, anzuzeigen, wann eine neue Windel nötig ist. Ich erklärte ihr auch, dass es nach einer langen Nacht bei kleinen Menschenkindern oft vorkommt, dass die Windel voll ist und diese dann natürlich gewechselt werden wird.

Ich fragte Lucy, ob es etwas gäbe, was sie noch ansprechen wolle, und sie vermittelte mir das deutliche Gefühl, dass sie ihr Futter nicht so gut verträgt. Sie schickte mir das Bild einer Kuh, rot durchgestrichen. Für mich war klar, dass sie damit zeigen wollte, dass ihr Rindfleisch nicht gut bekommt. Ich hatte den

Eindruck, dass dies zumindest eine Ursache für das Ausrupfen ihres Fells am Bauch war. Sie zeigte mir außerdem, dass ihr die kahle Stelle peinlich ist, sie wollte sie nicht wirklich zeigen.

Im Telefonat mit der Familie stellte sich heraus, dass Lucy ausschließlich Trockenfutter mit Rindfleisch bekam, und wir besprachen, dass man versuchen würde, sie auf ein Nassfutter umzustellen, das kein Rind beinhaltet.

Was ich einige Tage nach dieser Kommunikation mit Lucy und dem Gespräch mit ihrer Familie erfuhr, freute mich sehr. Lucy hatte seit unserem Gespräch nie wieder in das Kinderbett gepieselt und fraß das neue Nassfutter mit Begeisterung. Auch fiel auf, dass sie noch anhänglicher, verschmuster und zufriedener geworden war. Die Familie sah darin einen direkten Zusammenhang mit dem Tierkontakt, denn von diesem Tag an hatte sich Lucys Verhalten so sehr zum Positiven verändert.

Lucy wiederum hatte endlich das Gefühl, ihre Familie versteht sie und es ist allen klar, dass sie nur um das Wohlergehen des Kindes besorgt gewesen war. Sie wusste nun, dass es gar nicht nötig war, auf diese Weise auf den fälligen Windelwechsel hinzuweisen, und das nahm eine Last von ihren Katzenschultern. Seit die Missverständnisse auf beiden Seiten beseitigt sind, leben Lucy und ihre Familie wieder ein harmonischeres Miteinander. Und das Fell kann auch wieder wachsen …

Lucy hatte ihre – sich selbst auferlegte – Aufgabe sehr ernst genommen. So sehr war sie in der Beschützerrolle gewesen, zu der ganz klar dazu gehörte, anzuzeigen, wann die Windel des Kleinen gewechselt werden musste. Sie merkte, dass ihre Menschen über die Pfützen im Kinderbett alles andere als begeistert waren, verstand aber nicht, warum dies so war. Sie nahm doch nur ihre Aufgabe so ernst! Hier half es schließlich, Lucy zu erklären, dass sie ihre Aufgabe auch anders erfüllen könne, und ihr zu zeigen, dass dies für die Menschen nicht die richtige Art war, auf das Problem hinzuweisen.

Faszinierend finde ich bei diesem Fall, dass Lucy recht klar aufzeigen konnte, welches Futter ihr nicht gut bekommt. Das habe ich bei vielen Tiergesprächen immer wieder erlebt. Es ist keine Seltenheit, dass ein Tier im Austausch solche Informationen einfließen lässt – selbst wenn gar nicht danach gefragt wird. Tiere haben einfach ein besseres Gespür für ihren Körper als viele Menschen. Doch auch wir können das wieder lernen, indem wir, wie die Tiere, mehr auf die Signale unseres Körpers achten. Ist es nicht oft so, dass man eine Abneigung gegen ein Lebensmittel hat und es dennoch isst? Tieren geht es genauso, wenn sie nichts anderes von uns bekommen. Sie sind in Bezug auf Nahrung meist von uns abhängig, wissen aber intuitiv, was ihnen nicht bekommt. Dabei kann es natürlich ebenso gut geschehen, dass ein Tier die Nahrungsaufnahme einfach ganz verweigert, wenn es ein Futter nicht verträgt. Bei Lucy zeigte sich die Unverträglichkeit durch das ausgerupfte Fell am Bauch. Das war ihre Art, ihren Menschen zu zeigen, dass etwas nicht stimmt!

Lucy hat mich im Gespräch überrascht.

Auch ich war bei meinen Fragen an sie zunächst davon ausgegangen, dass das Grundproblem die Eifersucht auf das Kleinkind sein könnte. Doch genau dies war in keinster Weise zu spüren, ganz im Gegenteil. Lucy liebte den Kleinen zutiefst und war einfach nur besorgt um sein Wohlergehen.

■ Mein Kater Karli

Da ich ein sehr tierlieber Mensch bin, gab und gibt es auch in meinem Leben immer Tiere, die mich begleiten. Eines dieser Tiere war mein roter Kater Karli.

Karli kam als junger Kater von schätzungsweise fünf Monaten zu mir, in einer Zeit, als ich mich emotional verschlossen hatte. Ich hatte kurz zuvor meine erste Hündin auf tragische Weise verloren. Als sie starb, sprach ich nicht mehr, aß und trank kaum noch. Ich muss ehrlich gestehen, dass ihr Tod mich sehr mitgenommen hatte: Ich war nur noch ein Schatten meiner selbst. Um mich zu schützen, hatte ich mein Herz verschlossen. Ich wollte diesen Schmerz nicht mehr fühlen, ich wollte lieber gar nichts fühlen als den Schmerz, den der Verlust meiner geliebten Hündin bei mir ausgelöst hatte.

Nach ein paar Tagen sagte mein Lebensgefährte, dass es so nicht weitergehen könne. Es war klar, dass wir etwas unternehmen mussten, und so beschlossen wir, eine Katze zu uns zu holen. Wir führten ein paar Telefonate, und dann begleitete mich eine Bekannte zu einem Tierheim, weil mein Lebensgefährte arbeiten musste. Ich hatte nicht allein fahren wollen, damit unser neuer Mitbewohner die erste Fahrt nicht in einem Korb oder einer Kiste antreten musste und stattdessen auf meinem Schoß sitzen konnte.

Ich kann mich noch genau daran erinnern, wie es war, als ich das Katzenzimmer betrat: Eine schwarze Katze huschte an mir vorbei und versteckte sich, eine graue Katze zeigte mir die Kehrseite und machte damit klar, dass sie mit mir nichts zu tun haben wollte, und dann war da dieser zarte rote Kater. Er sah mich an, lief mit erhobenem Schwänzchen auf mich zu, strich mir um die Beine. Anschließend ging er schnurstracks zur Katzentoilette, erledigte sein kleines Geschäft, stellte sich dann vor mich hin und meinte: »Jetzt können wir los.«

Es war beschlossene Sache. Er hatte ganz klar entschieden, dass er mit mir fahren wollte. Und mein Herz hatte er ohnehin sofort erobert, auch wenn ich es damals noch nicht gleich bemerkte. Das rote Katerchen fuhr also mit uns nach Hause und genoss sichtlich, zusammengerollt auf meinem Schoß, die menschliche Wärme.

Wir nannten ihn Karli, denn dieser Name gefiel ihm. Bereits in den ersten Tagen erreichte er, dass mein Herz sich wieder ein

ein wenig mehr öffnete. Seine Liebe, sein Schnurren und seine Sanftheit waren genau die Medizin, die ich benötigte, und er gab mir all das nur zu gerne. In wenigen Tagen heilte er die emotionalen Wunden, die der Tod unserer Hündin in mir hinterlassen hatte, und half mir, mich wieder vollständig zu öffnen und wieder weicher zu werden.

Karli war ein wunderbarer Begleiter in all den Jahren, die wir miteinander verbrachten. Dabei verhielt er sich oft eher wie ein Hund, weniger wie ein typischer Kater. Er apportierte, ging mit uns spazieren und jagte einmal sogar einen großen Hund davon, der sich uns bedrohlich näherte. Und er zeigte mir die Welt durch seine Augen. Mein Lebensgefährte, den ich wenige Monate nach Karlis Einzug geheiratet hatte, öffnete sich ebenfalls, wurde sanfter und emotionaler – ein wichtiger Entwicklungsschritt für ihn, denn Gefühle zuzulassen oder zu zeigen, fiel ihm damals noch schwer. Karli schmiegte sich denn auch besonders oft an ihn und brachte ihn nach und nach dazu, Emotionen mehr zu leben, sie überhaupt richtig zuzulassen.

Unser roter Kater fing fleißig Mäuse und Vögel und brachte sie noch lebend oder auch tot und zur Hälfte zu uns nach Hause – was mir nicht wirklich gefiel. Ich suchte das Gespräch mit ihm, und da mir klar war, dass ich das natürliche Jagdverhalten einer Katze keinesfalls abstellen konnte, trafen wir eine Vereinbarung. Ich bat ihn, künftig wenigstens die Vögel in Ruhe zu lassen und mir keine toten Mäuse mehr auf die Treppe zu legen. Er sollte nur noch die Mäuse fangen, die er auch essen wollte. Und von diesem Tag an fing er keine Vögel mehr und brachte keine Mäuse mehr mit heim. Er hatte verstanden, dass wir seine Bemühungen, zur Ernährung beizutragen, zwar zu schätzen wussten, dies jedoch nicht wirklich mochten und es auch nicht erforderlich war.

So verstrichen die Zeit mit ihm. Er begleitete unsere Kinder in ihren ersten Lebensjahren und brachte ihnen auf seine Weise viel über den Umgang mit Katzen bei. Er war vorsichtig, setzte ihnen aber Grenzen, wenn sie kurzzeitig zu grob wurden. Dabei achtete er immer darauf, sie niemals wirklich zu verletzen. Kurz gesagt: Er war ein wundervoller Kater, den wir alle sehr liebten.

Ich lernte sehr viel durch ihn. Vor allem aber lernten wir alle, Nähe zuzulassen, wurden durch ihn weicher und sanfter, und das eine oder andere Familienmitglied öffnete sich emotional mehr – dank Karlis Gegenwart.

Eines Tages, mitten im Sommer, suchte Karli das Gespräch mit mir. Er lag auf dem Boden, ließ sich den Bauch kraulen und sprach mich plötzlich an. Er müsse über etwas ganz Wichtiges mit mir reden. Er bat mich darum, erst einmal nur zuzuhören. »Bianca, ich möchte, dass du mir etwas versprichst. Für den Fall, dass ich irgendwann mal sehr krank werde, möchte ich keine langwierigen Untersuchungen oder Therapien haben. Ich möchte, dass du mir versprichst, dass ich nicht unnötig leiden muss. Es ist mir wichtig, zu wissen, dass du das für mich tust. Bitte stell mir keine Fragen dazu. Ich möchte einfach nur die Gewissheit haben, dass du mich gehen lässt, wenn die Zeit gekommen ist.«

Es fiel mir nicht schwer, ihm diese Versprechen zu geben. Ich hatte mir selbst, als ich ihn zu uns holte, schon geschworen, dass ich ihm ein schönes Leben ermöglichen würde, und dazu gehörte für mich, dass ich ihm – wie allen meinen Tieren – unnötiges Leid ersparte und ihn am Lebensende den Weg gehen ließ, den er gehen wollte.

Ich muss zugeben, dass ich damals nicht großartig darüber nachdachte, warum er dieses Gespräch mit mir gesucht hatte. Wahrscheinlich sah ich es einfach als normal an, denn auch viele Menschen besprechen mit ihren Lieben, was ihnen für den Fall einer schweren Krankheit wichtig ist. Warum sollte also nicht auch ein Tier dieses Thema ansprechen?

Einige Wochen danach zog ein Welpe bei uns ein. Das Thema Hund hatte ich lange zuvor schon mit Karli besprochen und obwohl er eigentlich Hunde gar nicht ausstehen konnte, war er erstaunlicherweise mit diesem neuen tierischen Familienmitglied einverstanden. Ich hatte ihm klar gesagt, dass ich nicht erwarte, dass er ihn liebt, aber dass ich erwarte, dass er den Hund akzeptiert. Vom ersten Tag an tat er genau das: Er akzeptierte unsere Luna. Er zeigte ihr nur kurz, dass er das Sagen hat und sie einen kleinen Bogen um ihn machen solle, aber es lief sehr schnell gut zwischen den beiden. Irgendwie wusste ich, dass er ihr den Weg weist und Aufgaben an sie übergibt … Ich ahnte wohl, vielleicht auch bedingt durch das Gespräch im Sommer, dass unsere gemeinsame Zeit sich dem Ende zuneigte.

Ein paar Monate später erkannte ich den Grund für das Gespräch, das Karli mit mir geführt hatte. Von einem Tag auf den anderen ging es ihm schlecht. Ich sah ihm in die Augen, erkannte, dass es nun bald so weit sein würde, dass er geht. Er schien schon gar nicht mehr richtig hier zu sein. Ich hatte den Eindruck, seine Seele mache sich bereit für den Übergang.

Ich erinnerte mich an das Gespräch, an seinen Wunsch und meine Versprechen. Und ich sagte ihm, dass ich mich an das halten würde, was ich ihm versprochen hatte. Ich entschied mich, die Tierärztin anzurufen und kommen zu lassen, sobald er mir zeigen würde, dass es an der Zeit sei. Am schwierigsten war es für mich, zu entscheiden, was ich den Kindern sagen würde. Sie waren noch klein und hingen sehr an ihm. Da wir in dieser Zeit morgens nie wussten, ob er noch leben oder doch schon allein gegangen sein würde, entschied ich mich dafür, den Kindern zu erklären, dass unser Karli sehr krank sei. Ich sagte, dass wir nicht wissen würden, wie lange er noch lebt, und dass es deshalb besser wäre, wenn sie sich jeden Morgen, bevor sie das Haus verließen, und jeden Abend, bevor sie ins Bett gingen, von ihm verabschiedeten, als wäre es das letzte Mal, dass sie ihn sehen.

Es war eine sehr emotionale und schwere Zeit. Und dann kam der Tag, als ich nach Hause kam, dass er auf meinen Schoß kletterte und mich ansah und ich wusste: Jetzt ist es soweit. Er ließ mich wissen, dass er bereit sei zu gehen. Und dass er die versprochene Hilfe haben wolle.

Ich rief eine befreundete Tierärztin an, die vormittags zu uns kam. Ich hatte beruhigende Musik angemacht, Kerzen brannten und eine Duftlampe auf dem Tisch verbreitete einen angenehmen, tröstenden Duft. Meine Freundin untersuchte Karli und stellte fest, dass er einen hühnereigroßen Tumor im Verdauungstrakt hatte. Das erklärte viele seiner gesundheitlichen Probleme der letzten Tage, die ich nicht im Einzelnen aufführen möchte. Der Tumor war in kürzester Zeit gewachsen, denn noch etwa vier Wochen zuvor hatte eine Untersuchung nicht die geringste Ursache für die körperlichen Symptome erbracht, doch Karlis Wunsch entsprechend hatte ich keine schmerzhaften und langwierigen Untersuchungen an ihm durchführen lassen.

Die Tierärztin sagte, es gäbe zwei Möglichkeiten. Man könne ihm täglich starke Schmerzmittel geben, das würde die Symptome ein wenig lindern und das Ende so ein wenig hinausschieben. Oder wir ließen ihn gehen. Die Entscheidung läge bei mir. »Aber die Schmerzmittel verlängern doch nur sein Leid«, sagte ich. »Die Schmerzen wären zwar gedrosselt, aber die anderen Probleme würden ja bleiben und es wäre keine Heilung!« Sie stimmte mir zu, bestätigte, dass wir damit das Unvermeidliche nur hinauszögern würden. Zudem schien der Tumor sehr aggressiv zu sein, da er in kürzester Zeit so stark gewachsen war. Sein Zustand würde sich also auch mit Schmerzmitteln verschlechtern. Da einige der Probleme der letzten Tage sehr gravierend gewesen waren und mit viel Leid verbunden war, hielt ich dies für kaum zumutbar. Dabei ging es mir nicht um mich, sondern einzig und allein um Karli. Ich sah ihn an, dachte an mein Versprechen.

Und ich traf die Entscheidung, die ich noch heute als die einfachste und zugleich schwerste Entscheidung meines Lebens betrachte: Ich beschloss, ihm die gewünschte Hilfe zukommen zu lassen. Auch wenn es mir das Herz brechen würde …

Ich litt unsäglich. Doch ich wollte keinesfalls, dass er leiden müsse. Damals hatte ich noch nicht all das Wissen, das ich heute habe. Und auch das Wissen um die Tierkommunikation, das Wissen um all die Dinge, die ich in vielen Gesprächen schon erfahren hatte, half mir in dieser Situation leider so gut wie gar nicht. Denn der Schmerz war gewaltig. Ich würde meinen geliebten Kater gehen lassen müssen, ihm die Hilfe zuteilwerden lassen, um die er gebeten hatte. Und ich würde den Schmerz ertragen müssen, den dies für mich mit sich brachte. Ich vermittelte ihm, dass ich seinem Wunsch nachgeben würde. Auch gab ich ihm ein letztes Versprechen, als er mich darum bat: dass ich mich nicht wieder verschließen würde.

Er lag in meine Armen, als er die Spritzen bekam und seine letzten Atemzüge nahm. Und als die Tierärztin sagte, dass er nun verstorben sei, brach ich restlos in Tränen aus. Da nahm ich ihn auf der Sessellehne sitzend und sich putzend wahr. Oder vielmehr seine Seele, die sich mir so zeigte. Er putzte sich und sagte, jetzt sei endlich alles gut und ich solle nicht traurig sein. Er wäre doch noch da – oder vielmehr das, was ihn ausgemacht habe. Er bedankte sich, dass ich ihm wochenlanges Leiden und Dahinvegetieren erspart hatte. Und er sagte mir, wie sehr er mich liebt.

Ich erfuhr, dass er nicht noch einmal zu mir kommen würde. Seine Aufgabe bei mir sei erfüllt und das, was er selbst nicht mehr zu Ende bringen konnte, würde nun unsere Hündin für ihn übernehmen. Er ließ mich wissen, dass sie »für einen Hund ja doch ganz in Ordnung sei« und nun statt seiner an meiner Seite sein würde. Als er so auf der Sessellehne saß und mit mir sprach, fühlte ich mich getröstet. Er hüllte mich in seine Wärme und seine Liebe ein und gab mir das Gefühl, dass alles so gewesen ist, wie es sein sollte. Selbst als er mir mitteilte, dass er nicht wieder zu mir kommen würde in seiner nächsten Inkarnation, fühlte sich das richtig an. Es mag seltsam klingen, da sich die meisten Tierhalter sicher wünschen, dass ihr Tier wieder zu ihnen zurückkehrt im nächsten Leben. Doch durch Karli hatte ich gelernt, zu verstehen, dass die Tiere niemals ohne Grund ihren Weg zu einem bestimmten Menschen finden. Sie haben immer eine Aufgabe bei ihrem Menschen, die sie erfüllen möchten, damit dieser Mensch sich weiterentwickelt. Das ist ihr Ziel.

Karli hatte mich auf meinen Weg zur Tierheilpraktikerin und Tierkommunikatorin gebracht, wodurch ich wiederum auf meinen Weg zum Medium gekommen bin. Er hatte mir geholfen, mein vor Schmerz verschlossenes Herz wieder zu öffnen und die Liebe, das Leben und den Tod besser zu verstehen. Und er hat mir durch seinen Tod geholfen, eine weitere wichtige Erfahrung zu meistern: mich dem Schmerz des Verlustes zu stellen, ohne darin zu versinken. Nach seinem Tod durchlebte ich den ganzen, für mich furchtbaren, Schmerz des Verlustes. Ich durchlebte die Trauer mit all ihren Höhen und Tiefen: Ich war wütend auf mich selbst, dass ich diese Entscheidung getroffen hatte, dann wieder erleichtert, dass ich ihm unnötiges Leid erspart hatte und dann wieder verzweifelt, weil er mir fehlte …

Aber ich fühlte … ich ließ es zu, all das zu empfinden … und verschloss mich nicht noch einmal davor. Ihm ist es zu verdanken, dass ich all das, was ich durch ihn erfahren durfte, zu einem Teil meines Lebens gemacht habe, denn dies brachte mich mit auf den Weg, den ich heute gehe: anderen in ihrer Trauer zu helfen. Seine Aufgabe bei mir hat er sehr gut erfüllt. Nun war ich auf dem Weg und es warteten andere Wege, andere Aufgaben auf mich. Also waren nun andere Begleiter, andere Weggefährten nötig. Doch er bleibt unvergessen und ein wichtiger Teil unserer Familie.

■ Kater Speedy

Ich bekam eine eMail mit einem Bild von Kater Speedy, als er bereits drei Wochen verschwunden war. Seine Halterin war ganz verzweifelt und wollte wissen, wo er geblieben ist und wann er wieder nach Hause zurückkehren würde.

Ich begann mit meiner Meditation und suchte den Kontakt zu Speedy. Ich fand ihn relativ schnell – in einer grauen Umgebung, die einer Mondlandschaft ähnelte. Zunächst befragte ich ihn zu seinem Wesen, zu seinen Eigenarten und seinem Wohnumfeld. Dann erkundigte ich mich, wo er sei, und er zeigte mir wieder diese graue und felsige Landschaft. Ich fragte ihn, ob er noch am Leben sei, und er meinte, er wäre gegangen. Er hätte das Leben nicht mehr aushalten können, weil es ihm nicht gut ging. Ich fragte ihn, was passiert sei. Und dann sah ich es durch seine Augen. Ich war Speedy und sah, fühlte und hörte, was er zuletzt sah, fühlte und hörte.

Ich saß an einem Straßenrand. Links hinter mir war ein Garten. Direkt an der Straße stand, ebenfalls links von mir, ein Baum. Auf der gegenüberliegenden Seite befanden sich viele Bäume. Es waren nur vereinzelt Häuser zu sehen. Ich musste also ziemlich weit außerhalb am Ortsrand sein …

Ich spürte einen auffallend starken Druck im Kopf, hauptsächlich auf der rechten Seite. Dabei fühlte ich mich unwohl, dieser Druck im Kopf war kaum auszuhalten. Nun war zu hören, dass von rechts ein Auto kam. Es war ein silbergrauer Wagen, der sich schnell näherte. Gleich wäre es soweit. Die Gedanken überschlugen sich in meinem Kopf. Als sich das Auto genähert hatte, stand ich langsam auf. Ganz aufmerksam beobachtete ich das Auto, wie es näher und näher kam, nun schon fast auf meiner Höhe war – und ich rannte los, direkt in die Räder hinein …

Ich sah nun Speedy wieder auf einem Felsen vor mir sitzen. Ganz ruhig schaute er mich an. Ich fragte ihn, warum er in das Auto gerannt sei. Er sagte, dass er sehr krank gewesen sei und sein Frauchen schützen wollte. Sie hätte es kaum übers Herz gebracht, die für ihn so wichtige Entscheidung zu treffen. Doch die Krankheit habe ihm sehr zugesetzt und er habe sich körperlich und emotional mehr als unwohl gefühlt.

Als ich später mit Gisela, seinem Frauchen, telefonierte, erzählte ich ihr, was Speedy mir gezeigt hatte. Sie verstand sofort, was er gemeint hatte, als er sagte, er wolle sie schützen, weil sie die nötige Entscheidung kaum hätte treffen können. Sie hatte bereits im Jahr zuvor zwei Katzen einschläfern lassen müssen, weil diese schwer erkrankt waren. Beide Male war sie daran fast zerbrochen. Sie hing sehr an Speedy und hatte natürlich gemerkt, dass er sich in den letzten Wochen anders und ganz merkwürdig verhielt. Sie war mit ihm auch beim Tierarzt gewesen, um ihn untersuchen zu lassen. Aber bei den Untersuchungen war keine Erkrankung gefunden worden. Durch den auffallend starken Druck, den ich bei Speedy wahrgenommen hatte, lag jedoch die Vermutung nahe, dass er einen Tumor im Kopf hatte.

Dieser Kater hatte die Stärke gehabt, selbst zu gehen. Er hatte so die Liebe zu seinem Menschen gezeigt, auch wenn es auf eine sehr heftige Weise geschah. Er war in ein Auto gerannt, um zu sterben. Mit Sicherheit wäre ein friedliches Sterben im Schlaf für ihn angenehmer gewesen. Aber er wusste, dass Gisela diese Entscheidung für ihn zwar irgendwann treffen würde – doch zu spät für ihn. Und sie selbst wäre daran vielleicht zerbrochen. Beides wäre für Speedy sehr schlimm gewesen.

Gisela bestätigte mir, dass es für sie einfacher war zu hören, dass er auf diese Weise gestorben war, als es gewesen wäre, ihn einschläfern zu lassen. Speedy sagte mir, er ruhe sich nun aus, um sich auf sein nächstes Leben vorzubereiten. Er wisse noch nicht sicher, ob er wiedergeboren werden wolle. Er müsse sich zunächst von seiner Krankheit erholen und würde dann weitersehen …

Speedys Botschaft an alle Menschen ist, dass Tiere oft sehr genau wissen, ob ihr Mensch in der Lage ist, die Entscheidung über ihr Leben oder Sterben zu treffen. Und manche Tiere entscheiden sich dann für einen – uns grausam erscheinenden – freiwilligen Tod. Dies geschieht zwar relativ selten, aber es passiert doch hin und wieder und zeigt, dass auch die Seelen der Tiere selbst Entscheidungen über den Zeitpunkt und die Art und Weise ihrer letzten Reise treffen können.

Wie hätte das Leben für Speedy und Gisela ausgesehen, wenn ihr Kater nicht diesen Ausweg gewählt hätte? Speedy hätte weiterhin unter Schmerzen gelitten. Sie wären mit Sicherheit noch schlimmer geworden. Gisela wäre mit ihm ständig zum Tierarzt gegangen, ein Termin hätte den nächsten gejagt. Speedy hätte vermutlich etliche Medikamente erhalten. Irgendwann hätte Gisela vom Tierarzt gesagt bekommen, dass es an der Zeit sei, über das Einschläfern nachzudenken.

Gisela hätte – ebenso wie Speedy – unsäglich gelitten und ihn dann, unter Tränen und einem Nervenzusammenbruch nahe, doch einschläfern lassen. Diesen Weg wollte Speedy für sich selbst nicht gehen, so wenig, wie er wollte, dass Gisela ihn gehen musste. Daher hatte er die Entscheidung getroffen, von sich aus eine Möglichkeit zu finden, seinen Schmerzen ein Ende zu bereiten und Gisela dabei zu schützen. Die Tiere kennen uns Menschen sehr genau. Und sie sind bereit, aus Liebe zu uns vieles auf sich zu nehmen. Dazu gehört auch, dass sie sich bezüglich ihres physischen Todes mitunter nach uns und unseren menschlichen Bedürfnissen richten.

Gisela war froh, nun Gewissheit zu haben. Und sie war froh, dass sie diese Entscheidung nicht noch einmal hatte treffen müssen. Vermutlich hätte sie es geschafft, aber um welchen Preis? Speedy wusste das und hat aus diesem Grund seinem geliebten Menschen die Entscheidung abgenommen.

Channeling der Gruppenseele der Katzen

Wir kennen alles. Wir kennen es, verehrt zu werden wie Götter, und wir kennen es, nicht mehr wert zu sein als der Staub unter euren Schuhen. Wir kennen wirklich alles.

Damals, als wir verehrt wurden wie Götter, wussten die Leute, welche Fähigkeiten wir haben. Wir nehmen die Veränderung von Energien wahr, wir nehmen Störfelder wahr. Vielleicht ist das ein Grund, dass so viele von euch uns gerne um sich haben, gerne auf sich liegen haben, gerne Zeit mit uns verbringen. Vielleicht liegt es aber auch ganz einfach an unserem Wesen.

Veränderung ist wichtig. Auch wir verändern uns und zeigen euch das Tag für Tag, Jahr für Jahr. Wir gehen unseren Weg ... Wenn uns ein Ort nicht gefällt, dann wählen wir einen anderen Ort als unser Zuhause. Das ist oft nicht leicht für euch, nicht zu verstehen für euch. Doch wir suchen uns aus, wo wir sein wollen, wir wählen die Freiheit, die Unabhängigkeit und die Liebe.

Was wählt ihr?

Ihr behauptet von uns, dass wir alle Einzelgänger sind. Doch dem ist nicht so. Wir sind verbunden. Wir sind vernetzt. Wir sind jederzeit miteinander. Wir sind nicht viele, wir sind eins. Und ihr habt immer noch nicht begriffen, dass das auch für euch gilt.

Ihr seid so viele, doch seid ihr so uneins.

Manche von euch werfen nur einen kurzen Blick auf uns, manche beachten uns gar nicht, andere lieben uns. Einst wurden wir verehrt wie Götter, einfach nur, weil man uns als das sah, was wir sind: göttliche Wesen, die mehr wahrnehmen als so viele andere, mehr wahrnehmen als ihr. Wir nehmen jegliche Veränderungen der Energien, jegliche Störung im Umfeld wahr, nehmen Verstorbene wahr.

Wir nehmen euren Stress wahr, nehmen eure Stimmung wahr – und wir reagieren darauf.

Es heißt, wir könnten entstören, neutralisieren, harmonisieren. Und ja, das können wir, das können wir gut und tun es. Wir zeigen euch so vieles und versuchen, euch dadurch zu helfen, besser durch euer Leben, durch euren Alltag zu kommen.

Ihr findet es amüsant, wenn wir uns den ganzen Tag putzen und schlafen und ausruhen, und wir zeigen euch damit, wie wichtig Hygiene ist für Körper, Geist und Seele. Seht uns an: Wenn wir liegen und ruhen, dann tun wir das, um unseren Geist auszuruhen. Als Erholung für unsere Seele. Auch ihr solltet mehr darauf achten, nicht nur den Körper, sondern auch eure Seele zu pflegen.

Ihr amüsiert euch über uns, wenn wir spielen und toben und jagen. Dabei zeigen wir euch doch nur, wie fröhlich, unbeschwert und leicht das Leben sein kann.

Ihr freut euch, wenn wir zu euch kommen, eure Nähe suchen, uns an euch schmiegen, wenn ihr uns streicheln und berühren könnt. Und damit zeigen wir euch, wie wichtig das Miteinander ist, wie wichtig Nähe ist, wie wichtig Verbindung ist.

Doch bei all dem lieben wir unsere Freiheit. Wir lieben es, durch das Gras zu stromern, wir lieben es, bei euren Nachbarn vorbeizuschauen, wir lieben es, auch einmal für uns zu sein, denn Rückzug ist so wichtig. Manchmal klettern wir vielleicht etwas zu hoch hinaus und ihr müsst uns aus einem Baum zurückholen, aber habt ihr die Welt schon mal in Ruhe von oben betrachtet?

Habt ihr schon mal etwas gewagt?

Und ja, wir sehnen uns nach den alten Zeiten, als wir wie Götter verehrt wurden, man uns Opfergaben brachte, uns huldigte, wir als Heilige galten … Wir sehnen uns nicht danach der Verehrung wegen. Wir sehnen uns danach, weil man damals wusste, dass wir Dinge wahrnehmen, die ihr nicht wahrnehmt.

So viele von uns sind bei so vielen von euch. Als Begleiter, als Freunde. Göttliche Wesen bei göttlichen Wesen. Wir wollen euch ermutigen, das Göttliche in uns wieder zu sehen und das Göttliche in euch selbst.

So tatkräftig, wie wir es sind, könnt ihr auch sein. Ihr dürft ebenso unbeschwert herumtollen, das Leben genießen, die Freiheit genießen, euch Liebe und Anlehnung holen, wenn ihr es braucht, euren eigenen Kopf haben … Denn das sagt ihr doch über uns: dass wir unseren eigenen Kopf haben.

Ihr solltet hinausgehen, die Welt mit anderen Augen betrachten, uns Tiere, die Natur mit anderen Augen betrachten. Allein und doch gemeinsam, wie wir Katzen. Einzelgänger vielleicht – aber einig und miteinander statt gegeneinander.

Wir können die Krallen zeigen, wenn es nötig ist, oh ja! Und das könnt ihr genauso, aber ihr tut es oft, wenn es gar nicht erforderlich wäre. Ihr könntet versuchen – wie wir –, etwas anschmiegsamer zu sein, Nähe zuzulassen und so wie wir die Veränderung der Energien, der Harmonien wahrzunehmen, die leise Veränderung im Außen, das könnt ihr genauso wie wir.

Wir stehen nicht über euch, wir stehen nicht unter euch, wir stehen an eurer Seite. Doch ihr müsst euch trauen …

Habt ihr nicht manchmal so ein Gefühl, folgt ihm jedoch nicht und bereut es danach, weil ihr erkannt habt, dass dieses Gefühl richtig war? Hört mehr auf eure innere Stimme, eure Eingebung, hört mehr auf eure Seele.

Sie spricht mit euch.

Große Zeichen, knallharte Veränderungen – das braucht ihr, damit ihr wach werdet. Aber das wäre alles nicht nötig, wenn ihr ein wenig feinfühliger wärt. So feinfühlig wie wir Samtpfoten. So nennt ihr uns doch. Auf weichen Pfoten sanft durchs Leben gehen wie wir … Diese Sanftheit täte auch euch gut.

Wacht auf! Geht achtsamer durchs Leben! Ob mit oder ohne eine von uns an eurer Seite, das spielt keine Rolle. Diese Fähigkeit haben viele von euch schon entdeckt. Sie gehen achtsam durchs Leben, und wir wissen, dass es immer mehr werden.

Wir Katzen, gleich welcher Art, sind eure Helfer und Begleiter. Wir unterstützen euch, wir zeigen euch Wege, wir zeigen euch Freude und Liebe. Wir zeigen euch, dass es keine Bedingungen gibt für wahre Freundschaft, für wahre Liebe.

Wir zeigen euch, dass Verbundenheit unabhängig ist von Launen und Stimmungen, auch bei euch, unabhängig von *euren* Launen, *eurer* Stimmung, *eurem* Aussehen.

So wie wir achtsam durchs Leben schreiten, könnt ihr es auch.

Selbst wenn ihr keine Samtpfoten seid wie wir: Es geht um Achtsamkeit, um Rücksichtnahme und Wertschätzung, es geht um Miteinander und Verbundenheit. Achtsam durchs Leben zu schreiten, nicht durchs Leben zu trampeln, Schritt für Schritt, darum geht es ... jeder in seinem Tempo, auf seine Art.

Wacht auf! Und seid endlich verbunden, werdet endlich EINS mit euch, mit uns, mit allem. Denn – ob es euch bewusst ist oder nicht – alles ist bereits verbunden.

• • • • •

So oft ich mir diese Botschaft nun schon durchgelesen habe und sie auf mich habe wirken lassen, entdecke ich doch jedes Mal etwas Neues darin. Einzelne Aussagen habe ich immer wieder bei Channelings von Katzen mit anderen Worten übermittelt bekommen, und viele Kontakte haben mir gezeigt, dass Katzen uns manchmal sehr subtil auf etwas aufmerksam machen wollen, manchmal aber auch übertrieben deutlich. Katzen kommunizieren mit uns, permanent. Sie fordern uns auf, sanfter zu werden. Sanftheit braucht es tatsächlich viel mehr in dieser Zeit der Veränderung. Aus Sanftheit entwickelt sich Sanftmut, und viele weitere Aspekte gehen damit einher, wie Achtsamkeit und Wertschätzung sowie ein harmonischeres Miteinander.

– 2 –

Pferde und ihre Botschaften

Irgendwann kam jemand auf die Idee, ein Pferd zu zähmen und von seiner Geschwindigkeit und Kraft zu profitieren. Im Laufe der Tausende von Jahren, die seitdem vergingen, sind Pferde unverzichtbare Begleiter des Menschen geworden. Dank ihnen konnte man sich schneller von A nach B bewegen, was maßgeblich dazu beitrug, neue Gebiete zu besiedeln. Sie wurden in der Landwirtschaft eingesetzt, als Transportmittel, zum Holzrücken oder auch, um in die Schlacht zu ziehen.

Pferde wurden anfangs primär als Nutztiere gehalten, später auch als Prestigeobjekt und heute in erster Linie als Sport- und Freizeitpartner. Etwa eine Million Pferde und Ponys leben in Deutschland, wovon nur etwa zwei Prozent noch als Nutzpferde gehalten werden. Auch wenn ich selbst den Begriff Nutztier gar nicht mag, verwende ich ihn hier, um zu verdeutlichen, dass sie einer Arbeit nachgehen, wie dem Ziehen einer Kutsche oder auch dem Einsatz als Therapiepferd.

Was bedeutet es aber genau, dass die Mehrheit der Pferde unserem Freizeitvergnügen dient? Was heißt das eigentlich für die Pferde? In den letzten Jahren habe ich mit vielen von ihnen

Gespräche führen dürfen und ihre Sicht auf das Leben bei uns Menschen kennengelernt. Mich selbst begleiten Pferde seit vielen Jahren in meinem Leben, und ich durfte und darf noch immer so unendlich viel von ihnen lernen.

Es gibt wohl sehr viele unterschiedliche Ansichten darüber, was ein Pferd braucht, wie man es ausbildet oder reitet und wie man allgemein mit einem solchen Tier umgeht. Für manch einen ist ein Pferd noch immer ein Sportgerät, für andere ein Therapeut und für viele einfach ein Familienmitglied. »Das Glück dieser Erde liegt auf dem Rücken der Pferde« – ein Sprichwort, das bestimmt jeder schon einmal gehört hat. Und vielleicht ist es genau das, was wir beim Reiten empfinden: Glück. Doch ich bin überzeugt, dass noch anderes dahintersteckt. Warum sind es mehr Mädchen und Frauen, die es zu Pferden hinzieht, als Jungs und Männer? Vielleicht liegt es an der Stärke dieser Tiere und daran, dass wir uns von ihnen tragen lassen können, vielleicht aber auch einfach daran, auf welche Art diese Spezies uns berührt …

Doch nun möchte ich euch einige Pferde und deren Geschichten vorstellen, genauer gesagt, die ganz besondere Weise, wie sie ihren Menschen etwas mitteilen.

■ Das Pferd Lanzelot

Lanzelot und Fire waren zwei Pferde, die beim selben Menschen lebten. Als ich die eMail mit den Fotos der beiden vor mir liegen hatte, machte Lanzelot sofort deutlich, dass er als Erster dran war. Dies zeigte er auf sehr klare Art. Er hatte ein äußerst selbstbewusstes Auftreten, fast schon dominant, und war augenblicklich präsent, als ich mich auf ihn einstimmte. Dabei blieb er jedoch auf Distanz zu mir. Für mich ist es immer so: In der Tierkommunikation zeigen sich die Tiere auf dieselbe Weise, wie sie im realen Leben sind. Anders würde es auch keinen Sinn ergeben, denn sonst könnte man sie nicht identifizieren. Lanzelot wirkte sehr willensstark, zeigte aber auch deutlich, dass er fremde Menschen nicht so nahe bei sich haben mochte.

Ich hatte bei ihm immer das Gefühl, dass man sehr achtsam sein und besonders gut aufpassen musste. Das Gespräch mit ihm war wie eine Gratwanderung, denn ich merkte gleich: Wenn man zu viel Druck ausübte, könnte er explodieren. Etwas sagte mir, dass er unter enormer Anspannung stand. Es fühlte sich für mich so an, als hätte er eine sehr hohe Muskelspannung. Diese innere Anspannung von ihm konnte ich stark spüren. Mein eigener Körper wirkte verkrampft und sprungbereit.

Mir war klar, dass ich darauf achten musste, wie ich etwas formulierte. Ich musste die Balance halten zwischen »Ich *führe* das Gespräch« und »Ich *halte* ihn im Gespräch«.

Wenn ich zu viel Druck ausübte, wenn ich irgendwie beim Kontakt nicht genau aufpasste und ihm ein ungutes Gefühl gab, dann wäre er weg. Mein Eindruck war, dass er im realen Leben auch so im Umgang ist, dass man einerseits zeigen muss, »Ich *kann* dich führen« – denn wenn man ihn nicht führte, hatte man sowieso von Hause aus schon verloren –, dass man aber andererseits auch nicht zu viel Druck ausüben durfte, denn man hatte es mit einer tickenden Zeitbombe zu tun …

Er schickte mir seine Gefühle, diejenigen Gefühle, die aktuell in ihm vorherrschten. Da war eine große Wut in ihm und eine abgrundtiefe Traurigkeit. Zum größten Teil hatte das mit den Themen zu tun, aus denen sein Mensch sich an mich gewandt hatte. Die Traurigkeit kam daher, dass er seinen Freund Granados vermisste. Es machte ihn unheimlich traurig, dass dieser Freund weg war, weil sie eine enge Verbindung gehabt hatten. Er zeigte mir, dass sein Freund plötzlich weggefahren worden war – es fühlte sich an, als sei er von heute auf morgen nicht mehr da gewesen. Auch die Wut kam daher, denn es war sein *Freund* gewesen – und man hatte ihn vorher nicht gefragt.

Ich erklärte ihm, welche Gründe wir Menschen manchmal haben, ein Pferd vielleicht wieder wegzugeben, oder warum ein Pferd auch einmal umziehen muss. Ich erklärte ihm, dass es ganz sicher nicht darum ging, ihm eins auszuwischen, sondern dass es bestimmt wichtige Gründe gegeben hatte. Er verstand nicht, warum ihm sein Freund weggenommen wurde. Er verstand es einfach nicht. Lanzelot trauerte wegen diesem Verlust und war zugleich sehr wütend. Und diese Emotionen waren auch der Grund dafür, dass er das neue Pferd, Fire, nicht dulden wollte. Er zeigte mir, dass sein Freund gegangen war und schon kurz danach Fire gekommen war. Er hatte das Gefühl, ihm werde jemand Neues vor die Nase gesetzt. Er sagte immer wieder: »Der ist nicht mein Freund.« Ich versuchte zu vermitteln. Er zeigte mir, dass er Fire regelrecht attackierte, teilweise wirklich mit Hufen und Zähnen, manchmal so sehr, dass Blut floss. Ich sah innerlich, wie er bereits die Ohren anlegte, sobald Fire auch nur in seine Nähe kam. Ich erklärte ihm, er müsse ihn nicht lieben, aber ihn dulden.

Dann bat ich ihn, Fire eine Chance zu geben. Ich zeigte ihm, dass er möglicherweise einen neuen Freund in ihm finden könne – aber nicht müsse. Ich bat ihn, das neue Pferd einfach in Ruhe zu lassen und friedlich mit ihm umzugehen.

Ich spürte bei Lanzelot das Gefühl großer Einsamkeit. Mein Eindruck war, dass diese Einsamkeit mit seiner Position in der Herde zu tun hatte. Ich nahm ihn als sehr weit obenstehend, vermutlich sogar als Herdenchef wahr. Die *Verantwortung*, die er trug, machte ihn einsam. Er hatte das Gefühl, jederzeit auf alles und alle aufpassen zu müssen. Das machte ihn auch so hart.

Bei seinem alten Freund, Granados, hatte er sich nicht einsam gefühlt. Er war sein Freund gewesen und hatte ihm nahegestanden. Ich empfahl ihm, Fire eine Chance zu geben, und erklärte, dass niemand ihm Fire als Ersatz unterschieben wollte, sondern dass es durchaus wichtige Gründe gegeben hatte, dass Granados gegangen war.

Mir wurde klar, dass Lanzelot all die Wut, all die Traurigkeit, die ihn ihm steckte, auf Fire übertragen und ihn deswegen so attackiert hatte. Er zeigte ihn mir als sehr junges Pferd, das im Vergleich zu ihm recht weich wirkte. Also sprach ich mit Lanzelot über Freundschaft und erklärte ihm, wie ich das Thema selbst sehe. Ich hoffte, dass er dadurch etwas weicher wurde und lernte, sich endlich wieder mehr zu öffnen.

Während des ganzen Kontakts habe ich Lanzelot als sehr distanziert erlebt. Er blieb auf Abstand, sowohl emotional als auch körperlich. Das zeigte mir, dass er Fremden gegenüber eher skeptisch ist. Auf meine Frage, warum er so skeptisch und unnahbar ist, antwortete er: »Es tut weh.« Ich verstand erst nicht, was er damit meinte, und fragte deshalb nach. Dabei verschloss er sich etwas, so dass ich das Thema zunächst einmal aufschob und später in ihn hineinspürte. Dabei zeigte er mir, dass er schon in vielen verschiedenen Händen war (und von wechselnden Menschen geritten wurde). Er hatte schon mehrfach gehört, dass er als schwierig bezeichnet wurde. Dabei schien ihm während der langen Zeit mit den wechselnden Menschen eine feste Bezugsperson gefehlt zu haben, die sich liebevoll um ihn gekümmert hätte.

Das zog sich wie ein roter Faden durch sein ganzes Leben – er vermisste einen Menschen, der ihn liebte, der für ihn da war und sich hingebungsvoll um ihn kümmerte. Darin lag auch der Hauptgrund für seine Unnahbarkeit. Er hatte von Menschen nicht wirklich eine hohe Meinung, bedingt durch seine Vorgeschichte. Er fühlte sich benutzt, man wollte immer irgendwas von ihm. Sein Gefühl war, dass er immer gegeben und gegeben, aber nie etwas zurückbekommen hatte. Daher hatte er irgendwann die Schotten quasi dichtgemacht und sich verschlossen, zu seinem eigenen Schutz. Das verstand ich so gut … Ich zeigte ihm, wie es mir nach dem Tod meiner ersten Hündin gegangen war, die ich sehr geliebt hatte. Ich vermittelte ihm, dass auch ich mich verschlossen hatte, um mich zu schützen, und was ich in all den Jahren dazugelernt hatte. Nur wer sich öffnet, kann Freunde finden, erklärte ich ihm.

Er zeigte mir, dass er gerne Freiarbeit machen würde. Ich hatte das Gefühl, dass es nicht so einfach mit ihm wäre, aber er wünschte sich nun mal Freiarbeit. Er wollte nicht, dass immer nur das gemacht wurde, was der Mensch wollte. Er wollte auch einmal etwas machen, was *ihm* gut gefiel, *ihm* guttat, etwas, dass er *aus freien Stücken* tat. Das leuchtete mir ein. Mit Freiarbeit konnte man zudem am Vertrauen arbeiten. Ich hatte das Gefühl, dass er Vertrauen zu seinem Menschen hatte, aber nicht uneingeschränkt. Das lag an seinen Erfahrungen in der Vergangenheit. Er mochte seinen Menschen und vertraute ihm mehr als anderen. In ihm steckte jedoch noch immer dieses ständige »Aber«. Er musste noch lernen, dass er jetzt ein festes Zuhause und eine feste Bezugsperson hatte, die er annehmen durfte. Als Granados ging, war bei ihm die Angst aufgekommen, dass er der nächste sein könnte, der gehen muss. Eine alte Angst stieg in ihm auf, wie es auch bei uns Menschen immer wieder vorkommt.

Longenarbeit und Springen zeigte er mir ebenfalls, gab mir aber das Gefühl, das alles nicht wirklich zu mögen. Er machte es zwar, doch es gefiel ihm eigentlich nicht. Der Sprung, den er mir zeigte, war zum Beispiel nur in Cavaletti-Höhe, und dabei vermittelte er mir, dass er es seinem Menschen zuliebe machte und eigentlich ohne echte innere Freude.

In mir entstand der Eindruck, dass er im Grunde ein sehr intelligentes Pferd war und gerne Sachen machen würde, die ihn vom Kopf her forderten. Er ließ mich auch wissen, dass Bodenarbeit ihm prinzipiell lieber wäre, als wenn er jemanden zu tragen hatte. Er hatte kein generelles Problem damit, geritten zu werden, er wollte einfach nur mehr mit dem Kopf arbeiten können. Und er wies mich darauf hin, dass er oft müde war. Auf Nachfrage hatte ich das Gefühl, dass ihn seine Führungsposition etwas erschöpfte. Die nächtliche Ruhe in der Box war daher besonders wichtig für ihn. Er setzte sich in der Herde anscheinend selbst unter Stress. Ich hatte den Hof als ruhig wahrgenommen, und es schienen sehr wenige Menschen vor Ort zu sein. Aber immer wieder zeigte er mir die Herde als turbulent. Das war sie anscheinend in den Momenten, wenn er auf Fire losging. Ich hatte nicht den Eindruck, dass es generell turbulent wäre, sondern nur, wenn er die Turbulenzen selbst hineintrug.

Er fühlte sich bei seinem Menschen wohl, und es gefiel ihm dort auch gut. Er brauchte eigentlich nur die Sicherheit, dass er bei ihr bleiben konnte. Er sagte, er wisse selbst, dass er nicht einfach sei. Wenn er die Gewissheit bekäme, dass er bleiben dürfe, könnten er und sein Mensch wieder ein tolles Team werden. Das zeigte er mir deutlich. Nach außen hin stellte er sich dominant und stark dar, aber er hatte auch eine sehr weiche Seite, die er meisterhaft versteckte. Dabei hätte er diese weiche Seite sehr gerne mehr gelebt. Ich hatte das Gefühl, dass er damit seinen Menschen spiegelte. Die Härte, die er zeigte, nahm er auch an ihr wahr, und wenn sie lernen würde, nach außen etwas weicher zu werden, könnte er das ebenso. Dieses Thema trug er für sie mit. Er wollte ihr damit helfen, ihr etwas an sich aufzeigen, damit es aufgelöst werden konnte.

Seine Aufgabe bestand darin, seinen Menschen zu spiegeln und ihr dadurch die Chance zu geben, weicher, sanfter und nachgiebiger zu werden. Zugleich wies er auf das Thema Freundschaft hin – auch sie gab manchmal neuen Bekanntschaften in ihrem Leben keine echte Chance auf ein näheres Kennenlernen. Sie hielt neue Menschen in ihrem Leben gerne auf Abstand, so wie Lanzelot es mit Fire getan hatte.

Lanzelot ließ mich wissen, dass er seine Weggefährtin spüren wollte. Auf meine Frage, wie er das meinte, schickte er mir ein mentales Bild, das sie neben ihm zeigte, wie sie die Hand auf ihn legte. Dabei ging es nicht um Putzen oder etwas Ähnliches, er bat einfach darum, dass sie ihn spürte, sich Zeit für ihn nahm. Er gab mir das Gefühl, dass sie oft gestresst war, wenn sie in den Stall kam. Und sich Zeit zu nehmen und einander zu spüren würde beiden helfen. Zudem würde es zu mehr Nähe beitragen.

Die Frau, bei der Lanzelot lebte, bestätigte mir, dass er früher von vielen verschiedenen Leuten geritten wurde. Er hatte das klassische Schulpferd-Leben gelebt, bevor sie ihn kaufte. Sein Freund Granados war verkauft worden, weil es zwischen Mensch und Pferd nicht richtig gepasst hatte, aber nun hatte Granados einen Menschen gefunden, wo wirklich *alles* passte. Als ich anschließend noch einmal mit Lanzelot sprach und ihm mitteilte, dass es seinem Freund jetzt richtig gut ging und er glücklich war, stellte ich erleichtert fest, dass er sich für seinen alten Freund freute.

Unmittelbar nach diesem Kontakt zu Lanzelot führte ich ein weiteres Telefonat mit seiner Besitzerin und schilderte ihr die Zusammenhänge. Sie beschloss spontan, Lanzelot und Fire wieder zusammen stehen zu lassen. Sie hatte sie inzwischen getrennt und bereits erwogen, das neue Pferd woanders unterzubringen, um es vor Lanzelot zu schützen. Sie schrieb mir später voller Begeisterung, dass Lanzelot Fire nun ignorierte und in Ruhe ließ. Es war friedlich geworden im Stall, und zwischen den beiden herrschte Frieden. Lanzelot akzeptiere Fire jetzt zumindest.

Und vielleicht würde das der Beginn einer neuen Freundschaft sein. Es sah mir eigentlich ganz danach aus.

■ Das Pferd Fire

Einige Tage nach dem Kontakt zu Lanzelot und meinem Gespräch mit dem dazugehörigen Menschen bat man mich, mit Fire in Verbindung zu treten. Seine Menschin wollte auch ihn besser verstehen können, und es hatten sich ihr durch die neuen Erfahrungen mit Lanzelot bereits einige Fragen im Zusammenleben mit Fire gestellt. Fire erwies sich mir gegenüber als sehr offen und freundlich. Er gab mir das Gefühl, dass er Menschen im Allgemeinen sehr zugewandt war und auch keine Probleme mit fremden Menschen hatte.

Ich hatte den Eindruck, ein äußerst sensibles Pferd vor mir zu haben, das sehr viel aufnahm – mitunter vielleicht zu viel. Fire hatte in seiner Vergangenheit erlebt, dass er mit viel Druck geritten wurde, was ihm Unbehagen bereitet hatte. Im Gegensatz zu anderen Pferden, die möglicherweise »explodiert« wären, löste bei ihm zu viel Druck vor allem Unsicherheit aus. Er wirkte keinesfalls wie ein überaus unsicheres und ängstliches Pferd, hatte aber durchaus Situationen, mit denen er nur schlecht umgehen konnte. Dann versuchte er eher, sich kleiner zu machen, und wirkte angespannt sowie unruhig und nervös.

Als ich Fire fragte, wie es ihm ginge, gab er als Erstes durch, dass er seinen Namen toll fände, weil dieser eine schöne Bedeutung hat. Anschließend erzählte er, dass er sich prinzipiell wohl fühlte, doch dem neuen Frieden mit Lanzelot nicht so recht traute. Hier brauchte er noch etwas Zeit und Vertrauen, um wirklich glauben zu können, dass es jetzt friedlich bleiben würde. Zunächst war er ein wenig ängstlich und bestrebt, Lanzelot aus dem Weg zu gehen. Ich bat ihn darum, Lanzelot eine Chance zu geben, und erklärte ihm, warum der sich anfangs so aggressiv ihm gegenüber verhalten hatte. Fire schien Verständnis dafür zu haben und so machte ich ihm den Vorschlag, wenn Lanzelot ihm friedlich entgegenkäme, dies bei ihm ebenfalls zu tun.

Ich knüpfte direkt mit der Frage an, ob er sich auch Ausritte gemeinsam mit Lanzelot vorstellen könne, bei denen ihm Autos und Bauern begegnen könnten. Ich hatte bei dem Wort Bauer das Bild eines Mannes mit Mistgabel im Kopf und Fire erklärte, dass er mit Bauern kein Problem habe, nur mit Traktoren, Hängern und Autos. Er zeigte mir, dass es vor allem die Geräusche dieser Fahrzeuge waren, die ihm Angst einflößten. In solchen Momenten reagierte er mit starker Anspannung, erstarrte beinahe zur Salzsäule. Er war innerlich auffallend nervös und unruhig. Mein Gefühl dazu war, dass er noch nicht ganz bei seiner neuen Menschin angekommen war und bisher nicht die nötige Sicherheit hatte, die er brauchte. Mit etwas mehr Zeit und Vertrauen könnte man ihn an solche Situationen jedoch gut gewöhnen.

Als ich ihn fragte, welche Beschäftigung ihm denn gefiele, was ihm Spaß machen würde, zeigte er mir zunächst ein mentales Bild, bei dem er auf dem Boden lag, sein Kopf im Schoß seines Menschen. Dieses Bild steht meiner Erfahrung nach immer für Vertrauen zwischen Mensch und Pferd – es war ein Hinweis auf seinen Wunsch nach tiefem Vertrauen. Danach zeigte er mir seine Arbeit auf dem Platz und in der Halle mit Stangen, Cavalettis und viel Biegung. Ich bekam das Gefühl vermittelt, dass er an seiner Biegsamkeit, Beweglichkeit und seinem Körpergefühl arbeiten wollte. Ich hatte auch den Eindruck, dass seine Muskeln an einigen Stellen recht verspannt waren. Und er wollte mit seinem Menschen gemeinsam daran arbeiten, dass er wieder beweglicher, lockerer und biegsamer wurde.

Fire war anscheinend noch unsicher, ob er jetzt »für immer ein Zuhause« hatte. Diese Unsicherheit war für mich spürbar im Kontakt, wobei er zugleich eine große Sehnsucht nach Sicherheit und Gewissheit ausstrahlte. Möglicherweise hatte diese Unsicherheit damit zu tun, dass er es mit Lanzelot anfangs sehr schwer gehabt hatte, und vielleicht auch damit, dass seine Menschin sich eine Zeitlang mit dem Gedanken getragen hatte, ihn woanders unterzubringen.

Fire gab mir das Gefühl, dass er unbedingt Sicherheit vom Menschen brauchte. Da er sehr sensibel war, reagierte er auch sehr sensibel auf äußere Einflüsse. Wenn er innerlich mehr angekommen wäre, könnte man ihn an viele Dinge, die ihm bislang noch Angst machten, besser heranführen. Offenbar hatte er vieles früher einfach nicht richtig einordnen können.

Er war aber bereit, Neues kennenzulernen, wenn die Menschen an seiner Seite ihm Sicherheit gaben.

Interessant war, dass beide Pferde – Lanzelot ebenso wie Fire – das Thema Sicherheit und Vertrauen ansprachen. Es stellte sich heraus, dass das auch die Themen der sie umgebenden Menschen waren, mit denen die sich seit einiger Zeit beschäftigen mussten. In manchen Bereichen ihres Lebens fehlte ihren Menschen selbst eine gewisse Sicherheit und dieser Mangel an eigenem Sicherheitsempfinden wirkte sich auf die Pferde aus, die ihrerseits genau das thematisierten.

Die von Lanzelot und Fire gezeigten Verhaltensweisen und Themen entsprachen sogar fast exakt den Themen und Verhaltensmustern ihrer Menschen. Beim Tiergespräch konnte den Pferden natürlich manches vermittelt werden, dennoch war es – wie sich jetzt herausstellte – auch an den Menschen, die ihnen aufgezeigten Themen für sich selbst anzuschauen und zu bearbeiten. Wenn sie dies täten, würden sie in ihrer eigenen Entwicklung deutlich vorankommen und enorm wachsen.

Beide Pferde spiegelten letztlich, jedes auf seine Weise, die Hauptthemen der sie umgebenden Menschen wider. Ohne die Auswertung durch die Tierkommunikation wäre das ihrer Menschin nie richtig bewusst geworden.

So wusste die Bezugsperson der beiden nun, an welchen Themen sie bei sich selbst arbeiten durfte.

■ Das Pferd Aragon

Aragon ist ein kleinerer Vertreter seiner Art, doch an Klarheit und Mut manch einem Großpferd überlegen. Seine Menschin kontaktierte mich, weil sie darüber nachdachte, ihn wieder abzugeben. Sie war aber noch unentschlossen und wollte erst seine Meinung dazu hören. Sie glaubte, ihm nicht gerecht werden zu können und dass es besser für ihn wäre, wieder in sein altes Zuhause zurückzukehren. Und so nahm ich Verbindung mit Aragon auf, um dieses Thema mit ihm zu besprechen.

Nachdem ich mich ihm vorgestellt und erklärt hatte, warum ich mich mit ihm unterhalten wollte, wurde er sehr aufgebracht. Es war das erste Mal, dass ich ein Tier im Gespräch so aufgebracht erlebte. Er fand ungewohnt deutliche Worte für seine Menschin: »Was kann ich dafür, dass sie den Hintern nicht hochbekommt? Sie soll endlich lernen, Verantwortung zu übernehmen! Immer schiebt sie alles Unbequeme von sich. Sie will ernst genommen werden, will ein selbstbestimmtes Leben führen und schafft es doch nicht, Verantwortung zu übernehmen! Ich sehe es nicht ein, für ihre Bequemlichkeit einstehen zu müssen. Sie will mich zurückbringen? Ich will aber nicht zurück! Ich gehöre an ihre Seite, ob es ihr gefällt oder nicht! Sag ihr gefälligst, sie soll den Hintern hochbekommen und endlich ihr Leben selbst gestalten.«

Ich war von der Deutlichkeit, mit der ich diese Worte empfing, ein wenig schockiert, denn in der Regel zeigten Tiere sich versöhnlich und äußerten ihre Wünsche und Vorstellungen eher sanft. Doch Aragon war sichtlich aufgebracht und hatte das Gefühl, er müsse darunter leiden, dass sie den einfachen Weg gehen wollte, der in seinen Augen der falsche Weg war.

Ich versuchte zu vermitteln und spürte sehr schnell, dass es sein aufrichtiges Bestreben war, ihr auf ihrem Weg zu helfen. Und er sprach genau ihre Themen an: Sie fühlte sich von ihrem Umfeld bevormundet und wollte selbstbestimmt leben, ließ sich aber weiter einengen, Vorschriften machen und kam nicht in ihre wahre Größe. Genau das hatte Aragon mit seinem kleinen Ausbruch angesprochen, und natürlich richtete ich ihr all das aus. Dabei ließ ich sie schonend wissend, dass er sehr deutlich geworden war. Glücklicherweise nahm sie seine klaren Worte dankbar an. Aragon durfte bleiben, und in den Monaten und Jahren danach wuchsen beide eng zusammen.

Noch immer ist es sein Bestreben, seiner Menschin dabei zu helfen, ihren eigenen Weg zu gehen. Letzten Endes ist all das eine anhaltende Entwicklung, die eben auch etwas Zeit braucht, bei jedem ein anderes Maß davon. Doch wenn ich heute höre oder in eMails seiner Menschin über ihn lese, welche Hürden die beiden miteinander gemeistert haben, wie sie sich nach und nach gemeinsam immer mehr Freiheit und Selbstbestimmung erarbeiten konnten, dann freut mich das sehr. Letzten Endes zeigt es, dass sie genau diese klaren Worte von ihm gebraucht hatte, um persönlich zu wachsen und zu begreifen.

Für mich zeigte das wieder einmal: Unsere Tiere kennen uns ganz genau und wissen, welche Worte sie wählen, welche Bilder sie malen oder welche Gefühle sie übermitteln müssen, um uns wirklich im Inneren zu erreichen. Und genau das werden sie in einer Tierkommunikation auch verwenden, denn sie möchten gehört werden. Sie möchten, dass wir zuhören, um zu erkennen, zu verstehen und zu lernen.

■ Chester – mein erstes Seelenpferd

Als ich Chester kennenlernte, war er elf Jahre alt und verdiente sich seinen Unterhalt als Therapiepferd. Ich selbst hatte eine langjährige Reitpause hinter mir. Bedingt durch zwei Risikoschwangerschaften waren Pferde ein paar Jahre lang nicht mehr ein aktiver Teil meines Lebens gewesen. Ich lernte ihn und ein anderes Pferd bei seiner damaligen Menschin kennen. Und noch heute sage ich, es war Liebe auf den ersten Ritt. Er war so einiges, was ich eigentlich nie wollte: fuchsfarben, mir zu groß und sehr eigensinnig. Doch als ich das erste Mal auf ihm saß, fühlte ich mich schlagartig wohl und hatte das Gefühl, nirgendwo anders hinzugehören. Wir drehten eine Runde durchs Gelände, über Wiesen und zwischen Feldern hindurch, ein Stück weit über die

Straße und durch den Ort – und ich fühlte mich absolut sicher und geborgen, obwohl ich ihn nicht kannte und schon seit einigen Jahren nicht mehr im Sattel gesessen hatte.

Es ergab sich, dass ich ihn von da an regelmäßig ritt und meinen Wiedereinstieg ins Reiten auf ihm erlebte. Dabei wechselte ich von der englischen zur Westernreitweise. Er war ein westerngerittener Quarter und ich fühlte mich auf Anhieb wohl im Westernsattel, aber es wäre gelogen, wenn ich behaupten würde, dass es von Anfang an harmonisch zwischen uns lief. Wir waren zwar sofort eng miteinander verbunden, doch fühlte ich mich trotzdem meistens wie der erste Mensch auf dem Pferd. So brav er als Therapiepferd auch war, sobald ein Erwachsener auf ihm saß, erwartete er korrekte Hilfengebung, präzise Kommunikation und Klarheit. Und da die Westernreitweise noch neu für mich war und ich außerdem einige Jahre lang nicht mehr im Sattel gesessen hatte, stellte das eine ordentliche Umgewöhnung für mich dar.

Chester machte es mir oft alles andere als leicht. Dennoch wurde mir durch ihn klar, dass ich diese Verbundenheit mit einem Pferd dauerhaft haben wollte, mit einem *eigenen* Pferd. Doch er stand nicht zum Verkauf. Und so machte ich mich auf die Suche und fand auch ein Pferd, bei dem alles zu passen schien. Allerdings stellte sich schnell heraus, dass es noch nie wirklich geritten worden war, obwohl man es als kindertauglich und geländesicher anbot. Ich merkte das leider erst, als es mich nach einem filmreifen Rodeo abgesetzt hatte. Abgesehen von meinem Stolz war zum Glück nichts großartig verletzt, und ja, sicher hätte ich vorher mit dem Pferd, das mich abgeworfen hatte, sprechen können, aber da ich davon ausgegangen war, dass die Verkäufer es ehrlich mit mir meinten, war ich damals einfach nicht auf diese Idee gekommen.

Natürlich erzählte ich Chesters damaliger Menschin von meinem ernüchternden Erlebnis mit dem zum Verkauf stehenden

Pferd, und nach einigen Tagen rief sie mich an. Sie bot mir an, Chester zu kaufen! Ich musste nicht lange überlegen, denn eigentlich war er ja ohnehin schon ein Teil meines Herzens und ich hatte nur nach einem anderen Pferd gesucht, weil ich mir die Liebe zu Chester eben woanders hatte erfüllen wollen.

Er hatte ja nicht zum Verkauf gestanden!

Jetzt unterschrieb ich sofort den Kaufvertrag und erfuhr dabei von seiner Menschin, dass sie ihn schon seit einigen Jahren immer wieder zu verkaufen versucht hatte. Doch entweder war sie selbst im letzten Moment abgesprungen oder der Käufer. Sie sagte, nun wäre ihr klar, dass Chester zu mir gehörte und deswegen all die Jahre nicht hatte verkauft werden können.

Ich ahnte damals nicht, wohin mich dieses Pferd noch bringen würde, was ich dank seiner alles lernen und begreifen sollte! Chester zeigte mir in einem der ersten langen Gespräche, die wir miteinander führten, nachdem ich ihn gekauft hatte, dass er seinen Job als Therapiepferd zwar gut gemacht hatte, aber nicht gerne. Er hatte es gehasst, immer wieder andere Menschen auf seinem Rücken zu tragen, ohne dass er den einen Menschen für sich hatte, der ihn um seiner selbst willen liebte. Auch bei Reitstunden Runde um Runde zu drehen ging ihm gegen den Strich, vermittelte er mir. Also versprach ich ihm: Er müsse nie wieder Kinder herumtragen, wenn er das nicht wollte. Und er müsse auch keine Reitstunden mehr geben. Ich ließ damals sogar meine Kinder zu Hause, wenn ich zum Stall fuhr, weil ich ihm Ruhe und Abstand zu Kindern versprochen hatte. Erst als er mir sein Einverständnis gab, nahm ich sie mit zu ihm.

Im ersten Jahr nach dem Kauf ging es uns beiden, ihm und mir, nur um eines: zusammenzufinden. Oder vielmehr darum, einander richtig zu verstehen, richtig kennenzulernen und eine gemeinsame Basis zu erschaffen. So ließ ich oft ihn den Weg oder das Tempo bestimmen, ebenso, ob wir spazieren gingen oder ich auf ihm ritt. Und mir war immer wichtig, ihn gesunderhaltend zu reiten, wenn ich mich schon auf ihn setzte. Durch ihn lernte ich, ein Pferd richtig zu spüren. Ich lernte außerdem, jederzeit mit ihm verbunden zu sein, wenn ich bei ihm war. Wobei es wahrscheinlich richtiger wäre zu sagen, dass ich durch ihn lernte, die Verbindung zwischen uns besser zu spüren, so dass ich mich jederzeit nonverbal mit ihm austauschen konnte. Einmal warnte er mich denn auch im Wald, dass Wildschweine in der Nähe waren, und ich konnte mit ihm gemeinsam reagieren und dadurch vielleicht einen Unfall verhindern.

In Gesprächen zeigte er sich mir häufig in Gestalt eines alten, weisen Mannes. Dabei entsprach das Bild, das er von sich übermittelte, immer meiner Vorstellung des Druidens Merlin. Das verwirrte mich anfangs, aber ich nahm es so an, zumal die Weisheit, die er aussandte, dem absolut entsprach. Auch Teilnehmer meiner Tierkommunikationskurse, bei denen Chester sich manchmal zum Üben zur Verfügung stellte, sahen ihn als Merlin. Eines Tages fragte ich nach, warum er sich in dieser Gestalt zeigte, und er vermittelte mir, dass das Bild, das er an uns schickte, am besten die Weisheit symbolisierte, die er weitergeben wollte. Ich fand, es hätte nicht perfekter passen können.

Chester lehrte mich auch Verbundenheit. Nicht nur auf die eben beschriebene Weise, sondern weit darüber hinaus. Er gab mir Einblick in andere, feinstoffliche Welten. Er lehrte mich, mehr mit dem Herzen zu sehen und das Leben und den Tod besser zu verstehen. Ich betrachte ihn als einen der großen Lehrer in meinem Leben. Durch ihn lernte ich, Hilfe anzunehmen, Grenzen zu setzen und für uns beide einzustehen.

Eine Lektion, die ich durch ihn erfuhr, war für Chester und mich besonders hart. Über mehrere Monate hinweg war ich in den verschiedensten Bereichen meines Lebens immer wieder in Situationen geraten, in denen es geboten gewesen wäre, dass ich Hilfe annehme. Ich, die immer für andere da war, wollte das jedoch nicht. Vielmehr meinte ich, alles allein schaffen zu müssen und niemanden mit der Bitte um Hilfe belästigen zu dürfen. Bis zu dem Tag, an dem er sich zur Verfügung stellte, mir dabei zu helfen, endlich zu lernen, wie man Hilfe annimmt.

Ich war mit ihm auf dem Reitplatz, wollte ihn nur noch kurz am langen Zügel abreiten, nachdem wir ein wenig geübt hatten. Aufgrund des gefrorenen Bodens waren wir im Schritt unterwegs und ich wollte gerade absitzen und ihn absatteln, als plötzlich ein extrem lauter Knall erklang! Chester sprang ein wenig zur Seite. Dabei musste er sich einen Wirbel blockiert haben, genau da, wo ich saß. Der Schmerz brachte ihn wohl dazu, zu buckeln – das einzige Mal, dass ich das überhaupt bei ihm erlebt habe. Und irgendwann konnte ich mich nicht mehr halten. Da ich merkte, dass ich nach rechts kippte und dort wenig Platz bis zu den dicken Balken der Reitplatzbegrenzung war, blieb mir nur eines: möglichst senkrecht zu fallen. Und genau das tat ich auch.

Im Fallen rief ich noch nach einer Einstellerin, die gerade im Stall war und sofort zu uns gerannt kam. »Kümmere dich um ihn!«, rief ich. Während ich versuchte, wieder aufzustehen, war mein erster und einziger Gedanke, dass es Chester gut ging, dass ihm nichts geschehen war. Und inzwischen kamen auch Passanten angerannt, um mir aufzuhelfen. Doch ich konnte nicht aufstehen, und nach wenigen Minuten musste ich einsehen, dass es Zeit für den Rettungswagen war. Ich spürte teilweise meine Beine nicht mehr. Später stellte sich heraus, dass ich mir den sechsten Brustwirbel gebrochen hatte. Laut den Ärzten war ich nur knapp am Rollstuhl vorbeigekommen.

Als ich im Krankenhaus lag, musste ich schnell lernen, Hilfe anzunehmen oder gar darum zu bitten. Ich durfte mich nicht bewegen, weshalb alle menschlichen Bedürfnisse nur mit Hilfe wahrgenommen werden konnten. Ich konnte nicht mal eben aufstehen und das Fenster öffnen oder die Gardinen zuziehen. Waschen, Essen, Zähneputzen und vieles andere ging nur mit Hilfe. Einige der großen Lektionen in meinem Leben lernte ich durch diesen Unfall. Die größte war vermutlich, dass ich danach wieder anfangen musste, zu vertrauen. Sobald es mir möglich war, setzte ich mich erneut aufs Pferd. Das ging monatelang nur mit Hilfe, um die ich mich natürlich immer rechtzeitig kümmern musste. Das für mich Verwunderliche war, dass ich *ihm* sofort wieder vertraute, aber *mir* nicht. Es dauerte etwa drei Jahre, bis ich das Vertrauen zu mir wiedergefunden und das Gefühl hatte, ihm wieder vollkommen gerecht werden zu können.

Chester war geduldig in all diesen Jahren. Er gab mir Zeit, Sicherheit, Geborgenheit und Vertrauen. Und er half mir, all das auch in mir selbst zu finden.

Dann kam der Tag, als ich zum Stall kam und ihn bedrückt und traurig vorfand. Ich fragte, warum er so traurig sei, und er sagte, dass seine Aufgabe bei mir abgeschlossen sei. Ich hätte mich nun so weit entwickelt, dass er meine Energie nicht mehr tragen könne. Er könne mich nicht weiter unterstützen, er sei so weit mit mir gegangen, wie es ihm möglich gewesen sei. Das zu hören machte mich traurig, denn es klang, als wollte er sich verabschieden. Doch ich fand einen Lösungsansatz, den ich ihm unterbreitete: Ich sagte, er müsse mich nicht mehr tragen. Ich vermittelte ihm, dass ich mich zurückziehen und er dennoch bleiben könne, auch wenn seine Aufgabe bei mir abgeschlossen sei, und dass wir vielleicht eine andere Aufgabe für ihn fänden. Da ich seit vielen Jahren wusste, dass er mein Seelenpferd war, wollte ich ihn noch nicht gehen lassen, schon gar nicht aus dem einen Grund, dass seine Aufgabe bei mir abgeschlossen sei …

Ich wusste nicht, ob es funktionieren würde. Ich ging ab diesem Tag meistens nur mit ihm spazieren, kümmerte mich um ihn, ohne ihn weiter zu reiten. Etwa zweieinhalb Jahre später entdeckte meine Tochter ihre Liebe zum Reiten und zu Chester. Seitdem ist er wieder aufgeblüht, fröhlich und zufrieden. Er hat in ihr eine neue Aufgabe gefunden und lehrt sie, Pferde richtig wahrzunehmen. Sie hat durch ihn gelernt, sich mit ihm zu verbinden, ihm zuzuhören und Klarheit in ihre Kommunikation zu bringen. Unachtsamkeiten zeigt er ihr sofort auf, wie er es auch bei mir getan hat. Jetzt ist er, wie er es für mich war, für sie ein Lehrer, Freund und Beschützer.

Schon jetzt hat er meiner Tochter den Weg zu ihrem Selbstvertrauen gezeigt und ihr geholfen, ihre eigene Mitte zu finden. Durch ihn hat sie sich selbst besser kennengelernt. Und ich hatte das große Glück, daran teilhaben zu dürfen, auch wenn es bedeutete, ihn freigeben zu müssen. Doch es war mir leichtgefallen, denn er hatte nun den richtigen Menschen für diese Zeit in seinem Leben an seiner Seite …

Dass Chester geblieben ist, erfüllt mich mit Freude. Er wollte damals schon gehen, das weiß ich ganz sicher. Umso mehr freut es mich, dass er meinen Vorschlag annahm und geblieben ist. Es war seine Entscheidung. Ihn jetzt mit meiner Tochter zu erleben, berührt mich zutiefst. Auch sie hat in ihm ihr erstes Seelenpferd gefunden.

■ Aisling – mein großer Lehrer

War Chester mir bereits von Anfang an ein Lehrer, so trifft diese Bezeichnung auf Aisling noch mehr zu. Ich war mit Chester immer sehr eng verbunden, er war mein erstes Seelenpferd. Lange Zeit dachte ich, dass man nur einmal in seinem Leben ein Seelenpferd finden könne. Doch als ich dabei war, ein zweites Pferd in mein Leben zu holen, wurde ich eines Besseren belehrt.

Eines Morgens im Sommer 2020 erwachte ich sehr früh und hatte plötzlich das Gefühl, ich müsse *jetzt* nach einem zweiten Pferd schauen. Dieses Gefühl war so stark, so drängend und unvermittelt gekommen, dass ich gar keine andere Wahl hatte, als augenblicklich mit der Suche nach »meinem« Pferd zu beginnen. Natürlich hatte ich mir schon eine Weile Gedanken gemacht, wie dieses Pferd denn sein sollte … doch so viel kann ich sagen: Es kam natürlich ganz anders als geplant.

Ich bat die Geistige Welt um Unterstützung. Vielleicht richtete ich diese Bitte auch an das Höhere Selbst der Pferde – so genau kann ich das heute gar nicht mehr sagen.

Ich bat jedenfalls darum, dass das richtige Pferd zu mir finden möge. Meine Vorstellung war, dass die Pferde, die nicht zu mir passten, bereits verkauft sein sollten, wenn ich auf sie stieß, oder sich vor Ort so unmöglich verhielten, dass sie überhaupt nicht in Frage kamen. Und dass das Pferd, das zu mir passte, mir ein unmissverständliches Zeichen geben sollte – ein Zeichen, dass ich keinesfalls übersehen oder ignorieren konnte.

Natürlich begann ich zunächst auf diversen Pferde-Verkaufsportalen mit der Suche. Und fand tatsächlich das eine oder andere, das der Beschreibung nach geeignet für mich war. Ich schrieb eMails, telefonierte und vereinbarte Termine zum Anschauen. Aber jedes Mal kam kurz vor dem Termin die Mitteilung, dass dieses Pferd nun doch schon verkauft sei. Ehrlich gesagt: Ich war frustriert. Trotzdem durchforstete ich, sobald ich wieder eine solche Absage bekommen hatte, erneut die Verkaufsanzeigen. Ich erwartete schon gar nicht mehr, noch auf ein geeignetes Pferd zu stoßen, denn die von mir gewünschte Rasse war damals kaum zu finden. Doch dann entdeckte ich eine Anzeige, über die ich nicht hinwegscrollen konnte. Vieles an der Beschreibung passte nicht im Geringsten zu meinen Suchkriterien, aber ich kam an diesem Pferd einfach nicht vorbei. Also rief ich an und vereinbarte einen Termin. Und obwohl es mir schwerfiel, führte ich ganz bewusst im Vorhinein keine Tierkommunikation mit ihm durch. Ich wollte dieses Pferd möglichst unbefangen kennenlernen!

Am nächsten Tag fuhr ich also morgens in Begleitung meiner Tochter los. Glücklicherweise war es nur eine etwa einstündige Fahrt. Als wir ankamen, war die Verkäuferin des Pferdes noch nicht da, doch wir durften uns schon ein wenig umsehen. Obwohl ich mich auf dem Gelände nicht auskannte, ging ich ganz automatisch dorthin, wo das Pferd stand – als hätte mir jemand den Weg gewiesen. Kurz darauf kam auch schon die Verkäuferin und holte es aus der Paddockbox. Als sie das Tor schließen wollte, drückte sie mir den Strick in die Hand. Diese Gelegenheit nutzte es, um seinen Kopf an meine Brust und meinen Bauch zu lehnen. Es schloss die Augen und ich hörte das Wort »Eeeeendlich …«, verbunden mit einem riesigen Seufzen. Ich war emotional vollkommen überfordert, sah hilflos auf das Tier hinunter und sagte zu ihm: »Pony, was machst du da? Ich habe mich doch noch gar nicht entschieden!« Und ganz trocken kam seine Antwort, die augenblicklich alles besiegelte: *»Aber ich!«*

Und damit war es entschieden. Natürlich ließ ich mir noch ein wenig von dem Pferd zeigen, doch die Entscheidung stand ohnehin schon fest. Ich kaufte es sofort und vereinbarte, dass es mir zwei Tage später gebracht werden würde.

Auf der Fahrt nach Hause war ich noch immer emotional überfordert. Entsprach doch dieser kleine Kerl so gar nicht dem, wonach ich eigentlich gesucht hatte! Ich wollte ein Pferd in passender Größe und passendem Alter, eines, das schon ausgebildet war, quasi zum sofortigen Losreiten … Und gekauft hatte ich mir einen dreieinhalbjährigen, schmächtigen und kleinen Burschen, der vom sofortigen Losreiten noch weit entfernt war! Und doch: Er gehörte einfach zu mir. Daran gab es keinen Zweifel. Was nun fehlte, was ein geeigneter Name für ihn, denn zu dem Namen im Pass hatte er selbst keinen Bezug und er entsprach ihm auch gar nicht. Also verband ich mich mit ihm. Sofort war klar, dass sein Name das irische Wort für Traum sein solle: Aisling.

Zwei Tage später war es dann soweit, der Kleine wurde zu mir gebracht. Er stieg in Seelenruhe aus dem Hänger aus, fühlte sich augenblicklich zu Hause, und bereits am nächsten Tag erteilte er mir eine wichtige Lektion. Als ich ihn putzte und seine Hufe auskratzen wollte, lernte ich, dass ich nicht alles als selbstverständlich nehmen durfte, nur weil ich es so gewohnt war. Er blieb einfach auf allen Vieren stehen. Egal, was ich versuchte, er gab mir seine Hufe nicht zum Säubern. Ich versuchte es wieder und wieder. Ohne Erfolg. In den nächsten Wochen verstand ich, dass ich mir dieses Privileg bei ihm erst erarbeiten musste. Aisling forderte mich dazu auf, die ganze Zeit mit ihm verbunden zu sein, die ganze Zeit im Kontakt und Austausch mit ihm zu sein.

Auch wenn ich seit vielen Jahren Tierkommunikation ausübte, stand ich doch nie unablässig in bewusster Verbindung mit einem Tier, sondern immer nur dann, wenn das Tier mir etwas schickte oder ich mich mit ihm austauschen wollte. Aisling zeigte mir, dass ich die ganze Zeit in Verbindung sein sollte, ja, er verlangte es vehement. Anfangs empfand ich das als sehr anstrengend, zugegeben. Doch inzwischen profitiere ich sehr davon. Eigentlich brachte er mich auf diese Weise dazu, mir bewusst zu machen, dass wir alle jederzeit mit allem verbunden sind und dies auch die ganze Zeit wahrnehmen und spüren können, wenn wir unser Bewusstsein darauf ausrichten.

Er war vom Start weg sehr eigen in der Kommunikation und nörgelte viel herum, immer auf eine trockene und manchmal auch genervte oder motzige Weise. Sein Wesen war jedoch ganz anders! Sein trockener Humor ist definitiv auch an seinem Verhalten zu erkennen, aber alles in allem ist er meist ein recht fröhlicher und verspielter Geselle – ganz anders, als seine Tonlage in den Gesprächen es vermuten lässt.

Unsere Verbindung war vom ersten Tag an sehr stark. Wofür andere lange und hart arbeiten müssen, nämlich dass das Pferd in der Freiarbeit mit ihnen läuft, klappte bei uns auf Anhieb. Er läuft mit mir, egal wohin und in welchem Tempo. Und ich wusste sofort, dass ich ein zweites Seelenpferd gefunden hatte – eines, das ich sogar noch intensiver wahrnahm, als ich es gekannt hatte! Die besondere Verbindung mit ihm erschütterte mich geradezu und berührte mich doch zugleich auch.

Ich hatte von Anfang an den Eindruck, als wären unsere Seelen aneinander geschmiedet, als würden sie zusammengehören und einander ergänzen.

Nur wenige Wochen nachdem er Teil unserer Familie geworden war, fuhr ich einige Tage weg, um Menschen in die Welt der Tierkommunikation zu begleiten. Es war eine meiner regelmäßigen Kurswochen und Aisling würde nun einige Zeit ohne mich auskommen müssen. Ich hatte ihm jedoch versprochen, mir jeden Tag bewusst Zeit für ein Gespräch mit ihm zu nehmen. Und genau das tat ich auch. Als er bei einem dieser Gespräche wieder diesen genervten Tonfall an sich hatte, sprach ich ihn darauf an. »Aisling, muss das eigentlich sein, dass du immer in diesem Ton mit mir sprichst? Ich habe das zu Hause schon ständig, wenn mein Sohn mit mir redet. Ich brauche das nicht auch noch von dir! Du bist doch eigentlich gar nicht so, wie du dich gibst?!« Seine Antwort darauf veränderte sehr viel in mir. Er sagte, ganz milde und sanft, zugleich aber auch nachdrücklich: »Lerne die Worte zu sehen, die im Herzen deines Sohns sind, und nicht die zu hören, die aus seinem Mund kommen! Bei mir kannst du doch auch darüber hinwegsehen und sogar zeitweise darüber lachen, weil du weißt, dass ich anders bin, als ich mich gebe. Und jetzt solltest du das Gleiche bei ihm tun.«

Bumm ... das hatte gesessen.

Und mir war schlagartig klar, wie recht er damit hatte. Ja, bei Aisling hatte ich von Anfang an über diesen Tonfall hinwegsehen können, weil ich sein wahres Wesen sah, weil ich *ihn* sah. Was mir bei meinem zweiten Seelenpferd von Anfang an so leicht fiel, schaffte ich bei meinem Sohn zu dieser Zeit nicht mehr. Und ich erkannte, dass Aisling mir damit den Weg aufgezeigt hatte, wieder in Harmonie mit meinem Sohn zu kommen!

Ehrlich gesagt fiel es mir trotzdem nicht ganz leicht. Noch oft musste ich mir diese Sätze von Aisling ins Bewusstsein rufen, um in entsprechenden Situationen mit meinem Sohn anders zu reagieren als zuvor. Es hatte mich immer verletzt, wenn er auf diese Weise mit mir sprach, so dass ich nicht sah, was *hinter* seinen Worten steckte. Doch nach und nach gelang es mir, und ich konnte ihn wieder anders wahrnehmen, *ihn* sehen, *sein wahres Wesen*. Und ist es nicht so mit vielen Dingen?

Wir tragen den Schlüssel für so vieles in uns und die Tiere weisen uns darauf hin! Wenn wir ihnen zuhören, bei ihnen nachfragen, dann zeigen sie uns den Weg.

Wir lieben unsere Tiere, bedingungslos.

Doch bei uns und unseren Mitmenschen hört diese bedingungslose Liebe oft auf. Dabei liegt es an uns, zu erkennen, dass wir alles in uns tragen und es einfach nur auf uns und unser Umfeld auszudehnen brauchen. Das ist eines der vielen Dinge, die Aisling mich inzwischen gelehrt hat.

Eine weitere wichtige Erfahrung, die ich durch ihn machen durfte, ist die Wichtigkeit des Miteinanders. Er macht *alles* mit mir gemeinsam, wenn ich es *mit* ihm gemeinsam mache. Doch er verweigert sich, wenn man versucht, etwas bei ihm zu erzwingen. Gegen ihn zu arbeiten, funktioniert bei ihm nicht. Er macht nur das, was er möchte. Oder das, was man von ihm möchte, wenn man es *mit* ihm gemeinsam macht, ihn darum bittet oder es ihm erklärt. Er selbst kündigt nahezu alles, was er vorhat, vorher an. Als typischer Vertreter seiner Rasse, er ist ein Irish Cob – in Deutschland meist als Tinker bezeichnet –, ist er auch mal stur und liebt das Fressen. So kann es beim Spazierengehen unterwegs passieren, dass er mal eben beschließt, dass es jetzt Zeit zum Fressen ist. Dies kündigt er aber vorher an und wenn er sofort ein Nein bekommt, akzeptiert er dies auch und lässt es bleiben. Steht man über die Wahrnehmung in Verbindung mit ihm, kann man natürlich rechtzeitig reagieren. Ist man in Gedanken woanders, nicht in Verbindung mit ihm, verpasst man seine Chance und kann ihm dann beim Fressen zusehen, bis er genug davon hat oder sich überzeugen lässt, dass er nun doch weitergehen soll. Er fordert es von den Menschen, die mit ihm zu tun haben, ein, dass sie bewusst mit ihm kommunizieren. Wer dies nicht tut, wird durchaus Probleme mit ihm haben. Er kann dann – je nach Situation – sehr stur oder gar nachdrücklich werden.

Da anfangs gerade Wiesenwege eine besondere Verlockung für ihn darstellten, hatte ich ihm einen Kompromiss angeboten, den er auch annahm. Mein Vorschlag war, dass er die Wiesenwege geht, ohne dabei fressen zu wollen, und als Belohnung von mir dafür ein wenig Futter in Form von Leckerlis oder Hagebutten aus der Hand bekommt. Er akzeptierte den Vorschlag und seit diesem Tag sind Wiesenwege keine Herausforderung mehr, sofern er am Ende des Weges seine Leckereien bekommt.

Er hat mich gelehrt, dass alles funktioniert, wenn man es *miteinander* tut, und dass es immer ein Kampf wird, wenn man etwas gegeneinander tut. Einem anderem etwas aufzuzwingen ist immer Gewalt, und das kann niemals in Harmonie enden. Gewaltfreies Miteinander führt zu Harmonie untereinander. Sich die Verbindung bewusst zu machen, in der wir zueinander stehen, verhilft dazu, den anderen besser wahrzunehmen, mehr zu spüren und einander besser zu verstehen. Und genau das lässt uns wachsen, reifen und trägt enorm zu unserer Weiterentwicklung bei.

Aisling zeigte mir auch, dass ich mir selbst nicht so viele Grenzen setzen soll. Ich darf mir mehr zutrauen und meinem Gefühl vertrauen. Mit ihm mache ich vieles anders, als ich es bisher getan habe. Einfach nur, weil ich ihm noch mehr zuhöre, als ich anderen Pferden früher zuhörte. Er ist so klar und präzise in seiner Kommunikation, dass ich genau verstehe, wie die Dinge für ihn funktionieren und wie nicht. Er zeigt mir die Welt aus seiner Sicht – und ich habe verstanden, dass alles, jeder noch so kleine Schritt, ein enormer Erfolg oder auch ein kleines Wunder für uns alle sein kann. Und dass man stolz auf sie sein darf, auf die kleinen Erfolge, die kleinen Wunder …

Meine Reise mit diesem Lehrer hat erst begonnen und ich bin gespannt, wohin sie uns noch führen wird. Anfangs hatte ich Angst, dass ich mich mit dem Kauf eines rohen Jungpferdes vielleicht übernommen habe. Doch inzwischen weiß ich, dass wir miteinander alles erreichen können. Weil wir einander zuhören, wertschätzen und immer aufeinander achten.

Er passt auf mich auf, so wie ich auf ihn aufpasse. Er vertraut mir, so wie und immer ich ihm vertraue. Unsere Verbindung miteinander ist stark, liebevoll und innig, geprägt von Achtsamkeit und einer Liebe, die alles trägt. Und Tag für Tag erinnert er mich daran, dass wir alle zu jeder Zeit mit allem verbunden sind.

Channeling der Gruppenseele der Pferde

Wir tragen euch durchs Leben, gehen an eurer Seite, begleiten euch auf allen euren Wegen. Wir lassen es zu, dass ihr uns miteinander vermischt, wie ihr es gerade für richtig haltet. Unsere Freiheit haben wir zum größten Teil aufgegeben. Und dennoch sind wir für euch ein Sinnbild für genau das! *Freiheit* …

Unsere Stärke – und wir sind viel stärker als ihr – richten wir so gut wie nie gegen euch. Aber wir zeigen euch, wo unsere Grenzen sind. So viele von uns erlauben euch, auf unserem Rücken Platz zu nehmen. Wir leihen euch unsere Stärke, unseren Mut. Wir schenken euch unser Vertrauen und unsere Liebe. Ohne Vertrauen wäre es niemals möglich, dass ihr auf unserem Rücken Platz nehmt, dass ihr in unseren Bereich eindringt, uns nahekommt – das könntet ihr sonst nicht.

Ohne Vertrauen würde eine Beziehung zwischen einem von uns und einem von euch nie funktionieren. Und doch haben viele von euch nicht begriffen, obwohl sie das Leben mit einem von uns teilen, dass es immer um das Miteinander geht. Viele von uns beugen sich euch, tun, was von ihnen erwartet wird. Sie tun es nur, weil sie ihre Stärke, ihre Macht, niemals gegen euch richten würden.

Ja, es gibt sie – vereinzelt – die, die euch zeigen, dass es auch anders geht. Die, die den Kampf wählen; die, die nicht nachgeben wollen. Die unbeugsam sind, ihre Stärke hervorkehren und ausleben. Aber sie sind die Ausnahme. Hört auf zu kämpfen, mit uns, mit euch selbst, mit der Natur und all dem, was lebt. Hört auf, *einander* zu bekämpfen, eure Kraft, eure Stärke, eure Macht gegeneinander auszuspielen. Wir zeigen euch den friedlichen Weg, wir zeigen euch das Vertrauen, die Stärke.

Ihr sagt, dass ihr bei uns, mit uns, die Zeit vergessen könnt, die Welt vergessen könnt, eure Sorgen und Probleme hinter euch lassen und einfach abstreifen könnt. Wisst ihr, dass so mancher von uns danach eure Sorgen mit sich trägt, für euch trägt … während ihr nach Hause fahrt, befreit, erleichtert, zufriedener?

Wir tun das gerne. Wirklich, wir tun das gerne für euch. Und alles, was wir im Gegenzug von euch möchten ist, dass ihr für uns da seid, euch gut um uns kümmert. Frisches Wasser, genug zu essen. *Gutes* Essen, nicht dieses staubige Zeug, das ihr manchmal für uns bereithaltet. Wir brauchen auch keinen Schnickschnack, kein fünftes Spray, kein siebtes Stirnband. Wir möchten eure Aufmerksamkeit, eure Liebe, euer Gefühl. Wir möchten, dass ihr, wenn ihr bei uns seid, *wirklich* da seid. Angekommen bei uns. Im Miteinander. Schaltet eure Handys aus, seid einfach mal nicht erreichbar. Und seid dabei präsenter, als ihr es mit Handy jemals sein könntet.

Ihr bewundert uns für unsere Anmut, unsere Eleganz, unsere Stärke. Ihr liebt es, auf unserem Rücken durch die Welt zu reisen, zu fliegen, das Gefühl von Schwerelosigkeit und Freiheit zu genießen. Und das dürft ihr auch, bei denen von uns, die es zulassen.

Ihr solltet nur nicht versuchen, uns zu brechen! Ihr solltet nicht alles immer so tun, wie ihr es für richtig haltet, weil ihr es so gelernt habt, weil man es so macht …

Manchmal geht es darum, neue Wege zu finden!

Ihr sollt uns nicht imitieren, um mit uns zu sprechen. Alles, was wir uns von euch wünschen ist, dass ihr euch mit uns verbindet, dass ihr uns spürt, eine Einheit bildet mit uns, denn dann erreicht ihr Harmonie mit einem von uns.

Unsere Stärke ist es, die euch bewegt. Unsere Stärke ist es, die euch voranbringt. Und doch ist all das auch in euch!

Ihr kommt zu uns, um abzuschalten, den Alltag und eure Sorgen zu vergessen, um euch frei zu fühlen. Und wir sind euch gerne dabei behilflich, doch ihr benutzt uns. Zu oft ... Es wäre schön, für uns und auch für euch, wenn ihr erkennen könntet, dass ihr all das, den Alltag und eure Sorgen, hinter euch lassen könnt, schon bevor ihr bei uns seid. Die Freiheit, die ihr bei uns empfindet, sie ist ein Teil von euch! Ihr braucht uns nicht dafür, um all das zu empfinden.

Wir möchten uns bewegen, viel, so viel wie möglich. Und doch können es viele von uns kaum. Die Sonne auf unserem Rücken, der Regen, der Wind, all das genießen wir sehr. Wir sind gerne draußen in der Natur, denn dort sind wir glücklich und in unserem Element. Und wenn ihr bei uns seid, wählen viele von euch auch den Weg in die Natur. Und das ist es, was wir wollen. Das ist es, wo wir euch hinbringen wollen.

In die Verbindung mit uns ... und über uns ... in die Verbindung mit der Natur.

Wir tragen euch über Wiesen und durch Wälder. Wir laufen mit euch gemütlich durchs Leben oder wir galoppieren mit euch davon, der Freiheit entgegen. Je nachdem, was ihr gerade braucht!

Die Seele baumeln lassen, das könnt ihr bei uns. Und doch gibt es immer noch einige von euch, die Stress haben und Stress machen, wenn sie bei uns sind. Die einen festen Plan davon haben – und ihm auch gnadenlos folgen –, was an diesem Tag erreicht werden muss. Ihr vergesst zu oft, dass es bei uns nicht um Leistung geht, dass es bei uns einfach nur darum geht, zu sein. *Verbunden zu sein mit einem anderen Wesen in Liebe. Verbunden zu sein mit der Natur um euch herum.*

Wir möchten nicht durch staubige Hallen laufen, tagein, tagaus. Es macht uns nichts aus, mal in so einer Halle zu sein. Doch, wie wir schon sagten, wir brauchen die Natur, die Wiesen, die Wälder, die Felder, die Seen … Wir brauchen die Freiheit.

Wir brauchen Platz, um rennen zu können, um spielen zu können. Wir brauchen zumindest das Gefühl von Freiheit, selbst wenn wir sie nicht mehr wirklich haben.

Oh ja, es gibt sie noch, einige von uns, die wirklich in Freiheit leben. In der Wildnis, die euch grenzenlos erscheint. Doch auch dort ist keine echte Freiheit mehr. Es gibt vielleicht viel Platz. Aber wir werden dort gejagt, getrieben, eingegrenzt, beschränkt. Genauso, wie ihr euch selbst jagt und hetzt und eingrenzt und beschränkt.

Wir zeigen euch so viel mehr auf, als ihr euch vorstellen könnt. Und wir tun es gerne. Wir ertragen viel für euch. Und wir tragen viel für euch. Wir verbinden uns mit euch, um euch eine Stütze zu sein, euch das Gefühl von Freiheit zu schenken. Um euch, wenigstens für eine gewisse Zeit, unsere Stärke zu leihen. Und hoffen auf wenig Leid. Wenn wir leiden, dann leiden wir stumm. So wie ein Großteil der Menschen.

Viele von uns haben sich entschieden, Seite an Seite mit einem von euch durchs Leben zu gehen. In enger Verbindung. In liebevoller Verbindung. Wir wünschen uns, dass ihr uns zuhört, dass ihr versteht, wie viel Stärke in euch steckt!

Es ist eine Gunst, von einem von uns erwählt zu werden, im Vertrauen, in Harmonie, auf seinem Rücken sitzen zu dürfen. Es ist nicht selbstverständlich, dass wir das zulassen. Und es gibt auch genügend von uns, die dies *nicht* zulassen, die einen *anderen* Weg gesucht oder gefunden haben, um euch Dinge zu lehren.

Hört mit dem Versuch auf, uns ständig zu analysieren. Wenn ihr mit uns irgendwo langgeht, wenn ihr mit uns Zeit verbringt, solltet ihr dabei im Gefühl sein. Erklärt uns die Welt, wie ihr sie seht. Und wir erklären euch die Welt, wie wir sie sehen. Fangt an, uns zuzuhören. Fangt an, bereit zu sein, von uns zu lernen!

Manchmal nehmt ihr etwas für selbstverständlich, das gar nicht selbstverständlich ist. Ihr seht es als selbstverständlich an, dass wir uns berühren lassen, dass wir uns putzen lassen, dass ihr den Sattel auf unseren Rücken legen und uns ein Gebiss ins Maul stecken könnt. Doch allzu oft wünschen wir uns sanftere Wege. Eine sanftere Form der Kommunikation. Gespräche und Berührungen von Herz zu Herz.

Wir wünschen uns, dass ihr euch selbst nicht so wichtig nehmt, euch selbst nicht so ernst nehmt. Wir wünschen uns, dass ihr stark seid an unserer Seite. Wir wünschen uns, dass ihr unsere Stärke annehmt, wenn ihr sie braucht. Denn damit möchten wir euch an die Stärke in euch selbst erinnern.

Oft lernt ihr, mit einem von uns an eurer Seite, dass ihr in Ordnung seid, so wie ihr seid. Oder ihr lernt, sanfter zu werden, nachgiebiger zu werden, weil ihr mit Druck bei uns oft nicht weiterkommt.

Denn wir zeigen euch deutlich, wenn wir etwas nicht mögen.

Einige von uns habt ihr trotzdem gebrochen.

Sie haben aufgegeben, sie selbst zu sein, und tragen die Sehnsucht in sich, endlich wieder sie selbst sein zu können. Aber auch hier spiegeln wir euch Menschen, denn häufig findet eine solchermaßen gebrochene Pferdeseele den Weg zu einem von euch, der selbst gebrochen ist, der dieses Leid und diesen Schmerz spüren kann, der dies erkennen und heilen kann.

Hört auf, Druck auszuüben und eure Stärke gegen uns zu wenden, wir wenden unsere Stärke ja auch nicht gegen euch. Und wenn es doch mal einer von uns tut, dann nur, weil ihr ihm nicht zuhört. Wir sind ein Teil eures Lebens, ein Teil eurer Welt.

Seht uns als Partner und Freunde, als sichere Wegbegleiter auf eurem Lebensweg. Dafür sind wir da. Wir sind dafür da, euch zu erinnern. Daran zu erinnern, dass man die eigene Stärke, die eigene Macht niemals missbrauchen sollte.

Auch ihr habt Stärke und Freiheit in euch, vertraut dem, was ihr in euch tragt. Erkennt, wie leicht euer Leben im Grunde ist. Und wie leicht ihr das umsetzen könntet, was euer Leben glücklich macht, im Miteinander, untereinander, zwischen uns und unter euch Menschen. Wir wünschen uns mehr Bewusstheit in der Verbindung miteinander, mehr Rücksichtnahme aufeinander.

Ihr erfreut euch an uns. Ihr erfreut euch an unserem Wesen, an unserer Stärke, an unserer Kraft, an unserer Freiheit, die gar keine echte Freiheit ist. Und wir vermitteln euch das Gefühl von Freiheit, obwohl wir doch selbst kaum noch welche haben. Dabei sind wir manchmal überfordert mit all dem, was ihr mit euch herumtragt, wenn ihr zu uns kommt. Trotzdem helfen wir euch gerne, wenn ihr uns erlaubt, den Ballast abzulegen, *euren* Ballast, damit ihr euch leichter und freier fühlt.

Zwingt uns nicht, etwas zu tun. Bittet uns darum.

Überfordert uns nicht. Gebt uns Zeit, damit wir verstehen, was ihr von uns wollt. Gebt uns Zeit für unsere eigene Entwicklung.

Bei uns könnt ihr die Welt für ein paar Stunden vergessen. Doch manchmal vergesst ihr über all den Sorgen der Welt uns. Wir möchten nicht, dass ihr nur zu uns kommt, um uns nach draußen zu holen, hinaus aus unserer Box, aus unserem Stall, von der Weide, um im Schnelldurchlauf mit euch durchs Leben, durch die Welt zu hetzen, um dann mit uns zurückzukehren, abgestellt zu werden, missbraucht und benutzt …

Wir wünschen uns eine ehrliche Verbindung von Herz zu Herz, in Liebe und Vertrauen, denn dann, und nur dann, können wir wahrhaftig wir selbst sein.

• • • • •

Da Pferde in meinem Leben schon immer eine große Rolle spielten, traf und berührte mich das Channeling der Pferde-Gruppenseele sehr. Ich spürte die immense Sehnsucht der Pferde nach echter Freiheit – es kam in diesem Channeling mehrfach deutlich zum Ausdruck, wie groß der Wunsch danach ist. Und genauso spürte ich den Schmerz darüber, dass noch immer zu oft mit Druck auf dem Pferd gearbeitet wird, statt im Umgang mit ihm der Liebe den Vorzug zu geben.

Ist es nicht seltsam, dass Pferde für Freiheit stehen, wir ihnen diese Freiheit aber zugleich vorenthalten und immer wieder nehmen? Und ist es nicht ebenso seltsam, wenn ein Pferd uns sein Vertrauen schenkt, sich von uns führen oder gar reiten lässt, obwohl wir uns oft so verhalten, wie wir uns verhalten – ist das nicht ein wundervolles Geschenk? Wir sollten erkennen, wie bedeutsam das für uns und unsere Entwicklung ist.

Pferde zeigen uns unsere Themen auf. Sie bieten uns damit ein enormes Potenzial für unser eigenes Wachstum, für unsere Entfaltung. Und zur selben Zeit begrenzen wir die Pferde in ihrer Freiheit und begrenzen damit auch uns selbst. Wir *glauben*, frei zu sein. Dabei sind wir genauso eingesperrt wie die Pferde. Ja, wir können reisen, Dinge erleben, etwas unternehmen … und haben die Möglichkeit, über Kontinente hinweg mit anderen Menschen in Verbindung zu treten ...

Doch Freiheit beginnt im Inneren.

Frei zu leben heißt, sich von alten Mustern, Zwängen und Beschränkungen zu befreien. Es bedeutet, sich selbst die Freiheit zu schenken, den eigenen Weg zu gehen, unabhängig von der Anerkennung anderer, unabhängig von der Bestätigung *durch* andere. Es bedeutet, ganz im Miteinander zu sein, liebevoll verbunden – und den Weg zu gehen, den unsere Seele gehen möchte.

Wie wir dies erreichen können, kann man in allen Tiergesprächen und Channelings erfahren und aus ihnen herauslesen.

– 3 –

Hunde und ihre Botschaften

Neben Katzen zählen wohl Hunde zu den beliebtesten Haustieren. Sie sind unsere treuen Gefährten, die uns durch gute und schlechte Zeiten begleiten. Sie freuen sich, wenn wir von der Arbeit nach Hause kommen, und zeigen ihre Freude offen. Man sagt, sie wollen uns gefallen. Sicher gehören sie zu den Haustieren, denen wir ihre Gefühle am meisten ansehen können. Schließlich zeigen sie diese mit allen ihnen zur Verfügung stehenden Mitteln. Vermutlich ist es lediglich dem höheren Zeit- und Platzbedarf von Hunden zuzuschreiben, dass sie »nur« das zweitbeliebteste Haustier der Deutschen sind. Weit über zehn Millionen Hunde leben in deutschen Haushalten und erfreuen ihre Menschen mit ihrer Liebe.

Waren Hunde früher eher Arbeitstiere, die Haus und Hof bewachten oder auf die Herden achtgeben sollten, sind heutzutage die meisten Hunde einfach nur Familienmitglieder und Gesellschafter, manchmal auch Kinder- oder Partnerersatz. Manche Probleme im Zusammenleben zwischen Mensch und Hund liegen jedoch genau darin begründet, dass Hunde oft keine Aufgabe mehr haben. So mancher Hund hat in der Tierkommunikation schon klar mitgeteilt, dass er eine Aufgabe braucht, damit er wirklich glücklich sein kann.

Das Verhältnis zwischen Mensch und Hund hat sich, genau wie bei anderen Tierarten wie Katzen oder Pferden, in den letzten Jahrzehnten und Jahrhunderten gravierend geändert. Wurden früher Hunde vorwiegend als Nutztiere gesehen, haben sie heute weitestgehend den Status von Familienmitgliedern. Als solche werden sie in den Familienalltag integriert. Dadurch leben sie natürlich in unserem Energiefeld und sind all unseren Einflüssen ausgesetzt. Ist es da verwunderlich, dass auch Hunde zumeist in unser Leben treten, weil sie eine bestimmte Aufgabe bei uns haben?

Besonders bei Hunden fällt in Gesprächen immer wieder auf, dass sie die Entwicklung ihrer Menschen fördern wollen, indem sie ihnen bestimmte Themen und Verhaltensmuster aufzeigen. Entweder spiegeln sie exakt unser eigenes Verhalten, manchmal sogar übertrieben stark, oder sie zeigen uns das andere Extrem zu unserem eigenen Verhalten auf. So wollen sie uns auf unser Wesen, unser Handeln aufmerksam machen. Wenn sie uns das gegenteilige Extrem unseres Verhaltens aufzeigen, tun sie das, um deutlich zu machen, dass es eine andere Möglichkeit gäbe, wie wir in bestimmten Situationen handeln könnten.

Es mag uns manchmal übertrieben erscheinen, wie einige unserer treuesten tierischen Freunde sich verhalten. Doch wie sonst sollen sie uns dazu bringen, ihnen zuzuhören?

Ein Gespräch mit ihnen bringt meist Licht ins Dunkel, wenn es um seltsame Angewohnheiten unserer liebsten Tiere geht. Zugleich zeigt sich darin aber auch eine Grenze der Tierkommunikation: Wenn das Verhalten des Tiers in unserem eigenen Verhalten begründet liegt oder gar in der Lebensaufgabe des Tiers bei uns Menschen, dann wird sich das Verhalten durch einen Kontakt mit dem Tier nicht grundsätzlich verändern. Aber es kann uns die Richtung weisen, denn genau darum geht es dem Tier ja: *uns andere, neue und bessere Wege aufzuzeigen.*

Anhand einiger Beispiele möchte ich jetzt erläutern, wie Hunde dies tun und was sie mir in Gesprächen mitgeteilt haben. Und ich möchte die Botschaften des Höheren Selbst der Hunde wiedergeben, da auch diese wegweisend sind.

■ Orla – Wenn ein Wunsch mit der Lebensaufgabe kollidiert

Orlas Menschin war verzweifelt, als sie sich an mich wandte. Ihre Hündin war in der Vergangenheit mehrfach auf andere Hunde losgegangen, weshalb sie nach behördlicher Anordnung nur noch mit Leine und Maulkorb raus durfte. Ihre Menschin machte sich schon lange viele Gedanken, wie sehr das die Hündin belastete, und bat daher um ein Gespräch mit Orla. Eine der großen Fragen war, wie man Orla helfen konnte und warum sie überhaupt so auf ihre Artgenossen reagierte. Selbst Hundetrainer kamen bei Orla nicht mehr weiter und hatten sie als absolut unverträglich mit Artgenossen eingestuft und das Training mit ihr aufgegeben.

Orla zeigte sich mir im ersten Kontakt als skeptisch, etwas abweisend nicht nur anderen Hunden, sondern auch Menschen gegenüber, und hatte eine eher schnippische Art an sich. Sie war erstaunlich gelassen, als ich sie fragte, wie es ihr damit ginge, nur an der kurzen Leine und mit Maulkorb hinausgehen zu dürfen. Ich hatte fast schon damit gerechnet, dass sie mich eine Unzufriedenheit diesbezüglich spüren lassen würde, doch Leine und Maulkorb bereiteten ihr keine Probleme.

Sie wurde im Laufe des Gesprächs etwas zugänglicher, und ich spürte tief in ihr die Sehnsucht nach Nähe. Zugleich merkte ich aber auch, dass sie diese nicht zulassen konnte, und fragte behutsam nach. Ich wollte gerne wissen, warum sie sich Artgenossen gegenüber so abweisend verhielt und wie wir ihr helfen konnten, damit sich das änderte. Orlas Antwort war überraschend und verständlich zugleich. Sie sagte: »Ich zeige meiner Menschin doch nur, wie sie sich selbst ihren Artgenossen gegenüber verhält. Sie lässt ebenso niemanden zu nahe an sich heran, hält immer alle auf Abstand. Ich spiegle sie, zeige ihr dieses Verhalten auf. Und solange sie Artgenossen verbeißt, werde ich das auch tun. Ich bin wie sie. Ändert sie sich, ändere ich mich.«

Die Botschaft war klar und unmissverständlich. Orla gehörte zu den Fällen, bei denen eine Kommunikation mit dem Tier allein die Probleme nicht lösen konnte. Nun war im Gespräch mit Orlas Menschin Fingerspitzengefühl angesagt. Nachdem ich ihr berichtet hatte, wie ich den Gesamtcharakter der Hündin wahrgenommen und welche Eigenarten sie mir gezeigt hatte, kamen wir zum eigentlichen Thema. Ich übermittelte Orlas Aussagen dazu und fragte behutsam bei ihrer Menschin nach, ob es möglicherweise sein könne, dass sie andere Menschen bewusst oder unbewusst auf Abstand hält. Dies bestätigte sie mir, und im folgenden Gespräch zeigte ich ihr mit Orlas Unterstützung Wege auf, wie sich vielleicht eine Veränderung einleiten ließ.

Wenn man sich bewusst macht, dass viele Verhaltensweisen von Tieren nur daher rühren, dass sie ihre Menschen auf den Weg der Weiterentwicklung bringen wollen, dann ist auch klar, dass die Veränderungen immer vom Menschen ausgehen müssen. *Der Mensch agiert, das Tier reagiert.* Damit Orla einen Weg zu mehr Nähe und Miteinander mit ihren Artgenossen finden konnte, war es wichtig, dass ihre Menschin lernte, mit anderen Menschen wieder mehr ins Miteinander zu kommen. Sobald sie dies gelernt hätte, könnte Orla sich entspannen, sie selbst sein und mehr Nähe zu ihren eigenen Artgenossen zulassen.

Und genau danach sehnte sie sich. Ich spürte, dass es Orla sehr belastete, mit anderen Hunden nicht friedlich spielen zu können. Orlas Sehnsucht nach Nähe kollidierte vollständig mit ihrer Lebensaufgabe bei ihrem Menschen. Orla konnte also nur glücklich werden, wenn ihr Mensch die nötige Entwicklung durchlief und dieses Thema bei sich selbst auflöste.

Ist es nicht unglaublich, was Tiere auf sich nehmen, um uns bei unserer persönlichen Entwicklung und Entfaltung zu helfen? Es erstaunt mich immer wieder.

■ Luna – Eine Herzensöffnerin auf vier Pfoten

Sehr deutlich habe ich noch vor Augen, wie meine Hündin Luna zu mir fand. Als wir die Entscheidung für einen Hund getroffen hatten, war auch schnell klar, was für ein Hund bei uns einziehen sollte. Schon lange wusste ich, dass, *wenn* ein Hund zu uns käme, es ein Australian Shepherd sein sollte. Eine Freundin von uns hatte mehrere, da sie eine kleine familiäre Zucht dieser Rasse aufgebaut hatte. Und ich hatte mich in diese Hunde verliebt. Ich wollte einen »Arbeitshund«, also einen Hund, mit dem ich viel unterwegs sein, Kopfarbeit und Bewegung miteinander kombinieren könnte. Mir war aber auch wichtig, einen Hund zu mir zu nehmen, bei dem in der Vergangenheit alles gut gelaufen war. Ich hatte vorher immer nur Tiere aus dem Tierschutz oder Tiere mit schlechten Erfahrungen zu mir genommen. Jetzt wollte ich einmal ein Tier um mich haben, das ohne solche Belastungen zu mir gekommen war.

Also rief ich diese Freundin an und fragte, ob sie wieder einen Wurf plante und ich aus dem nächsten Wurf einen Welpen von ihr bekommen könnte. Meine Vorstellungen waren ganz klar: Es sollte eine Hündin in Blue-Merle (grau-weiß-schwarz meliert) sein, da ich diese Farbe so toll fand. Aktuell war bei ihr keine Hündin tragend, sagte sie, aber sie würde mir Bescheid geben, sobald ein Wurf absehbar sei.

Etwa drei Wochen später fuhr ich morgens zu einem Kurs, war in Gedanken schon ganz beim Unterricht, als ich plötzlich den Kopf eines Hundes vor meinem inneren Auge sah und einen Namen dazu hörte: »Luna.« Ich wusste, das war mein Hund – obwohl ich selbst niemals diesen Namen für einen Hund gewählt hätte. Ich sah auch, dass es eine ganz andere Farbe war, als ich eigentlich favorisiert hatte, nämlich Black Tri, eine Melange aus Schwarz, Weiß und Kupfer.

Ich schob das Bild beiseite. Weitere drei Wochen später rief meine Freundin an, dass eine Hündin tragend sei. Es stellte sich heraus, dass die Hündin genau an dem Tag gedeckt worden war, als ich dieses Bild vor Augen gehabt hatte. Somit wusste ich, dass meine Hündin bei diesem Wurf dabei sein würde und auch, welche Farbe und welchen Namen sie hätte. Außerdem wusste ich von Anfang an, dass es ein ganz besonderer Wurf werden würde. Die Trächtigkeit war nicht geplant gewesen – Hündin und Hund hatten sich heimlich nachts zu einem Stelldichein getroffen. Der Tierarzt hatte kurz zuvor noch gesagt, die Stehtage der Hündin wären vorbei, sie wäre nicht mehr empfängnisbereit. Daher waren sie wieder zusammengelassen worden. Meine neue Gefährtin würde folglich ein Kind der Liebe sein und nicht vom Menschen geplant. Und ich ahnte, dass ich sie auf Fotos sofort erkennen würde. Da Luna die Mondgöttin ist, wusste ich außerdem, dass in ihrem Namen offenbar der Mond eine Rolle spielte.

Die Geburt, hieß es, sollte ungefähr Mitte Juli erfolgen. Ich hatte von Anfang an einen bestimmten Tag im Kopf: Freitag, den 13. Juli 2012. Ich war zu dieser Zeit auf einem Kurs an einem Ort mit schlechtem Datenempfang. Also schrieb ich meiner Freundin am Donnerstag noch eine SMS-Nachricht und wünschte zur bevorstehenden Geburt der Welpen alles Gute. Sie antwortete, dass es wohl noch ein paar Tage dauern würde, denn es gäbe bisher keine Anzeichen für die Geburt.

Ich lächelte nur, denn ich war mir sicher, dass die Welpen am nächsten Tag geboren werden würden.

Und ich sollte Recht behalten.

Anderntags erhielt ich mittags gleich mehrere Nachrichten, darunter einige Fotos der Welpen und der stolzen Hundemama. Beim Durchsehen entdeckte ich einen Welpen, dessen Geschlecht nicht erkennbar war. Ich wusste sofort: »Das ist mein Hund!« Unter den von der Züchterin vergebenen Namen brachte einer etwas in mir zum Klingen: *Sternwanderers Moonshine Mystery*. Dieser Name stach unter allen anderen heraus. Als ich nachfragte, welcher Welpe dies ist, schickte sie mir das Foto, bei dem ich vorher schon gesagt hatte: »Das ist mein Hund.«

Also schrieb ich ihr und bekam von ihr ganz trocken die Antwort: »Das wusste ich in dem Moment, als ich sie sah.« Damit hatte dieses kleine, zauberhafte Wesen ein neues Zuhause. Dass es so schnell gegangen und der Welpe gleich nach der Geburt für mich reserviert gewesen war, lag auch daran, dass meine Freundin um meine Fähigkeiten wusste und ich ihr schon öfter mit ihren Hunden geholfen hatte.

Als ich das erste Mal zu ihr fuhr, um unser neues Familienmitglied kennenzulernen, war ich etwas nervös. Ich betrat den Raum, als die Welpen schliefen. Doch schlagartig wurden sie alle wach und wuselten herum. Ein Welpe löste sich von den anderen, tapste auf mich zu und setzte sich vor mich. Dann sah dieses kleine Wesen mir in die Augen, und ich hörte seine Stimme: »Können wir jetzt gehen?« Ich schmolz dahin, als meine Luna mich so ansah, denn natürlich war *sie* dieser tapsige und freundliche Welpe, der sich vor mich hingesetzt hatte. In dem Moment ging für mich die Sonne auf. Ich spürte, wie sich mein Herz ganz weit öffnete.

Sofort war mir auch klar, welche Lebensaufgabe diese Hündin hatte. Sie war eine Herzensöffnerin, die Freude und Fröhlichkeit in das Leben der Menschen bringen und ihnen zeigen würde, wie schön das Leben war – unabhängig von äußeren Einflüssen. Wie tief das noch reichen sollte, erschloss sich mir aber erst nach und nach während all der Jahre, die sie nun schon an meiner Seite weilt. Zu unserem großen Segen!

Ich weiß jetzt: Luna ist an meiner Seite, weil ihre Seele mit meiner Seele eine Abmachung getroffen hat. Das ist vor unseren Inkarnationen auf Seelenebene vereinbart worden. Sie hat eine Menge Aufgaben in Bezug auf mich, aber auch einige in Bezug auf andere Menschen. Sie zeigt jedem, ohne Berührungsängste oder Vorbehalte, dass er liebenswert ist. Sie liebt bedingungslos alle und jeden und muss es auch jedem zeigen. Deshalb wirkt sie schon seit Jahren immer wieder an meinen Kursen mit. Sie erkennt, wer Trost und Liebe braucht, wer mit seinen Emotionen in bestimmten Situationen überfordert ist und wer gerade in die Traurigkeit rutscht, weil eine bewegende Erinnerung hochgekommen ist. Und dann geht sie zu diesem Menschen hin, lässt sich streicheln, bringt ihn zum Lachen oder verteilt unzählige Küsse – je nachdem, was dieser Mensch in dem Moment gerade braucht.

Obwohl sie bei der Tierkommunikation sehr klar ist, hat sie sich angewöhnt, in den Kursen auf eine Art mitzureden, bei der ihr jeder ansieht, was sie gerade von sich gibt. Dafür muss man ihr nicht einmal zuhören, es reicht bereits, sie zu beobachten. Sie hat sich nämlich selbst beigebracht, auch durch ihre Mimik und Gestik klar auszudrücken, was sie übermitteln möchte. Schon als Welpe hatte sie mir mitgeteilt, dass es ihre Aufgabe sein wird, möglichst vielen Menschen Liebe zu zeigen und sie damit spüren zu lassen, wie schön das Leben ist. Diese Aufgabe erfüllt sie nun schon seit vielen Jahren. Ja, wahrscheinlich spiegelt sie auch mich damit, denn mein Bestreben ist es ebenfalls seit langem, den Menschen genau das nahezubringen.

Dieser besondere Hund und ich passen vermutlich ideal zueinander. Durch ihre Art, durch ihr ganzes Wesen, bereichert sie die Kurse und unterstützt so meine Arbeit. Luna ist meine Seelenhündin, und sie hat mich ausgesucht, nicht umgekehrt. Und einen anderen Hund würde ich auch auf gar keinen Fall haben wollen, sie ist perfekt.

■ Arslan – Er lehrte mich Demut

Während ich hier sitze und schreibe, ist ein großer schwarzer Hund bei mir. Es ist ein Riesenschnauzer. Sein Name ist Arslan. Schon seit vielen Wochen und Monaten begleitet er mich. Er bringt mich zum Lachen und zum Weinen. Doch am meisten bringt er mich zum Nachdenken.

Der Begriff Philosoph würde hervorragend auf ihn zutreffen. Arslan ist einzigartig. Nur wenige Tiere haben mich so beeindruckt und mir so viel beigebracht wie er.

Arslan ist ein wunderschöner, treuer und braver Hund mit sehr intelligenten Augen. Ich bin froh, dass er gerade jetzt – beim Schreiben dieses Buches – bei mir ist.

Würdest du mich in diesem Moment sehen können, würdest du ihn allerdings vergebens suchen. *Denn Arslan ist tot.* Und doch ist er hier und hilft mir, unsere gemeinsamen Gespräche für dich niederzuschreiben. Auch wenn er nicht körperlich anwesend ist, ist doch seine Seele anwesend. Ich kann sie bei mir spüren. Ich kann *ihn* spüren. Und er sagt mir, was ich schreiben soll, weil es sein größtes Anliegen ist, dass ich seine Botschaft und die der anderen Tiere in die Welt hinaustrage.

Das erste Gespräch mit Arslan führte ich noch zu seinen Lebzeiten. Ich war – neben seinen Menschen – die Letzte, die vor seinem Tod mit ihm sprach. Arslan war nicht mein Hund. Ich hatte nie Gelegenheit, ihn persönlich kennenzulernen. Doch kommt es mir so vor, als würde ich ihn schon ewig kennen. Und seit seinem Tod besucht Arslan mich hin und wieder in meinen Meditationen. Meistens philosophiert er dann mit mir über das Leben. Er hat mir gesagt, er sei jetzt eine Weile bei mir, damit ich weiterkäme. Ich hätte etwas für die Tiere zu erledigen, meinte er.

Irgendwann begann Arslan davon zu reden, dass ich endlich beginnen sollte, seine Botschaft an die Menschen weiterzugeben. Und deshalb schreibe ich das hier jetzt nieder, um den Tieren wieder Gehör zu verschaffen. Zu lange schon haben wir Menschen weggehört. Und dies ist Arslans Geschichte:

Ich lernte Doris, Arslans Frauchen, bei einem Tierkommunikations-Seminar kennen. Sie fragte mich, ob ich vielleicht mal mit ihrem Hund reden könnte, und ich schlug ihr vor, mir ein Foto zu mailen, zusammen mit den Fragen, die ich ihrem Hund stellen sollte. Danach vergingen mehrere Wochen, bis ich ein Foto erhielt – und gleich darauf kam ein Anruf. Doris meinte, es ginge Arslan nicht gut, ob ich nicht gleich mit ihm reden könne. Sie befürchtete, dass er gehen wollte.

Nach dem Telefonat nahm ich sofort mit Arslan Kontakt auf. Ich kannte ihn nicht persönlich und hatte vorher noch nicht mit ihm kommuniziert. Ich ahnte, dass es einerseits eine einfache, andererseits aber auch eine sehr schwere Kommunikation werden würde. Ich begann meine übliche Meditation, aus der ich dann einen Kontakt zu Arslan herstellen wollte.

Er wartete bereits auf mich. Sicher und beherrscht saß er einfach da, auf einer Wiese, und wartete. Mit viel Ruhe und Kraft begrüßte er mich, und ohne ein einziges Wort des Jammerns zeigte er mir, wie es ihm ging. Für ein paar Minuten ließ er mich seine Schmerzen spüren.

Feuer brannte in meinem Bauch. Es fühlte sich an, als wären alle Organe und meine Därme und mein Magen miteinander verschmolzen. War denn überhaupt noch ein Organ in seiner ursprünglichen Form, Größe und Gesundheit erhalten? Alles war wie eine einzige zähe Masse. Überall drückte, zog und brannte es. Mir war speiübel, ich hatte starke Schmerzen und ahnte doch, dass dies nur ein Bruchteil dessen war, was Arslan empfand. Wie konnte er das alles nur aushalten?

Etwa fünf Minuten lang ließ er mich seine gesundheitlichen Probleme spüren, bis er merkte, dass es mir zu viel wurde. Um mich nicht weiter zu belasten, nahm er alles zu sich zurück.

Während des restlichen Gesprächs zeigte er mir seine körperlichen Probleme nicht mehr. Er sprach auch nicht über seine Schmerzen. Er klagte nicht. Obwohl es ihm so schlecht ging, strahlte er Ruhe, Kraft und Würde aus.

Ich teilte ihm mit, dass Doris mich gebeten hatte, mit ihm zu reden. Er wusste das bereits. Deshalb hatte er wohl schon gewartet. Ich fragte ihn, ob er noch bleiben wolle oder ob es sein Wunsch wäre, zu gehen. Seine Gesichtszüge entspannten sich und hellten sich kurz auf, als er sagte, er würde gerne gehen. Er hätte jetzt lange genug in diesem Körper gelebt.

Ich fragte ihn, ob er allein gehen oder dabei menschliche Hilfe haben wollte und wie diese Hilfe, wenn er sie denn haben wollte, genau aussehen sollte.

Ganz ruhig teilte er mir daraufhin mit, wie er sterben wollte: »Ich möchte gehen dürfen. Ich würde gern einschlafen und dann einfach im Schlaf sterben. Aber ich brauche dabei Hilfe. Am liebsten wäre mir, ich dürfte heute Abend noch gehen. Wenn meine Menschen noch Zeit brauchen, wäre auch morgen früh in Ordnung. Dann halte ich noch etwas aus. Ich möchte, dass sie dazu bereit sind, mich gehen zu lassen. Doch wenn ich es mir aussuchen dürfte, dann würde ich gerne noch heute Abend gehen.«

Während der ganzen Kommunikation mit Arslan liefen mir Tränen übers Gesicht. Ich war berührt und erschüttert von dem, was er sagte und wie er es sagte. Er strahlte so viel Ruhe aus. Voller Kraft äußerte er seinen Wunsch. Hätte ich nicht am eigenen Leib seine Schmerzen verspürt, so hätte ich während des Gesprächs nichts von seinen Qualen geahnt. Er jammerte nicht, er klagte nicht, er bettelte nicht. Er strahlte so viel Würde aus, dass ich großen Respekt vor diesem Wesen empfand.

Es bewegte mich, dass er noch länger die Schmerzen auf sich nehmen wollte, wenn seine Menschen mehr Zeit benötigten, um sich von ihm zu verabschieden und ihn gehen lassen zu können. Man glaubt es kaum, aber dies ist eine Eigenart der meisten Tiere. Bei einer guten Beziehung zu ihrem Menschen sind die Tiere bereit, länger durchzuhalten, als es ihnen eigentlich guttut. Sie tun dies gerne, da es ihnen wichtig ist, dass der Mensch an ihrer Seite auch dazu bereit ist. Sie lieben uns Menschen und möchten – wenn sie gehen – das Leid für ihren Menschen so gering wie möglich halten.

In aller Regel akzeptieren die Tiere die Entscheidung über den Zeitpunkt, den der Mensch gewählt hat. Sie sehen ihn nur sehr selten als zu früh oder zu spät an. Aber fast alle Tiere, mit denen ich gesprochen habe, antworteten auf die Frage, wann sie denn gehen wollten, dass genau jetzt die richtige Zeit war, um zu gehen. Es ist ihnen wichtig, dass der Mensch ihnen erklärt, was dann passieren wird und dass er sich liebevoll von ihnen verabschiedet. Manchmal müssen die Tiere zu lange auf diesen Abschied warten. Das Loslassen fällt uns Menschen oft sehr schwer.

Vielleicht wird es uns leichter fallen, wenn wir uns bewusst machen, dass Tiere nicht unser Eigentum sind.

Tiere sind eigenständige Lebewesen, die sich dazu bereit erklärt haben, ihr ganzes Leben – oder einen Teil davon – mit uns zu verbringen. Sie vermeiden den Begriff »Besitzer«, sie sprechen meist von ihrem Menschen oder ihrer Menschin – und das habe ich so von ihnen übernommen.

Es geht nicht darum, dass Tiere sich den Entscheidungen der Menschen unterwerfen. Es geht überhaupt nicht um Unterwerfung, sondern um Vertrauen. Unsere Tiere vertrauen darauf, dass der Mensch es an ihren Augen ablesen kann, wenn sie den Wunsch äußern, gehen zu dürfen. Sie vertrauen darauf, dass ihre Menschen die Entscheidung darüber, wann und auf welche Art sie gehen dürfen, zur richtigen Zeit und in ihrem Sinne treffen. Sie möchten wissen, dass sie gehen dürfen, wenn sie nicht mehr leben möchten. Sie möchten wissen, dass ihr Mensch ihnen das zurückgibt, was sie ihm ihr Leben lang entgegengebracht haben: *Vertrauen*.

Doris hatte dieses Vertrauen. Sie vertraute darauf, dass sie seinen Wunsch an diesem Tag richtig verstanden hatte. Und Arslan war voller Zuversicht, dass sie und ihr Partner seinen Wunsch respektieren und ihn gehen lassen würden.

Ich fragte mich, ob ich selbst in dieser Situation diese Stärke und dieses Vertrauen in die Menschen, die um mich herum sind, hätte aufbringen können, die *er* aufbrachte.

Ich sprach etwa zwanzig Minuten mit Arslan. Er sagte, er hätte keine Angst vor dem Tod. Er wolle nur nicht mehr diese Schmerzen erleben. Er zeigte mir, wie er herumgetollt war, als es ihm noch gut ging. Er hatte ein gutes Leben bei seinen Menschen gehabt. Sie hatten ihm Liebe geschenkt, sich bedingungslos um ihn gekümmert und ihn ausgiebig mit Streicheleinheiten versorgt. Er liebte es, mit seiner Freundin über die Wiesen zu rennen. (Dabei bezog er sich auf Nele, die Hündin, die mit ihm bei seinen Menschen wohnte.) Er sagte mir, er habe viele schöne Tage und Stunden erlebt. Er sagte auch, seine Aufgabe wäre jetzt erledigt. Es wäre an der Zeit für ihn, zu gehen. Dabei sprach er mit der Würde und Kraft, die seinem ganzen Wesen entsprach. Es schien mir, als hätte ich ein uraltes, sehr weises Wesen vor mir.

Nachdem ich den Kontakt zu Arslan beendet hatte, rief ich Doris an. Ich teilte ihr ruhig und voller Mitgefühl mit, was Arslan mir gesagt hatte. Als ich auflegte, war ich traurig. Und ich weinte. Ich weinte noch immer, als Doris mich etwa anderthalb Stunden später zurückrief. Sie sagte, der Tierarzt sei da gewesen und habe Arslan erlöst. Er hatte gemeint, dass Arslan vermutlich bereits im ganzen Bauchraum Krebs habe. Was ich vor dem Gespräch nicht wusste, war, dass Arslan schon vor langem eine Kralle wegen Krebs amputiert worden war. In den letzten Wochen hatte er massive Probleme mit Magen und Darm gehabt. Durchfall und Krämpfe machten ihm täglich zu schaffen. Der Krebs hatte sich ausgebreitet. Es war klar, dass er Schmerzen litt. In den letzten Wochen hatte er nahezu unablässig Medikamente bekommen.

Seine Menschen hatten alles Mögliche versucht und Arslan hatte gekämpft – bis zu diesem Tag.

Nach dem zweiten Telefonat mit Doris lag ich lange weinend auf dem Sofa. Ich war zutiefst erschüttert. Ich war durcheinander. Obwohl ich doch nur Arslans Wunsch weitergegeben hatte, fühlte ich mich – ja, wie eigentlich? Durcheinander und traurig. Ich hatte Arslan gerade erst kennengelernt. Und schon hatte er gehen müssen – oder vielmehr wollen. Das Gespräch mit ihm hatte mir so viel gegeben. Dieser Hund hatte mich sehr beeindruckt. Ich war schon mit vielen Tieren im Austausch gewesen, aber keines dieser Tiere hatte mich so tief berührt wie Arslan.

Eigentlich gehöre ich schon immer zu den eher sensiblen und einfühlsamen Menschen. Jedem Tier begegne ich mit großem Respekt. Doch Arslan hatte mich vor allem eines gelehrt: *Demut.* Eine große, tiefe Demut vor den Tieren.

Die Tiere verbringen ihr ganzes Leben mit uns Menschen. Meist wollen sie uns alles recht machen. Ungerechtigkeiten, die wir ihnen antun, vergeben sie mit einem Lächeln, als wären wir Kinder, die noch lernen. Gelegentlich sagen sie, dass ihnen etwas, was ein Mensch tut, nicht gefällt.

Sie äußern Wünsche, ja, aber es kommt sehr selten vor, dass sich ein Tier beschwert. Und nun hatte ich mit einem Tier gesprochen, das seine Schmerzen noch länger klaglos ertragen hätte, wenn seine Menschen mehr Zeit gebraucht hätten, um sich mit dem Gedanken abzufinden, dass es gehen wolle.

Es fiel mir schwer, das in seiner ganzen Tiefe zu verstehen. Wie groß musste die Liebe dieses Hundes zu seinen Menschen gewesen sein, dass er dazu bereit war? Sein Leid weiter auszuhalten, damit seine Menschen nicht so sehr leiden mussten.

Es war ihm wichtig, dass Doris und ihr Partner, mit denen er sein Leben geteilt hatte, die für ihn gesorgt hatten und ihn liebten, mit seinem Tod gut zurechtkamen.

Ich erkannte, dass Arslans Bindung an seine Menschen so stark war, dass man dafür nur eine einzige Bezeichnung finden konnte: *bedingungslose Liebe.*

Ich beschloss, eine Abendmeditation zu machen. Während ich in meiner Meditation war, spürte ich plötzlich Arslans Anwesenheit. Er war noch einmal zu mir gekommen. Er bedankte sich für meine Hilfe. Er erklärte mir, dass genau dies sein Wunsch gewesen sei und er mir dafür danken wolle, dass ich seinen Wunsch an die beiden weitergegeben hatte. Dann fragte er, warum ich so traurig sei. Als ich ihm erklärte, dass es daran lag, dass der Tierarzt ihn eingeschläfert hatte, lachte er kurz auf. »Es geht mir jetzt gut. Schau mich an, ich habe keine Schmerzen mehr. Ich bin froh, dass ich gehen durfte. Ich verstehe nicht, warum ihr Menschen so ein Aufheben um den Tod macht. Der Tod ist doch genauso nur eine Station wie das Leben selbst. Und ihr weint doch auch nicht so, wenn jemand geboren wird.« Von diesem Standpunkt aus hatte ich das noch gar nicht betrachtet. Seine Worte haben sich mir eingeprägt – ja, regelrecht in meinen Kopf eingebrannt. Sie werden mich für den Rest meines Lebens begleiten.

In den folgenden sechzig bis siebzig Minuten erzählte und zeigte mir Arslan so viel über das Leben und Sterben der Tiere. Ich erkannte, dass Arslan eine alte Seele war.

Er wusste so unglaublich viel über mich, über die Menschen im Allgemeinen und über das Leben – und nicht zuletzt über den Tod. Er ließ mich an seinen Erfahrungen teilhaben. Nur wenige Monate vor seinem Tod hatte er seine Freundin verloren. Diese Hündin hatte auch bei seinen Menschen gelebt.

Arslan erzählte mir, wie sehr er getrauert hatte. Sie gehörte zu seinem Leben, wie er zum Leben seiner Menschen gehört hatte. Der Tod seiner Freundin war für ihn nicht überraschend gekommen. Schon länger hatte er gewusst, dass sie bald gehen würde. Es hatte ihn nicht traurig gemacht, dass sie gestorben war. Er hatte darüber getrauert, dass ihr Platz nun leer war. Sie fehlte ihm. Ihr

Hundebett war verwaist. So viele Erinnerungen an sie, wohin er auch sah. Es fehlte ihm, sie draußen beim Spaziergang an seiner Seite zu haben. Sie fehlte ihm nachts, wenn er wach lag und darauf lauschte, ob er ihren Atem hören könne.

Arslan sagte mir, sie hätte ihn nach ihrem Tod noch ein paar Mal besucht. Er wusste, was es mit dem Tod auf sich hatte. Er verstand natürlich den Grund, warum sie hatte gehen müssen. Dennoch fehlte sie ihm. Ohne sie machte ihm das Aufstehen morgens keinen Spaß mehr, denn er wusste, sie würde nicht da sein. Das Futter schmeckte fade, seit sie nicht mehr da war. Sein Bett fühlte sich so hart an, jetzt, wo sie nicht mehr bei ihm war. Nach draußen gehen, was er sonst so sehr liebte, wurde zu einer Pflicht für ihn, so ganz ohne seine Freundin.

Die Freude war aus seinem Leben verschwunden. Trotzdem hatte er irgendwann das Fehlen seiner Freundin verkraftet. Doch nun ließ ihn sein Körper im Stich. Die Krankheit hatte die Zeit der Trauer gut für sich genutzt.

Arslan sagte, dass er eines Tages zu Doris und ihrem Partner zurückkehren würde. Ich sollte sie unbedingt wissen lassen, er würde wiederkommen. Am nächsten Morgen schickte ich Doris eine eMail. Ich wollte in dieser Zeit der Trauer nicht schon wieder bei ihnen anrufen. Ich schrieb ihr, dass Arslan am Abend noch einmal zu mir gekommen war und sich bedankt hatte. Ich richtete ihr aus, dass sie nicht um ihn trauern sollten, es ginge ihm jetzt gut. Ich schrieb auch, dass Arslan gesagt hatte, er würde wiederkommen.

Kurze Zeit später rief Doris mich noch einmal an. Sie sagte, dass sie sehr überrascht gewesen waren über meine Nachricht. Ich erfuhr, dass ihr Mann nachts einen »merkwürdigen« Traum gehabt hatte. Er träumte, er ginge mit einem jungen schwarzen Hund spazieren. Als der sich zu ihm umdrehte, sah er in diesem Hund Arslan und ahnte, dass Arslan ihm damit sagen wolle, dass er wieder zu ihnen kommen würde.

In den vielen Gesprächen, die ich seither mit Arslan führen durfte, habe ich so unendlich viel von ihm gelernt. Er zeigte mir, wie die Tiere den Tod sehen, welche Ängste und Wünsche sie mit diesem Thema verbinden. Mir wurde dabei klar, dass wir Menschen und die Tiere sich bei diesem Thema kaum unterscheiden. So wie bei uns gibt es auch bei ihnen solche, die keine Angst vor dem Tod haben, und solche, die beim Gedanken daran mit unbestimmten Ängsten reagieren. Doch die *Art* der Angst vor dem Tod unterscheidet sich massiv von den Ängsten, die wir Menschen diesbezüglich entwickeln.

Arslans Menschen taten, was in der Verantwortung eines jeden Menschen liegt, der sein Leben mit einem Tier teilt. Ihnen war es wichtig, den Weg mit ihm zu gehen, der für ihn richtig war. Deshalb hatten sie ihn über mich gefragt, ob er gehen wolle und dabei Hilfe brauche oder ob er es vorziehe, von selbst zu gehen. Sie respektierten seinen Wunsch, Hilfe zu bekommen, und erfüllten Arslan diesen Wunsch.

Arslan hatte mir gezeigt, dass er Angst hatte.

Er hatte keine Angst vor dem Sterben, sondern davor, dass er nicht die nötige Hilfe bekommen würde. Er wusste, dass er nicht ohne Weiteres würde allein gehen können. Hätten seine Menschen ihn nicht erlösen lassen, hätte Arslan sich womöglich noch Wochen lang quälen müssen.

Es gibt sanfte Methoden der Sterbehilfe. Es gibt zum Beispiel homöopathische Mittel, die es dem Tier leichter machen zu gehen. Doch kommt es auch immer wieder vor, dass ein Tier die Hilfe des Tierarztes braucht, um sterben zu können. Wenn es solche Schmerzen leidet, dass man das Tier nicht mehr schmerzfrei bekommt, und wenn es eindeutig gehen möchte, dann sollte man mit der Sterbehilfe nicht zu lange warten. Und Arslan hatte ja ganz konkret geäußert, wie er gehen wollte.

In einem der Telefonate mit Doris nach Arslans Tod erzählte sie mir, dass ihr Mann mit Arslan geredet hätte, kurz bevor sie mich an jenem Abend, an dem Arslan gehen durfte, angerufen hatte. Er hat ihr das erst nach seinem Tod erzählt. Er sagte zu Arslan, dass er gehen dürfe, wenn er das wolle. Er müsse es ihnen nur irgendwie zeigen. Doris wiederum hatte mich angerufen, damit ich bei Arslan erfrage, was sein Wunsch ist.

Die beiden hatten etwa zeitgleich den Wunsch zu erfahren, was ihr geliebter Hund wollte. Und kurz darauf sprach ich zum ersten Mal mit dieser wundervollen Seele.

Vielleicht fragt sich der eine oder andere jetzt, warum Doris ihren Hund nicht selbst gefragt hatte, wir hatten uns ja in einem Seminar zur Tierkommunikation kennengelernt. Nun, wenn es um das eigene Tier geht, bitten die meisten Tierkommunikatoren eine Kollegin oder einen Kollegen ihres Vertrauens, das Gespräch zu führen. Das eigene Tier kennt man sehr gut, und deshalb hegen viele die Befürchtung, eigene Gedanken in die Antwort des geliebten Tiers hineinzudeuten. Wenn man ein Tier nicht oder kaum kennt, passiert so etwas in der Regel nicht.

Doris wusste im Grunde bereits, dass Arslan Unterstützung brauchte und dass er gehen wollte. Sie wollte eine neutrale Person mit ihm reden lassen, um sicherzugehen, dass ihr Wissen zutraf – dass sie Arslans Wunsch richtig empfangen und verstanden hatte. Das erzählte sie mir bei einem späteren Telefonat.

Und Arslan … Er ließ mich seitdem wissen, dass er schon oft auf dieser Welt war. Er hat schon oft gelebt und ist schon oft gestorben. Er kennt viele verschiedene Arten, wie Tiere von dieser Welt gehen. Er sagte mir, dass es immer noch Menschen gibt, die der Meinung sind, jedes Tier solle von sich aus sterben, wenn es an der Zeit sei. Es gibt Menschen, die ein Tier niemals einschläfern lassen würden. Sie denken, dass es für ein Tier immer besser sei, eines »natürlichen« Todes zu sterben.

Doch viele Tiere können – und wollen – das nicht. Ist es für ein Tier wirklich immer besser, eines natürlichen Todes zu sterben? In der heutigen Zeit erkranken viele Tiere an Zivilisationskrankheiten. Durch die Haltung, Domestizierung und teilweise nicht artgerechtes Futter haben wir Menschen den Grundbaustein gelegt für Krankheiten, die es in dieser Intensität, mit diesem Verlauf in der freien Natur nicht gegeben hätte. Erwächst daraus nicht auch unsere Verpflichtung, den Tieren unsägliches und unnötiges Leid zu ersparen, wenn wir doch die Grundlage dieses Leids mitgeschaffen haben? Vor allem kranke Tiere haben den Wunsch, beim Gehen unterstützt zu werden.

Tiere begleiten ihre Menschen über Wochen, Monate und Jahre hinweg und verbringen ihr ganzes Leben mit ihnen. Es wird Zeit, dass wir dies als das Geschenk erkennen, das es ist. Und es wird Zeit, die Verantwortung zu übernehmen – nicht nur für das Leben, sondern auch für das Sterben unserer tierischen Begleiter. Es ist den Tieren sehr wichtig, dass wir ihnen Respekt entgegenbringen. In all den Wochen, Monaten und Jahren mit uns haben sie sich das verdient. Das ist Arslans Botschaft an euch.

Ich möchte für die, die vielleicht gerade um den Verlust eines Tieres trauern, noch einmal den Satz von Arslan wiederholen, den ich persönlich am prägnantesten finde: »Der Tod ist doch genauso nur eine Station wie das Leben selbst.«

Die meisten Tiere äußern ganz klar, dass sie wieder auf diese Welt kommen werden. Manchmal kehren sie auch zu ihrem letzten Menschen zurück. Bewahre die Liebe zu deinen Tieren in deinem Herzen. Und wenn du mal wieder das Gefühl hast, dein kürzlich verstorbenes Tier sei gerade bei dir, dann lächle ihm zu. Dann weiß es, dass du es bemerkt hast.

Um ein Tier zu trauern, ist vollkommen in Ordnung. Auch Tiere trauern um den Verlust eines Gefährten – ganz gleich ob Mensch oder Tier. Das war bei Arslan deutlich zu spüren. Doch es ist wichtig, das Tier auch gehen zu lassen und es nicht unnötig lange festzuhalten. Eines solltest du jedoch nie loslassen: Die Liebe zu deinen Tieren. Denn die Liebe bleibt – sie überdauert selbst den Tod und kann uns noch lange Kraft und Halt geben.

Arslan stattet seinen beiden Menschen gelegentlich noch kurze Besuche ab. Er erzählte mir auch von den zwei Welpen, die sie kurz nach ihm aufgenommen haben. Und Doris war doch sehr überrascht, dass ich davon wusste …

Channeling der Gruppenseele der Hunde

Wir sind mehr geworden, mehr von uns sind bei mehr von euch. Und auch wenn viele von euch damit lediglich ein Bedürfnis stillen wollen, können wir dadurch tun, was wichtig ist. Ja, so viele von euch haben einen von uns in letzter Zeit in ihr Leben geholt. Oft aus Einsamkeit. Oft, um ein Bedürfnis zu stillen, das unwiderstehlich groß geworden ist – das Bedürfnis nach körperlicher Nähe. Aber es ist auch die Sehnsucht nach Liebe, die euch dazu veranlasst, einen von uns zu sich zu nehmen.

Wir tragen die Liebe in uns und bringen sie zu euch. Ohne Einschränkungen, ohne Wenn und Aber, schenken wir euch allen unsere ganze Liebe. Und ihr schenkt demjenigen von uns, der bei euch ist, *eure* ganze Liebe.

Ihr nennt uns Freunde, Begleiter, Gefährten. Wir sind mehr als das, wir sind Wegbereiter. Wir sind Vorbilder, wir sind Spiegelbilder. Nicht alles von dem, was wir für euch sind, könnt ihr sehen oder erkennen. Doch wir sind da, um euch auf Dinge hinzuweisen, die ihr bisher nicht wahrgenommen habt.

Vielleicht hast du einen von uns zu dir genommen, um mehr nach draußen zu gehen, mehr zu laufen, dich mehr zu bewegen. Das könntest du ja auch allein. Aber wir gehen gerne mit euch. Jeder von uns, bei jedem von euch, leistet seinen Teil, damit ihr vorankommt. Ihr seid noch immer nicht da, wo ihr sein könntet. Noch immer flüchten sich viele von euch in Ängste und Aggressionen, in Wut und Verzweiflung. Und viele von uns spiegeln euch das. Viele von uns geben all dies an euch zurück. Die Aggressionen, die wir gegen unseresgleichen richten, sind die Aggressionen, die ihr gegen euresgleichen richtet. Doch versteht, dass auch die Liebe, die wir euch bringen, die Liebe ist, die ihr selbst in euch tragt! Sie ist der Schlüssel für alles. Nicht wir sind der Schlüssel, nicht wir sind die Lösung. Liebe ist die Lösung. Die Fürsorge, die Hingabe, das Vertrauen, die Wahrhaftigkeit. Doch Wahrhaftigkeit ist verloren gegangen. Das ist es, was ihr sucht. Das ist es, was ihr braucht. Wahrhaftigkeit. Ihr möchtet festhalten an dem, was wahr ist. Doch wisst ihr nicht mehr, was wahr ist. Ihr habt vielleicht ein Gefühl, einen Gedanken, aber ihr seid euch nicht sicher. Ist es wahr? Entspricht es mir? Soll ich ihm folgen? Wir folgen unseren Gefühlen immer.

Während ihr tausenderlei im Kopf habt, haben wir nur eins im Sinn. Ihr denkt an die Arbeit, ans Geld, ans Essen, an die Kinder, ans Reisen. Und wir, wir denken an den Moment. Wir denken nicht viel. Wir *leben* – im Moment. Wir *fühlen* den Moment. Und wir möchten euch zeigen, dass all das, was es braucht, um glücklich zu sein, dass all das, was ihr zu eurem eigenen Glück braucht, schon in euch liegt. Mit Hingabe kümmert ihr euch um uns. All eure Liebe und Fürsorge bringt ihr uns entgegen.

Ein wenig mehr davon für eure Mitmenschen täte gut. Ihr solltet ein Miteinander leben, wie ihr es mit uns lebt. Es sind so viele von euch, die ein Gegeneinander leben.

Wir sind Rudeltiere. Im Rudel sind wir stark. Und ihr? Ihr zerfleischt euch teilweise gegenseitig. Dabei seid ihr Menschen, ihr seid *eine* Menschheit. Verbunden in *Einheit*. Alles ist eins, ist miteinander verbunden. So wie du mit deinem Hund, mit einem von uns, verbunden bist, bist du auch mit jedem anderen Menschen verbunden. Warum nur könnt ihr es bei uns so gut und schafft es kaum miteinander? All das, was ihr für uns empfindet, all das, was wir euch mitbringen, ist bereits in euch!

Die Liebe, die ihr für uns empfindet, empfindet sie doch auch endlich füreinander.

Wir zeigen euch, wie sehr wir euch lieben. Ohne Einschränkungen, ohne Bedingungen, ohne Wenn und Aber. Weil nur das wichtig ist und das allein zählt. Wir gehen mit euch nach draußen, wir zwingen euch regelrecht dazu. Aber ihr wollt es ja selbst. Und draußen, frei von Ablenkung, frei von Lärm, in der Natur, in der Stille, könnt ihr wieder zu euch finden. Dabei möchten wir euch helfen. Es ist wichtig, dass ihr wieder zu euch findet. Nur, wenn ihr zu euch findet, könnt ihr zueinander finden.

Vielleicht fordern manche von uns euch momentan viel mehr als sonst. Vielleicht müsst ihr momentan viel mehr nach draußen, weil wir es verlangen. Wir verlangen es, weil ihr es braucht. Wir möchten keine Ablenkung sein, kein Lückenfüller, kein Ersatz. Wir möchten eure Begleiter und Wegbereiter sein. Wir möchten, dass ihr uns zuhört. Dass ihr darauf achtet, was wir euch zeigen wollen. Draußen ist nichts los? Weit gefehlt. Die Stille ist niemals still. Draußen in der Stille findest du Antworten. Und es ist niemals völlig still. Der Wind flüstert von Veränderung. Und Veränderung ist es, die nötig ist. Ihr steuert noch ein wenig in die falsche Richtung. Nicht alle von euch, doch einige. Veränderung ist es, die euch auf den richtigen Weg bringen kann.

Wenn ihr endlich untereinander das Miteinander lebt, das ihr mit uns lebt, wenn ihr endlich die Ängste hinter euch lasst und in Einigkeit, Zusammenhalt und Liebe das menschliche Miteinander lebt, dann wandelt sich alles. So wie ihr mit uns ein liebevolles Miteinander leben könnt, solltet ihr das auch untereinander tun. Eure Ängste, eure Wut, eure Aggressionen werden von uns gespiegelt, um euch darauf aufmerksam zu machen, wie zerstörerisch ein Leben ohne dieses Miteinander ist, wenn man sich einschüchtern lässt. Angst ist zerstörerisch. Sie richtet sich gegen euch selbst. Wut ist zerstörerisch. Sie richtet sich gegen eure Mitmenschen. Gegen die Natur, gegen eure Natur. Und doch gibt es so viel davon. Wir verstehen es, dass ihr davor zurückweicht, denn diese Gefühle konfrontieren euch mit all dem, was beängstigend für euch ist.

Aber Veränderung braucht keine Angst. Veränderung braucht Mut. Deshalb sind so viele von uns besonders mutig geworden und zeigen euch diesen Mut. Und so kommt es, dass viele von uns in euren Augen zu Problemfällen geworden sind. Wir wollen euch auf die Probleme aufmerksam machen, die es in eurem eigenen Umfeld gibt. Diejenigen von uns, die zu laut sind, zeigen, *dass es bei euch zu laut ist.*

Draußen in der Natur stehst du mit beiden Beinen auf dem Boden und kannst spüren. Mit geschlossenen Augen kannst du die Sonne spüren, auf dem ganzen Körper – das gibt Kraft, weckt die Lebensgeister und bringt so viel Freude.

Es sind mehr geworden von uns in den letzten Jahren, die Probleme zeigen wie Geschwüre, Krebs, Allergien und Unverträglichkeiten. Auch damit wollten wir euch etwas zeigen, euch etwas erklären. Es kann so nicht weitergehen, es ist wichtig, die Veränderung jetzt anzugehen. Wir haben gehandelt und diese Probleme auf uns genommen, damit ihr mehr Liebe in die Welt tragt. Und wenn es nur die Liebe für einen von uns ist. Damit ihr mehr spürt, mehr Nähe zulasst.

Viele von uns haben es schon geschafft bei einigen von euch, dass ihr mehr Nähe zulasst. Einige von uns haben sehr gute Arbeit geleistet und manchen von euch geholfen, sich zu öffnen für andere, für das Leben, für die Liebe.

Unsere Seelen schaffen es, eure Seele zu berühren. Eure Seele erkennt unsere Seele. Und es ist wichtig, dass ihr zulasst, dass eure Seele auch die Seelen eurer Mitmenschen berührt und die Seelen eurer Mitmenschen eure Seele. Findet zur Einheit und geht als Einheit, geht Seite an Seite. Kümmert euch um eure Mitmenschen, so wie ihr euch um uns kümmert. Bringt euren Mitmenschen Fürsorge entgegen, so wie ihr uns Fürsorge entgegenbringt. Wenn ihr all das, was ihr für uns tut, für euch selbst und eure Mitmenschen tut, dann habt ihr

Wahrhaftigkeit. Dann lebt ihr in der Liebe und im Miteinander und dann, dann endlich, ist die Neue Zeit wahrhaftig da.

Wir wissen, dass es noch eine gewisse Strecke des Wegs ist, aber dieser Weg sollte jetzt beschritten werden. Jetzt ist die Zeit gekommen, in der der Wind von Veränderung spricht. Beginnt endlich zu leben, nicht nur zu existieren, sondern zu sein. Ihr lebt für die Arbeit, seit Jahren, Jahrzehnten. Ihr wolltet etwas erschaffen, etwas ansammeln, etwas anhäufen. Und habt darüber vergessen, was so wichtig ist: zu leben und zu lieben.

Lernt wieder, die Natur zu genießen, die Energie der Sonne zu tanken, den Wind auf der Haut zu spüren und über all das verbunden zu sein miteinander, mit der Natur, mit allem. Jetzt ist die Zeit gekommen, in der ihr all das wieder lernt. Jetzt!

• • • • •

Nachdem ich dieses Channeling aufgeschrieben hatte, kam meine Hündin Luna zu mir und legte sich neben mich. »Du musst *noch* eines machen«, sagte sie zu mir. »Du bist noch nicht fertig. Wir haben noch mehr für euch …« Und sie machte mir klar, dass dies nicht warten konnte und ich umgehend ein weiteres Channeling empfangen sollte. Das Ergebnis war die folgende Durchgabe des Höheren Selbst der Hunde …

Zweites Channeling der Gruppenseele der Hunde

Wir wissen, dass ihr den Weg, den ihr beschreiten könnt, gerne schon im Voraus kennen wollt. Ihr wollt wissen, wohin euch ein bestimmter Weg führen wird, damit ihr ihn nicht wählt, wenn er euch ins Verderben führt. Das hängt mit eurer Angst zusammen, euch den Unwägbarkeiten des Lebens hinzugeben. Doch was ihr draußen, mit uns an eurer Seite, tut, könntet ihr auch in eurem übrigen Leben tun: Neues erkunden, frei und unbeschwert neue Pfade beschreiten. Wir zeigen euch, wie das geht: einfach gehen, ohne vorher darüber nachzudenken, was alles sein könnte.

Glaubt ihr denn, wir denken vor einem Spaziergang, vor einer Wanderung oder dem Sport lange nach, was alles passieren könnte? Oder dass wir morgens aufstehen und uns fragen, wie schlimm dieser Tag wird? Nein, wir leben im Jetzt und nehmen alles so, wie es kommt. Mit Vertrauen gehen wir jedem neuen Tag entgegen. Mit Vertrauen gehen wir an eurer Seite. Wenn die Sonne aufgeht und ein neuer Tag beginnt, erfüllt uns große Freude auf den neuen Tag. Und Neugier, was wir am Ende des Tages erlebt haben werden. Wir denken nicht darüber nach. Wir wissen um den Lauf des Lebens. Das Leben ist wie der Wechsel der Jahreszeiten: ein ewiger Kreislauf.

Schon seit langem ist unser Leben darauf ausgerichtet, wie wir euch helfen, euch voranbringen können. Wir zeigen euch, dass ihr Liebe verdient habt. Wir sind es, die euch vorleben, wie man Gefühle ausdrücken kann. Und wir sind es auch, die euch ermuntern, bei Wind und Wetter die Natur zu genießen. Was sollen wir mit einem Schirm, wenn sich der Regen auf unserem Fell wie pures Leben anfühlt? Wir genießen unser Leben. Manchmal sagt ihr, wir sind frei von Sorgen. Und das stimmt. Wir sind frei und unbeschwert. Ihr seid oft noch so beschwert – und beschwert euch deshalb über das Wetter, über die Arbeit, über das Leben. Ihr beschwert euch ständig – ihr macht es euch schwer. *Un*-Wörter erfüllen euer ganzes Denken: *Un*-Kraut, *un*-menschlich, *un*-gemütlich … Warum versucht ihr es nicht mal mit *un*-beschwert?

Leichtigkeit im Sein, das leben wir euch vor. Wir springen, hüpfen und tollen durchs Leben. Wir zeigen euch Leichtigkeit, Unbeschwertheit, kindliche Freude. Viele von uns sind jetzt an eurer Seite, um euch und anderen zu zeigen, wie viel Liebe man verbreiten kann und dass sie dennoch niemals ausgeht! Liebe ist unendlich. Und in jedem von uns, in jedem von euch, ist davon grenzenlos viel. Es bricht eine Neue Zeit an, eine neue Gemeinschaft kann jetzt entstehen. Kümmert euch umeinander. Lebt die Gemeinschaft, das Zusammensein, in liebevoller Zuwendung füreinander. Ihr habt das lange geübt mit uns, und wir wissen, dass ihr die Fähigkeit dazu in euch tragt.

Manche von uns können euch das kaum zeigen, weil sie zu sehr damit beschäftigt sind, euch den Spiegel vorzuhalten. Und das hat seinen Grund, denn so viele von euch brauchen uns als Spiegel, brauchen das Extrem. Wenn ihr euch nicht um euretwillen und füreinander ändern könnt, ändert ihr euch doch oft für uns. Verzeiht uns diesen kleinen Trick, doch meistens funktioniert er. Die Liebe zu uns hilft euch dabei, euch zu ändern.

Weil ihr wollt, dass es uns gut geht.

Wir möchten euch aber ebenso zeigen, wie wichtig es ist, auf seine Grenzen zu achten. Das ist ein weiterer Spiegel. Auch wir lassen nicht jeden zu nahe an uns heran. Wir entscheiden nach dem Gefühl, nach dem ersten Impuls. Nicht jeder tut jedem gut. Wir setzen Grenzen, kommunizieren dies klar. Und diejenigen von uns, die das nicht können, zeigen euch auf, dass auch ihr eure Grenzen nicht klar genug aufzeigt.

Viele von uns sind abhängig geworden. Abhängig von euch. Sie würden allein kaum noch zurechtkommen, müssten ums Überleben kämpfen. Auch sie spiegeln euch. Denn viele von euch sind ebenfalls abhängig geworden, voneinander, von anderen. Lernt, die Schätze der Natur wieder mehr zu schätzen. Wertschätzung der Natur, das wird nun wichtiger werden. Verschwenderisches Leben hat keinen Platz mehr, die Zeit der Achtsamkeit kommt. Unachtsamkeit wird schwinden. Die Natur zeigt euch schon längst, dass der Wandel unumgänglich ist. Heilung ist vonnöten. Die Natur braucht Ruhe, ihr braucht Ruhe. Die Sehnsucht nach Ruhe in euch, das ist der Ruf der Natur, den ihr zu lange missachtet habt. Noch ist es Zeit, den Ruf zu erhören.

Macht euch wieder bewusst, dass ihr mehr seid als nur euer Körper! Macht euch bewusst, wie viel ihr erreichen könnt, nicht nur für uns, sondern vor allem für euch. Füreinander, miteinander. Es ist die Zeit der Versöhnung, die Zeit des Friedens, die Zeit des Wachstums. Nicht der Art von Wachstum, in die ihr während der letzten Jahrhunderte all eure Energie gesteckt habt. Nicht Leistung um der Leistung willen, nicht Erfolg um des Erfolges willen – das alles zählt nicht, es brennt euch nur aus! Die Verbundenheit zählt. Sie ist da, ob ihr sie seht oder nicht. Ob ihr sie spürt oder nicht. Doch kämt ihr schneller voran, wenn ihr euch das bewusst machen würdet. Nutzt euren Verstand, euer Bewusstsein für euch! Wenn ihr euch all diese Dinge bewusst macht, sind sie Teil eures Alltags, eures Lebens. Eures neuen Lebens!

Ihr habt so viel mehr Macht, als ihr euch bislang zugestehen wolltet! Ihr erfreut euch an unserer Leichtigkeit? Lebt eure doch einfach aus! Ihr genießt die Liebe, die wir euch schenken? Genießt sie in dem Bewusstsein, dass ihr nicht weniger als das verdient habt! Ihr findet es toll, dass wir so offen unsere Gefühle zeigen? Macht es doch genauso! Es ist gar nicht so schwer, wie ihr meint. Ihr macht es euch nur selbst schwer! All dies ist für uns so leicht, weil wir es uns leicht machen! Und das könnt ihr auch!

Nehmt das Leben leichter. Und übernehmt Verantwortung für euch selbst. Manchmal finden wir es erstaunlich, wenn einer von euch Verantwortung übernehmen kann für einen von uns – und doch bei sich selbst es gar nicht erst versucht. Zu oft schaut ihr im Außen, was hat der andere, wovon hat der andere mehr? Spürt in euch selbst hinein, ergründet eure wahren Bedürfnisse und erschafft euch ein Zuhause, in dem ihr euch wahrhaftig wohl fühlt. Ein Zuhause, in dem die Liebe wohnt, nicht der Konsum. Ein Zuhause, in dem eine Gemeinschaft lebt, nicht nur eine Gesellschaft. Das gilt im Kleinen wie im Großen, im Haus, im Dorf, in der Stadt, im Land …

Lernt wieder, mit der Natur zu leben. Lernt wieder, nur das zu nehmen, was ihr auch wirklich braucht. Und lernt wieder, Geben und Nehmen im Gleichmaß zu halten. Lernt, eure Gefühle wieder mehr zu zeigen, so wie wir es euch vorleben. Lernt, euch wieder aufrichtig zu freuen, so dass ihr es im ganzen Körper spürt.

Spürt euch! Spürt euren Körper, eure Bedürfnisse, eure Emotionen. Aber spürt auch eure Seele, euren Geist. Nehmt all das ganz bewusst wahr. Und dann spürt ganz bewusst den Körper, die Bedürfnisse, die Emotionen und die Seele der anderen. Derer, die in eurem Umfeld leben. Und derer, die weit weg wohnen. Spürt sie, nehmt sie wahr! Die anderen Menschen, Tiere, Pflanzen, die Natur … alles, was lebt. Alles ist in Verbindung. Wir fordern euch auf, das endlich zu spüren. Springt über euren Schatten, geht es an, wie wir es tun! Voller Freude, Leichtigkeit und Unbeschwertheit …

Seid mutig, wagt den Sprung ins Ungewisse. Gewiss wird es wundervoll. Und wir begleiten euch dabei, sind an eurer Seite.

– 4 –

Kaninchen und ihre Botschaften

Mit ihrem flauschigen Fell und den glänzenden Augen ziehen sie oft die Blicke vor allem von Kindern auf sich. Doch auch viele Erwachsene sind diesen kuscheligen Tieren verfallen und holen sie in ihr Leben. Allzu oft noch werden ihre Bedürfnisse verkannt, und so fristen sie häufig allein in einem Käfig ihr Dasein. Umso schöner ist es dann, wenn ihnen eine artgerechte Haltung ermöglicht wird, wie man sich das wünscht.

Auch wenn sie nicht wirklich als Kuscheltiere auf die Welt gekommen sind, werden viele von ihnen dann zutraulich und helfen ihren Menschen im Leben auf ihre Art.

Ungefähr 2,5 Millionen Kaninchen leben in deutschen Haushalten, weitere rund zweiundzwanzig Millionen in der Massentierhaltung, denn während Hunde und Katzen bei uns als Haustiere gelten, werden viele Kaninchen wegen der Angorawolle oder ihres Fleisches auch in sehr großer Zahl gezüchtet. Nur ein verhältnismäßig geringer Teil findet ein Zuhause als Familienmitglied bei Menschen. Idealerweise leben sie in kleinen Verbänden, denn Kaninchen sind sehr gesellige Tiere mit einem ausgeprägten und komplexen Sozialverhalten. Sie betreiben gegenseitige Fellpflege, warnen die anderen vor Gefahren und verbringen einen Großteil des Tages mit der Nahrungsaufnahme.

Vermutlich liegt es in erster Linie an ihrer Sanftheit, die durch das flauschige Fell noch unterstrichen wird, dass Kaninchen so beliebte Tiere sind. Sie sind Tröster, Freunde, Spielgefährten. Aber das ist nicht alles. Sie sind noch so viel mehr.

Ronja – Über Abschied und Neubeginn

Ich lernte Ronja bei einer Tierkommunikation kennen, die aus einem traurigen Anlass in Auftrag gegeben wurde. Ronjas Partner Bert war verstorben, und Ronjas Menschen machten sich jetzt große Sorgen um sie. Deshalb baten sie mich, mit Ronja über ihr Befinden, ihre Wünsche und Sorgen zu sprechen.

Ronja war bereits ein älteres Kaninchen, das sehr betrübt wirkte und sichtlich um ihren langjährigen Partner trauerte. Bert war nicht unvermittelt gegangen, er hatte schon einige Wochen mit einer Krankheit zu kämpfen gehabt. Diesen Kampf hatte er nun verloren, und Ronja fühlte sich allein und einsam. Die Menschen konnten ihr kein Trost sein, sie vermisste ihren Artgenossen. Sie vermittelte mir, dass sie zwar manchmal kleinere Konflikte gehabt hatten, im Wesentlichen aber hervorragend miteinander ausgekommen waren und das Miteinander auch sehr genossen hatten.

Intensiv nahm ich das starke Gefühl von Einsamkeit in ihr wahr. Es überflutete mich schon beim ersten Kontakt und brachte eine seltsame Melancholie mit sich, die sich in mir ausbreiten wollte. Dieses Kaninchen schien untröstlich zu sein. Doch ich wollte ihr helfen, ihr zuhören und ihr Hoffnung schenken. Manchmal ist das Zuhören bereits ein wundervolles Geschenk. Und so bat ich sie, mir von sich und ihrem Partner zu erzählen, und mir zu zeigen, wie es ihr ging und wie man ihr helfen konnte.

Ronja und Bert waren sehr jung zu ihren Menschen gekommen. Sie hatten ein schönes großes Gehege und täglichen Auslauf. Bei schönem Wetter konnten sie stundenlang im Garten herumhoppeln und in einem geschützten Bereich Gras, Löwenzahn und Klee naschen. Sie genossen die Zeit zusammen sehr und hatten sich von Anfang an gerne. Streitigkeiten, die es ab und zu einmal gab, waren schnell wieder vergessen. Sie liebten sich heiß und innig, auch nachdem Bert einer kleinen Operation unterzogen worden war, um Nachwuchs zu vermeiden. Die beiden liebten es, sich aneinander zu kuscheln, herumzurennen und sich gegenseitig Nähe zu schenken. Den Menschen gegenüber waren sie nicht besonders zutraulich, hatten aber auch keine übermäßige Scheu. Anfassen ließen sie sich, wenn es denn sein musste. Kuscheln wollten sie lieber miteinander. Ihr Zuhause wirkte wie ein kleines Kaninchenparadies, in dem sie ganz Kaninchen sein durften. Sie lebten auf mehreren Ebenen, die sie ganz für sich erkunden konnten. Ronja fühlte sich damit auch sehr wohl. Sie war mit dem Nahrungsangebot zufrieden und bewohnte mit ihrem Partner dieses geräumige und saubere Heim.

Bei meinem Gespräch mit Ronja erfuhr ich so einiges von der älteren Kaninchendame. In jungen Jahren hatte sie alle Freiheiten genossen, war richtig ungestüm gewesen und viel herumgerannt. Sie hatte oft kleine Hopser gemacht, um ihre Freude auszudrücken, und man hatte es ihr angesehen, wenn sie glücklich war, denn sie liebte es, dies mit ihrem ganzen Körper auszudrücken. Sie war die pure Lebensfreude gewesen. Nun, im Alter, war all dies gemindert und zusätzlich durch den Verlust ihres Partners stark eingetrübt. Auf Wunsch ihrer Menschen fragte ich sie, ob sie sich einen neuen Partner an ihrer Seite vorstellen könne und wie dieser denn sein solle. Sie zögerte, überlegte lange und gründlich. Ich spürte, dass sie in sich ging und ihre Gefühle diesbezüglich ergründete. Ihre Antwort war wohl überlegt, das merkte ich deutlich: »Ich möchte keinen jungen Partner. Wenn, dann müsste er älter sein.

Jemand, der meine Trauer versteht und mich nicht bedrängt. Keinen ungestümen jungen Wilden, sondern jemanden in meinem Alter. Am besten wären zwei oder drei. Wenn man nur zu zweit ist und einer stirbt, dann bleibt immer einer allein zurück. Das ist nicht unsere Art. Unsere Art ist das Zusammenleben in kleinen Gruppen. So bleibt nie jemand allein zurück …«

Ich teilte Ronja mit, dass ich mit den Menschen reden würde, aber natürlich nichts versprechen könne. Glücklicherweise verstanden sie Ronjas Wunsch sehr gut und hatten selbst schon überlegt, dass es nicht wirklich gut wäre, wenn sie nur ein einziges weiteres Kaninchen dazuholen würden, denn Ronja war ja auch nicht mehr die Jüngste. Ihnen war schmerzlich bewusst, dass sehr wahrscheinlich eines der beiden neuen Kaninchen dann irgendwann versterben und wieder eines zurückbleiben würde. Nachdem Ronja ihren Wunsch so klar und unmissverständlich geäußert hatte, kamen später tatsächlich zwei ältere Kaninchen hinzu und Ronja blühte noch einmal richtig auf. Nach der anfangs nicht immer ganz harmonischen Eingewöhnungsphase saßen die drei häufig zusammen und kuschelten sich aneinander. Man merkte, dass sie sich gegenseitig richtig guttaten.

Ronja hatte neue Freunde gefunden und zeigte ihre Freude darüber auch ziemlich deutlich. Sie wurde auf ihre alten Tage hin noch richtig zärtlich, schmuste gerne und viel und zeigte sich meist von ihrer sehr sanften Seite. Sie genoss es ganz zweifellos, dass sie nach dem Verlust ihres langjährigen Partners nun noch einmal Freunde gefunden hatte.

■ Lea – Über Nähe, Lebensfreude und Sanftheit

Lea war eines dieser Kaninchen, die zu Weihnachten für ein Kind unter dem Weihnachtsbaum landen. Nicht einmal ein Jahr später fand sie sich im Tierheim wieder. Doch Lea hatte Glück im Unglück, sie wurde nach wenigen Wochen bereits vermittelt. Und um Lea möglichst das bieten zu können, was sie sich wünschte, kontaktierten mich ihre neuen Menschen mit der Bitte um eine Tierkommunikation.

Lea erschien mir zunächst ein wenig griesgrämig. Sie hatte nicht unbedingt eine gute Meinung von den Menschen. Ich konnte es ihr kaum verdenken angesichts ihrer Vorgeschichte. Lea zeigte mir auch, wie es ihr ergangen war. Sie begann mit ihrer Geburt, und ich sah, dass ihre Mutter sich sehr liebevoll um sie und ihre Geschwister gekümmert hatte.

In der kuscheligen Wärme ihres Nestes waren sie gemeinsam aufgewachsen. Es hatte stets Nähe gegeben, was ihr ein wohliges Gefühl im Inneren bereitete. Dann war der Tag gekommen, als sie dort rausgenommen wurde, nach einer kurzen Fahrt in einem großen Glasgehege landete und mit anderen Kaninchen darin herumsaß, bis sie auch dort wieder rausgenommen wurde und bei einer Familie in einem Käfig landete. Der Käfig wirkte auf mich nicht wirklich groß – sie passte zwar gut rein, aber viel Bewegungsfreiheit hatte sie nicht. Ich sah, dass über ihr Zweige waren – eindeutig ein Weihnachtsbaum. Irgendwann sah ich ein kleines Mädchen, das in das Zimmer kam und beim Anblick des Kaninchens ganz verzückt war. Ihre Freude war riesig, und es dauerte nicht lange, bis Lea aus dem Käfig genommen und geknuddelt wurde. Die Nähe tat Lea einerseits gut, denn sie hatte sich nach Nähe und Kuscheln gesehnt. Andererseits war es ihr fast zu viel, sie konnte sich kaum erwehren …

Dennoch war Lea froh, dass sie nun wieder Nähe erleben durfte. Ihr fehlte nur etwas die Bewegungsfreiheit. Sie konnte im Käfig hin und her hoppeln, doch je größer sie wurde, desto weniger Sprünge konnte sie in ihrem Domizil machen. Sie wurde regelmäßig rausgenommen, doch meistens durfte sie nicht herumlaufen, sondern saß auf dem Schoß des Mädchens. Lea spürte, dass sie geliebt wurde und sah deswegen über die eine oder andere Unannehmlichkeit hinweg. So ging es die ersten Wochen lang, in denen sie täglich viele Stunden beschmust und verwöhnt wurde. Doch irgendwann ließ das nach. Es gab Tage, an denen ihr ein wenig der Magen knurrte, weil das Futter zu spät nachgefüllt wurde. Manchmal roch es unangenehm im Käfig, er wurde zu selten gesäubert. Und all das ereignete sich jetzt immer häufiger. Dann kam der Tag, als die Eltern des Mädchens den Käfig nahmen und mit Lea darin wegfuhren.

Die nächste Erinnerung, die Lea mir zeigte, stammte eindeutig aus einem Tierheim. Sie kam zusammen mit Artgenossen in ein großes Gehege. Hier war alles sauber, es gab viel Platz und genug Futter – aber auch Artgenossen. Und damit hatte Lea nun ein Problem. Sie hatte einige Monate allein gelebt und völlig vergessen, wie das Zusammenleben mit Artgenossen funktionierte. Sie war recht unsicher und verkroch sich deshalb immer in einer Ecke, um unangenehme Zusammenstöße zu vermeiden. Sie fraß auch nur wenig. Die menschliche Zuneigung fehlte ihr. Sie hatte das Mädchen wirklich sehr geliebt und war nun einfach verstoßen worden. Anfangs fragte sie sich noch, was sie falsch gemacht hatte, doch irgendwann schlugen diese Gedanken um in Gleichgültigkeit und zuletzt in Abneigung gegenüber den Menschen. Die Tierpfleger, die sie gut versorgten, mied sie. Im Gehege war es ihr zu wuselig. Sie versuchte zwar, Kontakte zu Artgenossen zu knüpfen, doch das fiel ihr schwer. Etwas leichter fiel es ihr nur bei den ruhigeren, zurückhaltenden Kaninchen, bei denen, die ihr Zeit gaben. Doch ständig sprang irgendjemand dazwischen, und dann schrak Lea zusammen.

In eben einer solchen Situation wurde Lea in ihrem Gehege im Tierheim entdeckt. Ihre neuen Menschen waren auf der Suche nach einem weiteren Kaninchen als Gesellschaft für ihr eigenes, das gerade seine Gefährtin verloren hatte. Sie wollten ihren Rocky nicht allein lassen und hofften, hier ein zurückhaltendes, ruhiges Geschöpf für ihn zu finden. Sie verliebten sich sofort in Lea, als sie sie sahen, und wussten auf Anhieb, dass sie zu ihrem Rocky passen würde! Also nahmen sie Lea mit zu sich. Ihnen war wichtig, Lea alles zu bieten, was sie brauchte. Lea erlebte nun zum ersten Mal Gras unter ihren Füßen, denn sie hatten ein riesiges Außengehege für die warme Jahreszeit. Ich erklärte Lea auf Wunsch der Menschen, dass sie nun ein Zuhause auf Lebenszeit hätte. Sie dürfe für immer bleiben.

Lea bat darum, Zeit zu bekommen, um sich den Menschen selbst annähern zu können. Sie wollte nicht festgehalten oder bedrängt werden und erklärte, es würde vielleicht ein wenig dauern, bis sie Vertrauen gefasst hatte. Ihre Menschen waren gerne bereit, diesem Wunsch Folge zu leisten und Lea alle Zeit der Welt zu geben. Tatsächlich war dies Leas einziger Wunsch: Zeit zu bekommen. Sie wollte keine erzwungene Nähe, sondern selbst entscheiden können, wann sie so weit war.

Ich erfuhr ein paar Wochen später, dass Lea inzwischen so viel Vertrauen gefasst hatte, dass sie freudig zu den Menschen hinlief, wenn sie sie sah. Lea war angekommen und glücklich. Sie zeigte deutlich, wie gut es ihr ging, sprang fröhlich umher – Lebensfreude pur. Und am allerliebsten hatte sie es, wenn sich die Menschen einfach auf die Wiese setzten und sie zu ihnen auf den Schoß hüpfen konnte, um sich dort gemütlich einzukuscheln. Etwa zu dieser Zeit durfte ich noch einmal ein Gespräch mit ihr führen. Lea sagte: »Nähe war mir immer wichtig. Doch eine Zeitlang konnte ich das nicht ertragen. Ich war so wütend, so verletzt, dass ich keinen Menschen mehr bei mir haben wollte. Ich wusste ja, dass sie es gut meinten, aber ich ertrug sie einfach nicht. Ich musste mich dem Schmerz stellen. Ich hatte einem Menschenmädchen vertraut, hatte sie geliebt und ihr all meine Zuneigung geschenkt. Doch dann war ich einfach weggegeben worden. Ich wusste nicht, was ich falsch gemacht hatte. Heute weiß ich, dass es gar nicht an mir lag. Du hast mir ja erklärt, dass sie vielleicht einfach überfordert waren, nicht gründlich nachgedacht hatten, was ein Kaninchen so braucht. Und ich glaube, du hast Recht damit. Du hattest auf jeden Fall Recht, als du sagtest, dass nicht alle Menschen so sind. Das weiß ich jetzt. Ich habe hier ein ganz anderes Leben. Und dabei habe ich so lange meinem alten Leben hinterhergetrauert. Das Neue kann großartig sein, das habe ich jetzt verstanden. Und ich habe mittlerweile richtig Spaß daran, den Menschen zu zeigen, wie toll das Leben ist. So viel Gras, so viel frische Luft! Es ist riiiiiesig schön hier! Mit ihnen zu kuscheln macht mir auch richtig Spaß. Mir ist nur immer noch wichtig, dass ich nicht festgehalten werde dabei. Ich brauche noch die Sicherheit, dass ich wegkann. Nähe ja. Aber keine erzwungene Nähe, und es ist bestimmt auch für die Menschen schöner, wenn ich aus freien Stücken zu ihnen komme. Ich habe gemerkt, wie sehr sie sich gefreut haben, als ich das erste Mal zu ihnen in den Schoß gehüpft bin. Und es war da sooo herrlich warm! Liebe ist Wärme. Weißt du das? Und diese Wärme, die breitet sich im ganzen Körper aus. Das ist einfach wundervoll …!

Lea zeigte deutlich, dass sie nun richtig in ihrem neuen Zuhause angekommen war. Ihre Menschen freuten sich sehr darüber, denn sie hatten Lea ja sofort ins Herz geschlossen und waren bereit, alles dafür zu tun, dass sie glücklich war. Sie hatten gar nicht erwartet, dass Lea zu ihnen kam und sich anfassen ließ. Das war ein großartiges Geschenk für sie, das sie sehr gerne annahmen.

Channeling der Gruppenseele der Kaninchen

Sanftmütig hoppeln wir durchs Leben, wenn uns der Raum dafür gegeben. Nie gerne allein, lieber zu vielen. Wir lieben es zu kuscheln und zu spielen. Die Ohren lang, das Fell ist weich. Wir brauchen ein ziemlich großes Reich. Doch meist ist uns dieses nicht gegeben, so führen wir oft ein tristes Leben. Die Freiheit, die vermissen wir so sehr wie manches andere Tier.

Wir kommen sanft in eure Leben, haben euch allen so viel zu geben. Die Wärme und Nähe, die wir euch schenken, sind auch in euch. Viele von euch denken, dass ihr all dies gar nicht in euch tragt. Doch höret: Was ihr an uns habt, das ist auch bei euch im Innern. Ihr müsstet euch nur mal erinnern …

Wir zeigen euch, wie leben geht. Aber alles, was ihr an uns seht, ist Niedlichkeit und Kuschelfelle. Verbunden sind wir mit der Quelle. Das seid auch ihr, und das ist wahr! Ihr seid verbunden, wie es immer war. Lichtwesen sind wir alle. Auch wenn das Leben scheint wie eine Falle, so sind wir hier, um Spaß zu haben. Uns an dem Schönen hier zu laben! Um zu lernen und zu wachsen, zu fühlen und zu leben. Um einander gut zu tun, Halt und Liebe uns zu geben.

Die Gemeinschaft, die ist wichtig, und das Miteinander richtig. Lieben und geliebt zu werden, nicht nur da sein, um dann zu sterben. Wir alle sehnen uns nach Nähe, jedes Kaninchen, jede Krähe. Ihr Menschen seid es, die jetzt sehen, dass es so mit euch nicht kann weitergehen. Veränderung liegt in unserer Natur, egal ob bei euch oder in weiter Flur. Wir sind glockensanft, ihr noch oft verkrampft. Ihr braucht mehr Vertrauen ins Leben, und wir wollen euch das geben!

Unsere Sanftheit ist für euch wichtig. Ihr genießt das, und zwar richtig! Ihr gebt uns Futter, wir euch Halt. Wir werden zwar nicht ganz so alt, wie ihr das meistens werden könnt. Doch uns allen ist verschieden viel Zeit vergönnt. Wir wissen um den Kreislauf des Lebens, aber keines der Leben ist jemals vergebens! Jeder ist wichtig, jeder darf sein. Wir zusammen sind niemals allein. Wenn einer fehlt, kann alles sich ändern. Stellt euch eine Lücke vor in euren Gewändern. Das zeigt doch deutlich, dass alles ist wichtig, denn alles hat seinen Platz und ist richtig!

Manche von euch fragen sich immer, warum sie hier sind und nie als Gewinner. Das Leben ist kein Wettbewerb, es geht nicht nur um Broterwerb! Die Arbeit ist nicht Sinn des Lebens, das Schuften ist zwar nicht vergebens, doch bringt es euch auch nicht, was zählt. Es bringt Erfolg und meistens Geld. Das ist nichts, was wir verstehen. Für uns zählt Leben und Vergehen, dem Kreislauf der Natur zu folgen, die Sonne zu lieben und die Wolken, vorzusorgen für harte Zeiten, die Kleinen zärtlich anzuleiten, die Lebensfreude stets zu zeigen – das ist uns wichtig, ist uns eigen.

Freiheit genießen wir nicht alle, manche sitzen im Käfig oder im Stalle. In Häusern, eingesperrt wie ihr, leben inzwischen nun auch wir. Doch wenn wir dürfen auf die Wiesen, können wir die Natur genießen. Sonne, Regen, Wärme, Wind bringen uns Freude, wie einem Kind. Die Kinder von euch sind es zumeist auch, die nach uns verlangen. Mit offenem Geist können sie mehr sehen, fühlen, wissen als die, die schon groß sind und nur noch bangen – um Arbeit, Liebe, Leben, Streben.

Wenn wir hoppeln und vielleicht springen, im Stillen unsere Lieder singen, erfreut ihr euch an unserm Tun. Was für ein Gegensatz zu dem Konsum, mit dem ihr durch das Leben geht. Es wird Zeit, dass ihr versteht, wie wichtig Nähe wirklich ist. Nicht jedoch Kriege, Neid und Zwist! Ihr seid mit allem stets verbunden! Zieht euch nicht zurück, leckt eure Wunden und werdet eine Gemeinschaft, genau wie wir. Macht es wie so manches Tier: Lebt friedlich und sanft voller Harmonie, vergesst euren Kummer und eure Sorgen, auch die Gedanken an Gestern und Morgen. Seid präsent im Hier und Jetzt, nicht länger verwirrt und abgehetzt. Kommt zur Ruhe in der Natur, genießt das Leben, die Elemente pur. Lasst fließen eure Emotionen, damit könnt ihr euch belohnen, denn Gefühle dürfen und müssen sein, sie gehören in jedes Leben rein. Sie fließen zu lassen, lässt euch heilen. Ihr dürft die Gefühle mit anderen teilen.

Ihr könnt das so leicht mit euren Tieren, doch braucht ihr euch auch untereinander nicht zieren. Zeigt euch natürlich, so wie ihr seid. Helft einander, seid zum Fühlen bereit. Wir lehren euch, wie Freude geht, wie Nähe und Vertrauen stets zum Miteinander führen – das Miteinander öffnet Türen! Öffnet sie weit und lasst andere herein, so werdet ihr niemals einsam sein. Wo es eine Gemeinschaft gibt, ist immer Essen, Lachen, Musik ... Dort ist es gesellig, lustig und schön. So kann man leben, lieben, vergehen ...

Im Miteinander, verbunden im Licht, gibt's keine Kriege, keinen Zwist. Im Miteinander, könntet ihr's sehen, wird man niemals wirklich vergehen. Die Ewigkeit ist nicht bloß ein Traum, sie ist hier, ihr lebt das nur kaum. Der Kreislauf des Lebens, der besagt, dass auf jede Nacht folgt auch ein Tag. Geboren, leben, sterben – und erneut geboren werden. Manche von euch haben dies vergessen, sind auf Macht und Geld versessen. Sie übersehen dabei häufig: Sterben kommt oft unverhofft. Sie sollten leben, nicht nur funktionieren. Schaut es euch ab bei uns, den Tieren!

Wir Kaninchen sind possierlich, doch vor allem sind wir natürlich. Wir leben gern in und mit der Natur, genießen Wind und Sonne pur. Wir lieben den Schatten und die Sonne, draußen zu sein ist für uns eine Wonne. So sanft zu sein bedeutet vielleicht, dass wir erschaffen einen neuen Brauch. Achtsamkeit ist jetzt wichtig, Reinheit, Sanftmut auch mehr als richtig ... sich bewusst zu sein, was alles ist, statt zu erschaffen neuen Zwist. Ihr seid eine Gattung, seid von der gleichen Art. Habt ihr alle vergessen, wie ihr mal wart? Sternenkinder, Wesen des Lichts, wacht bitte auf, verpasst jetzt nichts. Ihr werdet gebraucht, zu erschaffen neue Wege, ganz frei von Waffen. Das Licht kann nie trennen, stets nur verbinden, ihr dürft eure Fehden endlich verwinden. Um zu werden, was ihr im Grunde schon seid, eine Gemeinschaft ohne Leid!

Lasst uns frei und glücklich leben.

Gebt euch endlich selbst den Segen, unbeschwert in Liebe zu sein, verbunden mit allem, geliebt und rein.

• • • • •

Dieses Channeling verwirrte mich anfangs sehr. Es unterschied sich so sehr von allen anderen Channelings. Ich fragte mich, ob ich es wirklich so lassen könne oder nicht besser umformulieren sollte. Warum die Botschaft der Kaninchen-Gruppenseele komplett in Reimform kam, kann ich nach wie vor nicht sagen. Ich weiß nur, dass es sich für mich passend anfühlte, obwohl der Stil von allem anderen Channelings in diesem Buch abweicht. Wenn ich hineinspüre in die Kaninchen und die Kaninchen-Gruppenseele, fühlt es sich einfach nur richtig an.

Deshalb haben wir uns auch entschieden, es genauso wiederzugeben, wie ich es empfangen habe.

Letzten Endes geht es beim Channeln doch stets darum, dass die empfangenen Informationen authentisch sind …

– 5 –

Bienen und ihre Botschaften

Was wäre die Welt ohne die fleißigen Bienen? Obwohl sie so wichtig für uns und unsere gesamte Umwelt sind, wissen wir erstaunlich wenig über sie. Zwischen fünftausend und achtzigtausend Bienen sind Teil eines Bienenvolkes, wobei ihre Anzahl je nach Jahreszeit stark schwanken kann. Fast eine Million Bienenvölker leben in Deutschland – die meisten von Imkern gehalten und betreut. Gemeinhin denken die Menschen an die Honigbiene, wenn von Bienen gesprochen wird. Doch hinzu kommen unzählige Wildbienenarten, die ebenfalls einen enorm wichtigen Beitrag zur Bestäubung der Pflanzen leisten.

In den letzten Jahren ist immer wieder die Rede vom Bienensterben. Es gibt unzählige Theorien und Mutmaßungen, warum teilweise ganze Völker ausgestorben sind. So wurden schon Milben, Wetterumstände und auch Pestizide und Insektizide als Ursachen vermutet. Sicher spielen all diese Faktoren mit hinein, doch wird es noch andere Ursachen dafür geben. Es wurden bereits Petitionen für mehr Blühflächen gestartet, Volksbegehren und vieles mehr – alles zur Rettung der Bienen und zur Erhaltung der Artenvielfalt. Aber vielleicht geht es gar nicht so sehr um das

Anlegen von mehr Blühflächen, vielleicht sollten wir ganz woanders ansetzen. Ich möchte die Wichtigkeit solcher Blütenteppiche nicht mindern, im Gegenteil. Wir können nur vielleicht noch mehr tun, um die Bienen – und uns – zu retten.

Je weniger Bienen umherfliegen, desto weniger Pflanzen werden durch sie bestäubt. Die Bienen tragen also zu unser aller Erhalt bei und sind ein wichtiger Grundpfeiler für das Wohlergehen von Mensch und Tier. Die Bedeutung der Biene wird vor allem dort deutlich, wo ihre Zahl flächendeckend schwindet und Menschen – mit feinen Pinseln ausgerüstet – bereits deren Arbeit zu übernehmen versuchen.

Honig: flüssiges Gold. Seit Jahren steigt der Konsum dieses Lebensmittels. Jeder Deutsche verzehrt, Statistiken zufolge, etwa ein Kilogramm Honig pro Jahr, Tendenz steigend. Produziert wird er, wie wir alle wissen, in allererster Linie durch die Bienen. Sie stellen ihn als Vorsorge für ihr Volk her, um in schlechten Zeiten stets genug Nahrung zu haben. Da ich immer wieder gefragt wurde, welche Sichtweise eigentlich die Bienen auf diese Themen haben, habe ich mit einem Bienenvolk ein Gespräch über all das geführt und das Höhere Selbst der Bienen gechannelt.

Gespräch mit einem Bienenvolk

Ich verband mich mit einem Bienenvolk, um von ihm zu lernen und zu erfahren, wie die Bienen über uns Menschen denken. Der Kontakt zu den Bienen war nahezu sofort da. Ich stellte mich ihnen kurz vor und erklärte, warum ich in die Verbindung gegangen bin. Dann fragte ich sie, ob sie mir zeigen könnten, warum in den letzten Jahren so viele Bienen gestorben waren. Sie ließen mich spüren, wie sie sich fühlten.

Ich spürte ein unangenehmes Vibrieren am ganzen Leib. Es war eine Art Zittern, verbunden mit einem Gefühl von Langsamkeit, Gelähmtheit und Verwirrung. Sie zeigten mir Masten, in deren Nähe dieses Gefühl besonders intensiv war. Es waren sowohl Sendemasten als auch Hochspannungsleitungen. Ich spürte die Desorientierung, die sie dort erfasste. Sie zeigten mir, dass ein ähnliches Gefühl, wenngleich schwächer, in der Nähe vieler Häuser in ihnen entsteht. Mein Eindruck war, dass es sich um eine hohe Sensibilität gegen Strahlung handelte, wie sie zum Beispiel von Handys ausgeht, als auch um eine hohe Empfindlichkeit gegenüber elektrischem Strom.

Als Nächstes teilten sie mir mit, dass sie jetzt manchmal viel weitere Strecken zurücklegen müssten, als dies noch vor Jahrzehnten und Jahrhunderten der Fall war. Nahrung ist für sie nicht mehr in dem Überfluss vorhanden wie früher. Zudem werden sie wohl auch durch Insektizide und Pestizide beeinflusst, die dafür sorgen, dass den Bienen übel wird, sie mehr oder weniger stark vergiftet werden. Sie zeigten mir, wie sich das anfühlt, und auch, dass in diesem Zustand das Fliegen und die Nahrungssuche für sie extrem mühsam sind. Sie fühlten sich wie benebelt, als wären sie nicht wirklich klar im Kopf. In besonders schweren Fällen begannen die Bienen im Flug zu torkeln oder gar zu krampfen. Sie ließen mich all das nicht nur sehen, sondern auch spüren. Und so fühlte ich, wie besorgt sie um ihre Art, um ihre Völker sind.

Ich durfte spüren, wie mühsam die Nahrungssuche für sie in den letzten Jahrzehnten geworden war. Oft legten sie lange Strecken zurück, um mit sehr wenig wieder in ihren Stock zurückzukehren. Allerdings gab es manchmal auch gute Tage, an denen sie reichlich Nektar sammeln konnten. Sie zeigten mir, dass es einige Völker gab, die es leichter hatten, und andere, die es schwerer hatten, sich zu ernähren.

Ich fragte sie, was sie benötigen würden, um glücklich und unbeschwert sein zu können. Sie zeigten mir wilde Bienenstöcke an Wiesen voller Blumen. Ich durfte mit einer Biene fliegen, in ihren

Körper schlüpfen und erleben, wie es ist, als Biene über eine solche Wiese zu fliegen. Einfach unbeschreiblich! Die Pflanzen, wie sie leuchteten! Manche hatten eine unfassbare Anziehungskraft, zu diesen flog ich als Biene zuerst hin. Ich spürte die Landung auf der Blüte, das sanfte Wiegen der Pflanze im Wind. Und ich hörte das Summen und Brummen vieler Artgenossen. Ein Gefühl von Freude und Glückseligkeit erfüllten mich. Weite, ein unendlich groß erscheinendes Blütenmeer. Unberührte Natur! Das ist es, wonach sich die Bienen sehnen.

Mein Kontakt zum Bienenvolk hat mich sehr berührt. Aufgefallen war mir, dass sich die Bienenkönigin selbst nicht zu Wort gemeldet hatte. Ich hatte jedoch die ganze Zeit das Gefühl gehabt, als wäre sie anwesend und würde alles überwachen und steuern. Ich spürte, dass ich mich ihr nicht zu weit nähern durfte, sie wurde von ihrem Volk gut beschützt. Dennoch ließ sie mich ihre Anwesenheit spüren, eine sanfte und zugleich mächtige Präsenz. Ich konnte deutlich spüren, dass die Bienen nicht nur untereinander, sondern auch mit ihr die ganze Zeit in Verbindung standen. Wenn ich mit einer Biene sprach, spürte ich in manchen Momenten, dass das ganze Volk zuhörte oder die Antwort manchmal von der einzelnen Biene, manchmal vom Schwarm stammte. Bienen gehören zu den Tieren, die als Kollektiv denken und fühlen. Sie sind eine Schwarmintelligenz. In der Tierkommunikation können sie als Einzelindividuum antworten, aber auch als Kollektiv. Den Unterschied spürt man bei einem solchen Kontakt. Es ist unheimlich spannend, so etwas zu erleben. Ebenso spannend war die Entstehung des folgenden Channelings der Bienen-Gruppenseele, denn es begann nicht, weil ich mich mit dieser Gruppenseele verbunden hatte, sondern die Gruppenseele stellte die Verbindung zu mir her, als ich auf einer Wanderung entlang von Bienenstöcken war!

Plötzlich war ich verbunden, bekam nichts mehr mit außer der Botschaft des Höheren Selbst der Bienen. Ich konnte diese Botschaft lange genug festhalten, um sie wenig später niederschreiben und damit all das weitergeben zu können, was sie uns mit auf den Weg geben wollten. Eine Biene flog um mich herum, bis alles aufgeschrieben war. Ich saß da, berührt, mit Tränen in den Augen, als sie sich dann verabschiedete und davonflog. Tief berührt sah ich ihr hinterher, so lange sie zu sehen war.

Channeling der Gruppenseele der Bienen

Wir leben im Jetzt, für uns, für die Erhaltung unserer Art. Und wir leben im Matriarchat. Was euch daran grausam anmuten mag, ist nur ein Spiegel, den ihr nicht versteht. Ja, unsere männlichen Nachkommen werden nicht lange gebraucht, nur für die Erhaltung unserer Spezies. Doch versteht ihr die Botschaft darin nicht.

Die weibliche Seite stärken, darum geht es uns. Sie nähren, versorgen, beschützen. Die weibliche Seite, das sind eure Gefühle, die Nachgiebigkeit, die Sanftheit. Es ist die Versorgung, die Hingabe, die Geborgenheit. Nicht nur ein Heim erschaffen, sondern ein Zuhause. Die männliche Seite habt ihr über Jahrtausende gepflegt. Ihr habt den Verstand geschärft und das Ego wachsen lassen, die Gefühle unterdrückt und als Schwäche angesehen. Vergessen habt ihr, was wirklich wichtig ist. Leben, Fühlen, Gemeinschaft …

Versteht ihr, warum wir so fleißig sind? Es ist unsere Art, ein Leben zu führen. Unser Leben, unser Sinn. Durch uns entsteht Leben. Wir sind Leben. Wir leben mit der Natur, wir zeigen euch den friedlichen Weg. Wir kämpfen nur, wenn uns kein anderer Ausweg bleibt, denn Kämpfen bedeutet den Tod. Fast immer.

Doch ihr versteht das nicht. Ihr kämpft miteinander, gegeneinander. Ihr kämpft gegen die Tiere, die Natur. Sogar in euch selbst kämpft ihr, mit euch … Jeder Kampf bedeutet Tod, auf die eine oder andere Weise. Wer kämpft, hat schon verloren. Manchmal sich selbst … Darum kämpfen *wir* nur, wenn unser Leben bedroht ist.

Wenn wir nehmen, dann geben wir zugleich. Wir sorgen für ein Gleichgewicht. Wir sind keine Nutznießer, wir sorgen für das Leben vieler. Nehmen und Geben im Einklang. So sind die Gesetze des Lebens, der Natur. Haltet euch wieder mehr daran, denn sonst gibt es irgendwann kein Nehmen mehr für euch. Die Natur wehrt sich. Ihr erlebt es immer wieder. Ihr seht die Zeichen, riesig groß, doch erkennt ihr sie oft nicht. Fangt an, mehr zu geben als zu nehmen.

Wenn wir verschwinden, verschwindet so viel mehr. Wir wissen, dass euch das Angst macht. Ihr habt verstanden, dass etwas nicht stimmt. Ihr habt es verstanden, weil schon viele von uns gegangen sind. Um euch zu zeigen, dass jetzt die Zeit für Veränderung ist. Wir rufen um Hilfe für das Leben, auch für euch. Hört unseren Ruf, den Ruf der Natur, den Ruf des Lebens! Wacht auf, besinnt euch wieder auf das Miteinander, auf das Arbeiten für die Natur, für das Leben!

Wir wissen, dass wir im Schwarm stark sind. Wir sorgen füreinander, leben und lieben die Gemeinschaft. Allein könnten wir nicht schaffen, was wir gemeinsam leisten. Eine einzelne Biene kann überleben, doch erreicht sie nicht viel. Der Schwarm ist es, der Großes schafft. Unermüdlich, Tag für Tag, fliegen wir durch die Natur. Wir nehmen uns, was wir brauchen, doch geben wir so viel mehr zurück.

Ihr nennt uns fleißig, weil wir unermüdlich sind. Doch wir werden langsam müde. Das Leben ist immer anstrengender geworden für uns, immer verwirrender. Energie, in Bahnen gelenkt, zu viel, zu störend, zu vibrierend. Das Vibrieren lenkt uns ab, lähmt uns, verwirrt uns. Noch ein Mast, noch eine Leitung, noch mehr Strahlen. Von euch geschaffen, unser Tod.

Doch wenn wir sterben, stirbt das Leben …

Noch ist es Zeit, Zeit für Veränderung. Zeit, einen neuen Weg einzuschlagen und unermüdlich, mit der Natur, für die Natur zu leben. Die Natur, das seid auch ihr. Ihr seid ein Teil des Großen Ganzen, so wie wir. So wie alles, was lebt.

Erinnert euch an das Eins-Sein. An die Verbundenheit. An euren Anteil am Leben, an der Natur. An das Arbeiten mit der Natur, in der Natur. An die Gemeinschaft, den Fleiß, das unermüdliche Leben im Einklang mit allem, was lebt. Ihr habt viel gelernt in all den Zeiten. Und vieles *ver*lernt. Vergessen. Euren Platz vergessen, die Demut vergessen, das Sein vergessen. Erinnert euch an das Mensch-Sein. An das Sein.

So klein wir auch sein mögen, wir erschaffen viel. Wir zeigen euch, dass es nicht darauf ankommt, groß zu sein. Oder stark. Ihr könnt von uns lernen, wenn ihr uns zuhört. Manche von euch werden panisch, wenn sie eine von uns in ihrer Nähe sehen. Andere haben verstanden, sie helfen uns in Momenten der Schwäche.

Ja, auch wir sind manchmal schwach. Auch wir brauchen manchmal Hilfe und sind dankbar, wenn wir diese Hilfe bekommen. Angst ist uns fremd. Der Tod ist für uns ein Teil des Lebens, ein Teil, den wir nicht fürchten. Wir denken nicht darüber nach, denken nicht an Gestern oder Morgen. Wir denken nicht. Wir leben. Im Moment. Das Jetzt ist es, was zählt. Jetzt ist es sonnig, also fliegen wir, sorgen für uns und unsere Art. Und zugleich sorgen wir damit für viele Arten … Aber wir fragen nie, was wir davon haben. Wir sind nicht auf unseren Vorteil bedacht. Wir leben im Einklang mit der Natur, mit dem Leben. So fliegen wir, tagein, tagaus, tragen unseren Teil bei zum Leben, zur Vielfalt, zur Veränderung.

Warum macht sie euch so viel Angst, die Veränderung? Das ganze Leben ist Veränderung. Es ist ein Gesetz der Natur, ein Gesetz des Lebens. Und doch ängstigt sie euch so oft.

Veränderung ist Fortbestand, manchmal auch Überleben. Ihr verändert viel, doch tut ihr das auf die richtige Weise? Unser Wohnraum ist knapp geworden. Eingepfercht, beengt, leben einige von uns. Die Freiheit – sie ist vergangen. Doch wir beklagen uns nicht. Ihr würdet es wohl auch kaum hören … So leben wir mit dieser Veränderung, doch arbeiten weiter, für das Leben. Unermüdlich, für die Natur. Ausgedehnte Flächen, das war einmal. Wir passen uns an. Nicht alle, aber viele. Überleben im Leben.

Es wird der Tag kommen, an dem ihr versteht. Ihr, als Gemeinschaft. Es wird der Tag kommen, an dem wir wieder mehr Raum einnehmen können, an dem wir wieder mehr Nahrung erhalten, mehr Ruhe finden, mehr Natur leben dürfen. Es wird der Tag kommen, an dem auch ihr wieder mehr ein Teil des Lebens seid.

Wir danken euch. Wir danken all jenen, die helfen. All jenen, die Raum bieten. All jenen, die zuhören. All jenen, die leben – mit der Natur, für die Natur. All jenen, die sich erinnern, die aufwachen und die andere aufwecken, die etwas tun. All jenen, die sich wieder zuwenden dem Eins-Sein, der Verbundenheit, dem Miteinander. Und all jenen, die sich einsetzen für uns, für die Natur, für das Leben. Manche haben begriffen – und es werden mehr. Fleiß ist unsere Stärke, aber auch die Geduld. Geduldig warten wir, bis mehr von euch wirklich sehen, wirklich hören, wirklich leben.

Leben: Betrachtet es nicht als Pflicht, als Bürde, als Last. Es ist ein Geschenk, das ihr zu nutzen wissen solltet. Mit Geschenken geht man achtsam um. Nicht sorglos, nicht verblendet und verschwenderisch. Achtsamkeit: Sie darf wachsen. Sie ist, wie wir, ein Teil des Lebens. Nährt sie, hegt sie und pflegt sie. Dann nährt, hegt und pflegt ihr das Leben, die Natur.

Untrennbar sind Leben und Natur miteinander verbunden. Es gibt keine Trennung zwischen ihnen, keine Grenzen. Für uns nicht, aber für euch auch nicht. Reißt eure Grenzen ein, lasst euch nicht länger begrenzen! Glaubt ihr, ein Zaun kümmert uns? Wir finden immer unseren Weg, denn wir sind das Leben.

Und so ist das auch bei euch. Ihr lebt, ihr seid das Leben, blühendes Leben, ihr seid Natur, die Natur selbst. Leben und Natur sind untrennbar verbunden. Wendet ihr euch gegen die Natur, wendet ihr euch gegen das Leben. Erkennt die Verbindung. Seht euch als das, was ihr seid: einen Teil des Großen Ganzen!

• • • • •

Vielleicht hilft dieses Channeling, über den Tellerrand hinauszuschauen. Die Tiefe der darin enthaltenen Botschaften kann man spüren, wenn man sich darauf einlässt. Ich selbst habe so tiefe Empfindungen erlebt, als ich dies alles aufschreiben durfte, begleitet und überwacht von der Biene. Ich habe mich so sehr daran erfreut, dass sie beim Schreiben bei mir war, und fühlte mich geführt, gesehen und unendlich tief berührt. Die Tränen, die bei mir flossen, waren Tränen der Erkenntnis. Ich fragte mich wirklich, was wir Menschen in all den Jahrhunderten eigentlich getan hatten und wie es so weit kommen konnte, dass wir unser einziges Zuhause, die Erde, so sehr zerstören, dass wir uns nach und nach die Grundlage für unser Leben nehmen. Auch wenn mir vieles davon durchaus irgendwie bewusst ist, war doch erst dieses Channeling nötig, um mir das alles deutlich vor Augen zu führen und mir zu zeigen, dass es an der Zeit ist für echte Veränderung. Wir dürfen ins Tun kommen, schleunigst …

– 6 –

Delfine und ihre Botschaften

Jung und Alt sind sicher gleichermaßen fasziniert von Delfinen und Walen. Auch ich hege seit meiner frühesten Kindheit eine besondere Vorliebe für sie. Mit rund vierzig verschiedenen Arten bilden Delfine die größte Unterfamilie der Wale, die sogenannten Zahnwale. Im Regelfall leben sie in Gruppen zusammen, die sie gelegentlich verlassen, um sich einer anderen Gruppe anzuschließen. Doch der Zusammenhalt in den einzelnen Gruppen ist sehr groß. Besonders liebevoll kümmern sich die Delfine dort um ihre Jungtiere, aber auch um verletzte oder kranke Artgenossen. Es gibt Hinweise darauf, dass jeder Delfin sogar einen eigenen Namen trägt: Große Tümmler zum Beispiel identifizieren sich mit einem individuellen Pfeiflaut, mit dem sie von anderen in der Gruppe gerufen werden und auf den sie auch antworten. Meeresbiologen gehen davon aus, dass dieser spezielle und ganz individuelle Pfeiflaut quasi der Name des jeweiligen Delfins ist. Das gilt als einzigartig im Tierreich.

Doch selbst ohne diese Eigenart gehören Delfine wohl mit zu den mystischsten und faszinierendsten Tieren auf der Erde. Möglicherweise liegt das daran, dass wir Menschen erahnen, wie hochintelligent sie sind, oder dass wir unbewusst spüren, wie viel wir von ihnen lernen können.

Engel der Meere werden sie genannt – zum einen wohl deshalb, weil sie Menschen in Gefahr oft beistehen, zum anderen aber auch, weil ihnen nachgesagt wird, dass sie eine engelsgleiche Schwingung haben. Sie legen häufig eine unbändige Freude an den Tag. Wenn sie in die Luft springen und wieder ins kühle Nass abtauchen, ist dies ein unbeschreiblicher Anblick. Daher ist es wohl kaum verwunderlich, dass die Mehrheit der Menschen davon träumt, einmal mit Delfinen zu schwimmen oder sie zumindest aus nächster Nähe zu erleben. Ich möchte hier konkret auf meine Kontakte mit einem ganz besonderen Delfin eingehen und danach die Gruppenseele der Delfine channeln.

Funghi – Der bekannte Einzelgänger aus Irland

Vor mehr als zehn Jahren reiste ich zum ersten Mal nach Irland. Eines meiner Ziele war die Bucht des malerischen Ortes Dingle auf der gleichnamigen Halbinsel an der Atlantikküste im Südwesten Irlands, denn dort lebte, ohne weitere Artgenossen, bereits seit 1983 ein berühmter Delfin namens Funghi. Regelmäßig suchte er Kontakt zu den Menschen, und sicher ist es nicht zuletzt ihm und seiner Anwesenheit in der Bucht zu verdanken, dass sich Dingle zu einer Touristenhochburg entwickelte. Der Ort stand auch auf unserer Reiseroute, und selbstverständlich hoffte ich darauf, den vier Meter langen Tümmler in freier Wildbahn zu Gesicht zu bekommen.

In Dingle angekommen fielen mir gleich die unzähligen Angebote zu Bootstouren auf, um Funghi, den Delfin, zu sehen. Ich hoffte sehr, ihn zu Gesicht zu bekommen, aber so eine Tour fühlte sich nicht richtig an. Für mich hatte das eher etwas von einer

Treibjagd als von einem gemütlichen Ausflug zum Kennenlernen. Aber möglicherweise ist dies allein mein Thema gewesen, denn die Touren waren stets gut ausgebucht.

Ich entschied mich, zum *Lighthouse* zu spazieren und von den Klippen aufs Meer zu schauen – in der Hoffnung, vielleicht doch einen Blick auf Funghi zu erhaschen.

Oben setzte ich mich an einen ruhigen Platz, von dem aus ich die Bucht überschaute, und in mir bildete sich der intensive Gedanke: »Funghi, ich würde dich so gerne einmal sehen …« Kurz darauf sprang der Delfin in der Bucht aus dem Wasser, tauchte wieder ein und blieb dann unter der Oberfläche. Ich schnappte mir meinen Fotoapparat und bat ihn in Gedanken, sich noch einmal zu zeigen. Doch ich wartete vergebens. Leicht enttäuscht packte ich den Apparat wieder ein und war dennoch zufrieden, weil ich ihn hatte sehen dürfen und mir dies so ein wunderbares Gefühl gegeben hatte.

Später, am Abend desselben Tages, ging ich in eine Meditation und verband mich mit ihm. Ich schickte ihm einfach nur ein Dankeschön, weil er sich mir gezeigt hatte. Dabei erwartete ich eigentlich keine Antwort, doch ich bekam eine auf sehr unerwartete und berührende Weise. Ich spürte seine Präsenz, bevor ich ihn hörte oder sah. Neugierde auf mich umspielte meinen Geist, und ich hatte das Gefühl, ich würde vorsichtig abgetastet werden. Etwas Vergleichbares hatte ich nie zuvor erlebt – es war ein sonderbares und zugleich sehr angenehmes Gefühl, dieses energetische Abgetastetwerden …

Nach dem Gefühl der Neugierde nahm ich Verwunderung wahr und vernahm die Worte: »Du bist anders …?!« Ich fragte nach, wie er das meinte, und er teilte mir mit, dass die meisten ihn um der Belustigung willen sehen wollten. Für viele war er nur eine Attraktion, sie wollten seine Gestalt sehen, nicht aber sein Wesen erkennen. Als er merkte, dass ich mich für sein Wesen und das, was er mir mitteilen konnte und wollte, interessierte, schien er auf positive Weise irritiert und zugleich erfreut zu sein. Das war für ihn neu.

Ich fragte ihn, warum er sich mir nur einmal gezeigt hatte. Seine Antwort kam mit einem amüsierten und weisen Unterton: »Du hast gesagt, du möchtest mich einmal sehen, und ich habe mich dir einmal gezeigt. Wünsche sollten klar und deutlich formuliert werden, denn meistens bekommt man genau das, was man ersehnt. Ihr Menschen achtet oft zu wenig darauf, was ihr denkt, und seid meistens nicht sehr achtsam. Ich habe diesen Ort hier gewählt, um euch Menschen näher zu sein. Sie brauchten Hilfe. Durch mich sind sie fröhlicher geworden und leben jetzt etwas leichter. Weil ich hier lebe, kommen viele her. Ich zeige ihnen gerne meine Unbeschwertheit, meine Freude und möchte ihnen das Spielerische näherbringen. Doch die meisten hören nicht zu. Sie erfreuen sich an mir für den Moment. Doch auch wenn es nur ein Moment ist, verändert er vielleicht vieles. Leben im Moment, das ist so wichtig. Auch deshalb habe ich mich nicht noch einmal gezeigt. Du wolltest den Moment festhalten, statt ihn zu genießen. Aber als ich mich nicht erneut zeigte, hast du verstanden.

Ich habe gespürt, dass du danach zurückgegangen bist in das Gefühl, das du bei meinem Anblick hattest. Du hast es genossen, warst in tiefem Empfinden und voller Dankbarkeit. Ich weiß, dass diese Erfahrung für dich wichtig war und du verstanden hast, wie wichtig das Erleben ist, das Hineinspüren, Genießen und Mitschwingen.«

All diese Worte wurden begleitet von so tiefen Empfindungen, dass ich bis in jeden Winkel meines Seins berührt war. Mir liefen die Tränen übers Gesicht, Tränen der Freude, Dankbarkeit und Rührung. Ich war seitdem noch einige Male in Irland, besuchte immer auch dieses wundervolle Städtchen und stieg jedes Mal auf die Klippe. Und jedes Mal, wenn ich in dem wunderschönen Örtchen Dingle war, schickte ich voller Liebe und Dankbarkeit ein »Hallo« zu Funghi und bekam oft einen kurzen Gruß oder ein verspieltes Kichern als Antwort.

Auf einer Bootsfahrt zu den Blasket Islands durfte ich ihn bei seiner Heimkehr in die Bucht noch einmal aus der Nähe sehen und bedankte mich bei ihm, dass er sich uns gezeigt hatte. Die Antwort war ein amüsiertes »Gerne«, bevor er wieder in den Tiefen des Wassers verschwand. Ja, Funghi hatte auf seine Weise Spaß daran, sich den Menschen zu zeigen. Es gelang ihm so, Freude zu bringen und die Menschen daran zu erinnern, was wichtig im Leben ist. Ich glaube, in gewisser Hinsicht gelang ihm das sehr gut. Die Boote, die ich nach einer Funghi-Tour im Hafen einlaufen sah, waren voller Menschen, auf deren Gesicht ein Leuchten lag. Sie strahlten von innen heraus, und vermutlich war das eines der großen Geschenke, die Funghi diesen Menschen machte: Er schaffte es, ihr inneres Leuchten nach außen zu holen, es sichtbar zu machen.

Mittlerweise lebt Funghi nicht mehr, nach siebenunddreißig Jahren in der Bucht von Dingle wurde er dort seit Oktober 2020 nicht mehr gesehen, und er war etwa fünfundvierzig Jahre alt – Delfine werden fast nie über fünfzig. Doch die Gespräche mit ihm sind für mich unvergessen. Ich bin mir sicher, dass unzählige Menschen an schöne Momente mit ihm zurückdenken. Vielleicht beginnen sie dann erneut so zu strahlen wie bei den Touren, auf denen sie diesem wundervollen Delfin begegnet sind.

Channeling der Gruppenseele der Delfine

Lichtfunken, Kinder der Sterne – das sind wir und das seid auch ihr. Vergessen habt ihr, woher ihr wirklich kommt. Doch oft geht euer Blick in den Nächten sehnsuchtsvoll zum Himmel, zu den Sternen.

Es ist eine Erinnerung in euch, die erwachen will. Lichtermeere am Himmel, Lichtermeere auf der Erde. So, wie unzählige Sterne am Firmament leuchten, so leuchtet auch ihr auf der Erde. Wir sehen euch, wir sehen euer Licht, euer Strahlen, euer Wesen …

Ihr fühlt die Verbindung zu uns, tragt den innigen Wunsch nach Begegnung mit uns in euch. Da ist der Wunsch nach Wissen, nach Weisheit, nach hoher Schwingung! Sirianer, Plejader und viele andere Völker stehen in direkter Verbindung mit uns und auch mit einigen von euch. Wir Delfine sind als Abgesandte hier auf der Erde, um euch zu erinnern und euer Erwachen zu begleiten. Wir fluten die Meere mit unserer Energie, mit unserer Schwingung, mit unserer Liebe. Und all das wird weitergetragen, von Wassertropfen zu Wassertropfen. Und da überall Wasser ist, ist überall Liebe. Ihr selbst besteht zu einem großen Teil aus Wasser … Ihr trinkt Wasser, wascht euch mit Wasser – Wasser ist Leben.

Die Bereitschaft, in Liebe zu leben, ist gewachsen. Der nächste Schritt in eurer Entwicklung hat begonnen, und es ist an der Zeit, dass ihr erkennt, was viele von euch schon lange ahnen: Unzählige Sternenvölker gibt es, und einige begleiten euch seit vielen Jahrhunderten. Auch wir sind ein Sternenvolk, gesandt, um zu helfen. Gesandt und doch freiwillig hier. Wir sind euch sehr zugetan, obwohl wir nicht nur Gutes gesehen haben. Aber das Gute, das wir gesehen haben, überwiegt das Schlechte.

Die Liebe erwacht in euch. Eine Liebe, die keine Forderungen stellt. Noch ist sie nicht allgegenwärtig, noch herrschen Machthunger, Neid und Gier. Doch es wandelt sich, und immer mehr von euch fordern, dass Liebe regieren soll, nicht Gier.

Mit spielerischer Leichtigkeit gleiten wir durchs Wasser. Wasser ist unser Element – es steht für das Leben und die Liebe, für das Fühlen, für eure Emotionen. Tut es uns doch gleich und gleitet ebenfalls spielerisch, mit Freude und Tanz, durch das Leben, durch die Liebe und alle anderen Emotionen! In euren Herzen, in euren Gefühlen liegt alle Macht! Ihr könnt sie beherrschen, eure Gefühle, wenn ihr nur die Angst beiseiteschiebt und endlich dem Flüstern eurer Seelen lauscht.

Eure Seele, sie weiß um das große Ganze. Sie trägt alle wichtigen Erinnerungen, all das Wissen, nach dem ihr euch so sehr sehnt, in sich. Ihr dürft wiederentdecken, welche Macht eure Seele hat! Über all dem Physischen, das in eurem Leben so viel Raum einnimmt, habt ihr jenes übersehen, das außerhalb eures begrenzten Körpers liegt, all das, was ihr als feinstofflich bezeichnet … Die Sehnsucht nach dem Wissen ist in euch gewachsen. Vieles taucht nun wieder auf, aus den Tiefen eurer Seele, durch die Verbindung mit feinstofflichen Wesen. Ihr dürft lernen, dass ihr alle diese Verbindungen habt. So wie all die Sterne am Himmel ein Lichternetz ergeben, so ergeben all diese miteinander verbundenen Seelen ein Lichternetz. Jeder von euch ist ein kleiner Punkt in diesem Netz. Es geht nicht darum, heller als andere zu strahlen und sie zu überstrahlen. Es geht darum, andere dazu zu bringen, selbst zu leuchten, andere zu inspirieren, ihnen Hoffnung und Wissen zu schenken, sie an ihre Macht, an ihre Fähigkeiten zu erinnern. Wenn ein jeder von euch, der schon so hell strahlt, sein Licht an andere weitergibt, werdet ihr bald alle hell erstrahlen wie die Sterne am Firmament.

Bündelt euer Wissen, bündelt eure Fähigkeiten und bündelt euer Licht! Nur wenn ihr gemeinsam hell leuchtet, leuchtet ihr hell im göttlichen Quellfluss. Das Streben jedes Einzelnen nach Erleuchtung ist lobenswert. Doch so lobenswert es ist, so vergebens ist es auch, wenn nur Einzelne von euch diesen Weg gehen. Ihr seid die Menschheit, eine Einheit – und als solche solltet ihr den Weg beschreiten. Eine Gemeinschaft nimmt auch die mit, die schwächer sind, die nicht hören oder sehen können, die sonst zurückbleiben würden auf dem Weg. Handelt als Einheit, als Gemeinschaft!

Verzeiht die Einfachheit unserer Worte, doch wir müssen eure Worte verwenden, um unsere Botschaft zu überbringen. Und eure Worte sind leider begrenzt. Wir kommunizieren auf anderen Ebenen – Ebenen, auf denen wir mehr ausdrücken können, als Worte es jemals vermögen. Aber es sind noch nicht genug von euch, die uns oder eure anderen Helfer auf diesen Ebenen verstehen können. Wenn ihr zuhört statt zu reden, wenn ihr wieder mehr fühlt und mitfühlt, dann beginnt ihr uns zu verstehen.

Damit kann alles einen neuen Anfang nehmen …

Ach, es hat bereits seinen Anfang genommen, denn immer mehr von euch hören zu. Sie fühlen, spüren, sehen und verstehen. Noch nicht alle, doch der Anfang ist gemacht. Wir sind gerne hier, um zu erinnern, zu begleiten, zu helfen, um euch durch die Wellen, die das Leben schlägt, zu tragen. Auch mit Unterstützung der Tiere. Manche von ihnen haben sich entschlossen, für einen von euch ganz speziell da zu sein, als Seelenbegleiter, als Helfer auf eurem Weg. Darunter wir Delfine. Wir haben uns entschlossen, Begleiter für die Menschheit zu sein. Wir bringen kosmische Schwingung auf die Erde, kosmische Energien und das, was ihr Liebe nennt. Schon lange sind wir hier, auf der Erde. Doch haben wir unsere sirianische Heimat nie vergessen. Wir sind Übermittler, Friedensstifter, Wegbegleiter. Auf unsere ganz eigene Art möchten wir beitragen zu dem, was ihr den Wandel nennt. Wir nennen es die Rückbesinnung, das Große Erinnern.

Unter euch sind Botschafter, kosmische Helfer im menschlichen Kleid. Auch sie sind gekommen, um euch bei den Veränderungen, die schon lange im Gange sind, zu helfen. Auch diese Botschafter sind bei euch, um euch und eure Welt zu transformieren und euch zu helfen, euer Licht hell strahlen zu lassen. Sie kleiden sich nicht nur in menschliche Körper, sie sind in diesem Leben Mensch. Doch sie tragen Erinnerungen und ein Wissen in sich, das sie weitergeben. Sie tun dies, um Licht zu bringen, euch allen neue Welten zu eröffnen. Aus dem gleichen Grund sind auch wir bei euch. Wir möchten euch erinnern an die Weite und das Licht in euch, an euren Platz im Lichternetz, an das Wissen, auf das ihr jederzeit zugreifen könnt, wenn ihr nur wollt.

Dieses Wissen, es ist greifbar. Jeder kann jederzeit darauf zugreifen. Es reicht das Eintauchen in den Fluss der Informationen. Wir wissen, dass ihr noch lange nicht alles greifen und begreifen könnt, dass euer Verstand euch noch zu sehr im Weg steht. Zu sehr lauscht ihr noch übelmeinenden Stimmen statt der eures Herzens, eurer Seele. Doch es hat sich etwas verändert. Die Stimme eurer Seele ist lauter geworden und hat sich immer mehr Gehör verschafft. Und sie wird noch mehr Wahrnehmung fordern, weiter nach Veränderung streben und positive Veränderung verlangen! Eure Seele verstärkt die Unzufriedenheit mit dem, was ist, um euch in die Veränderung zu zwingen. Es ist zu eurem Besten und zum höchsten Wohle aller. Dahin sollte euer Streben gehen: alles zum höchsten Wohle aller zu tun. Lasst euer Licht hell erstrahlen, zündet andere Lichter an, auf dass die Erde noch heller erstrahlt.

Je heller ihr strahlt, je höher ihr schwingt, desto mehr kann sich die Liebe in allem manifestieren. Die reinste aller Energien, die mächtigste, ist und bleibt die Liebe. Um ihretwillen wurden Kriege begonnen und Kriege beendet, Leben genommen und Neues erschaffen. Liebe ist es, die trennt und verbindet. In ihr liegt Macht und Wissen. Liebe ist der einzige Zugang zur Quelle.

Schiebt das Ego beiseite, wandelt auf euren Wegen mit der Liebe im Herzen. Es zeigen sich euch neue Wege, wenn ihr offen und in der Liebe seid. Seht die Welt wieder mehr durch die Augen eines Kindes: mit unverhohlener Neugierde, Verspieltheit und Leichtigkeit, im Moment lebend, offen und frei. Noch unbeschwert, so wie wir. Wir machen euch vor, wie das geht, und erinnern euch an dieses Grundgefühl. Eure Kinder sind noch sehr in diesem Gefühl, verstärkt dies, statt es wegzuwischen.

Die Kinder, sie lieben uns so sehr, weil wir sind wie sie, weil sie in uns all diese Qualitäten sehen, die auch sie in sich tragen. Weil sie ahnen, wie wichtig all das für euch alle ist …

Eure Sehnsucht nach uns ist die Sehnsucht nach eurem wahren Zuhause, nach dem feinstofflichen Zuhause, aus dem wir alle gleichermaßen stammen. In dieser Sehnsucht drückt sich euer Wunsch nach Gemeinschaft aus, nach gelebten Verbindungen und gelebten Emotionen. Wir tragen die Erinnerung daran, dass wir alle Sternenkinder sind, in euer Leben – die Erinnerung an die Schöpferkraft, die Macht des Geistes und der Fantasie. Darum erlebt ihr diese Sehnsucht nach echter und tiefer inniger Verbundenheit, nach Unbeschwertheit sowie purer Lebendigkeit und Lebensfreude. Es ist eine Sehnsucht nach allem, was in euch verborgen ist und wiederentdeckt werden will!

• • • • •

Die Delfin-Gruppenseele brachte im Channeling eine ganz besondere Eigenart mit. Ich schrieb all die Worte auf, die ich empfing. Was ich nicht aufschreiben konnte, war das andere, das mit dieser Botschaft einherging. Ich empfing Wissen, das sich in Worten nicht ausdrücken lässt. Die Gruppenseele der Delfine vermittelte mir tiefe Empfindungen, und ich nahm viele verschiedene Töne wahr. Man könnte es als eine Art Musik bezeichnen, aber das trifft es nicht ganz. Ich habe den Eindruck, dass all das zusammen – die Worte, die Empfindungen und die »Musik« – erst die gesamte Botschaft bilden. Und leider kann ich nur den »gesprochenen« Teil des Ganzen wiedergeben. Ich hatte das Gefühl zu schweben, eingehüllt in Geborgenheit. Ich sah unzählige Lichtpunkte auf der Erde, die sich einreihten in die Lichternetze des Himmels. Die Verbundenheit war sichtbar und spürbar und mir wurde einmal mehr bewusst, wie sehr wir mit allem verbunden sind, weit über unseren Planeten hinaus. Sie zeigten mir ihre ursprüngliche Heimat und ließen mich ihre Verbundenheit mit dieser spüren. Ich erkannte, wie lange die Delfine schon auf der Erde wirken. Für uns und das ganze Universum.

– 7 –

Kühe und ihre Botschaften

Jeder kennt sie und doch wissen die meisten auffallend wenig über sie: die Kühe. Rund 11,2 Millionen leben allein in Deutschland, etwa vier Millionen davon sind Milchkühe. Wenn sie die Chance haben, ihr Leben bis zur Neige zu leben, können sie zwanzig Jahre alt werden. Doch das ist leider nur den wenigsten vergönnt …

Kühe sind sehr intelligent und sozial. Sie lieben intellektuelle Herausforderungen und lernen schnell. Und sie freuen sich und genießen das sehr, wenn sie eine Aufgabe gemeistert haben. Sie leben im Herdenverband und pflegen intensive Sozialkontakte. In einer solchen Herde gibt es Führungskräfte, die durch ihre Sozialkompetenz, ihr Selbstbewusstsein und ihre Intelligenz in diese Position gelangt sind. Fairness wird dabei großgeschrieben. Kühe können rund einhundert Mitglieder einer Herde erkennen und voneinander unterscheiden, und sie pflegen Freundschaften. Bei der Weidehaltung wird regelmäßig beobachtet, dass befreundete Kühe immer dicht beieinander grasen, sich gegenseitig belecken und jeweils die Nähe des anderen suchen.

Es ist bekannt, dass Kühe sehr liebevolle Mütter sind, die eine innige Beziehung zu ihren Kälbern pflegen. Es ist auch bekannt, dass sie teilweise tagelang nach ihren Kälbern schreien und sichtlich leiden, wenn sie ihnen weggenommen werden. Außerdem ist bereits aufgefallen, dass Kühe um verstorbene Artgenossen weinen. Kurz gesagt: Sie empfinden ebenso intensive Gefühle wie wir Menschen. Und ich persönlich finde ganz einfach, dass Kühe ein schöner Anblick sind. Mir geht jedes Mal das Herz auf, wenn ich sie auf saftigen Weiden stehen sehe, und dabei breitet sich immer ein Gefühl von Frieden in mir aus. Umso schöner, wenn ich dann erleben darf, dass die Kälbchen bei ihren Müttern sein können – das fühlt sich großartig an!

Im Laufe der Jahre und Jahrzehnte habe ich viele Gespräche mit Kühen geführt, von denen ich eines hier wiedergeben möchte. Es steht stellvertretend für zahllose andere Gespräche zu diesem Thema, und inhaltlich stimmten sie meistens überein.

■ Eine Kuh über das Leben als Nutztier

Es geschah bei einem meiner vielen Urlaube in den Bergen Österreichs, dass ich mit der Kuh des Bauern neben unserer Unterkunft ins Gespräch kam. Sie stand mit anderen Kühen frei auf einer Weide – ein großes Glück! – und machte insgesamt einen recht zufriedenen Eindruck. Vielleicht fiel es mir deshalb so leicht, mit ihr in Kontakt zu treten. Ich war neugierig. Es war mir wichtig, etwas über ihre Sichtweise auf das Leben als Nutztier zu erfahren. Ich lebte damals schon einige Jahre vegan, und es interessierte mich, wie Kühe über dieses Thema denken.

Nachdem ich mich ihr vorgestellt hatte und mich eine Weile mit ihr über eher alltägliche Dinge ausgetauscht hatte, fragte ich behutsam, wie es ihr damit ginge, dass sie täglich gemolken wird und die Menschen die Milch für sich verwenden. Das Gespräch, das sich daraus ergab, war für mich sehr lehrreich. Sie teilte mir mit, dass es sie eigentlich nicht so sehr störe, gemolken zu werden. Sie nahm das Melken sogar als Erleichterung wahr, da die manchmal prall gefüllten Euter sie mitunter sehr schmerzten. Die Melkmaschine empfand sie jedoch als sehr unangenehm. Sie schickte mir für einen Moment das Gefühl, und ich konnte es deutlich spüren, dass ihr die menschliche Nähe bei diesem Vorgang fehlte. Sie vermittelte mir aber auch, dass sie prinzipiell sehr gut behandelt wurde. Ihr war bewusst, dass es Kühe gibt, die nie auf der Wiese sind. Das machte sie sehr traurig, und schließlich brach es aus ihr heraus und sie ließ mich mit großer Offenheit an ihrem Leben und ihren Gefühlen teilhaben.

»Wir möchten doch den Wind auf unserer Haut spüren, Sonne und Regen auf unserem Rücken wahrnehmen können«, sagte sie. »Wir möchten die frische, kühle Luft am Morgen atmen, uns gemeinsam ins Gras legen und nebeneinander saftiges Grün essen können. Nehmt unsere Milch, aber lasst uns unsere Kinder! Lasst sie zuerst von unserer Milch trinken und nehmt euch dann, was übrigbleibt. Es wäre doch immer noch genug für euch! Wir leiden, wenn ihr uns die Kinder raubt. Wir vermissen sie sehr und suchen lange nach ihnen. Wenn der Tag kommt, dass wir neues Leben in uns heranwachsen spüren, freuen wir uns und trauern zugleich. Wir ahnen, dass uns auch dieses Kind genommen wird. Mein letztes Baby, das war ein Mädchen – und das hat mich ebenso glücklich wie traurig gemacht. Weil es ein Mädchen ist, darf es länger leben, als ein Junge es gedurft hätte, doch ihr droht dasselbe Schicksal wie uns allen. Immer wieder geschwängert werden, immer wieder erleben, wie ihr die Kinder genommen werden. Wofür? Damit ihr noch mehr Milch trinken könnt? Lasst uns doch unsere Kinder! Wir haben mehr Milch, als sie trinken können! Sind unsere Babys bei uns, sind wir glücklicher. Die Milch wäre besser, gesünder, gehaltvoller. Es stört uns nicht, wenn ihr euch das nehmt, was zu viel ist. Doch es ist für uns nicht in Ordnung, dass ihr uns nehmt, was zu uns gehört. Auch wir haben das Recht, glücklich zu sein. Auch wir möchten die Freiheit haben, manche Entscheidungen selbst treffen zu können.

Unsere Söhne – sie haben so ein kurzes Leben. Ich fände es nicht verwerflich, wenn ihr unser Fleisch nehmt, nachdem wir unser Leben gelebt haben. Der Körper ist auch für uns nur ein Gefäß für unsere Seele, aber ich weiß, dass die meisten von uns einzig aus dem Grund leben, dass ihr unsere Milch und unser Fleisch wollt. Der Tod kommt schnell nach einem langen Leben. Und unsere Söhne? Sie haben doch noch gar nicht gelebt! Seid achtsamer mit uns. Wir möchten einfach nur gut behandelt werden. Nehmt unsere Milch, unser Fleisch, unsere Haut. Aber lasst uns ein gutes Leben führen, mit Nähe, mit unseren Kindern und in Würde. Und lasst uns dann in Würde gehen. Warum müssen wir noch stundenlang transportiert werden, Stress und Angst erleben, bevor ihr unser Leben beendet? Warum dürfen wir nicht alle frei auf Wiesen leben und dort sterben, wo wir unser ganzes Leben verbrachten? Warum müsst ihr manche von uns einsperren, anketten oder misshandeln? Wir haben es nicht verdient, so behandelt zu werden.

Ich habe es gut hier. Ja, hier geht es uns allen wirklich gut. Wir sind meistens draußen, haben grünes Gras, frische Luft, und unser Mensch ist lieb zu uns. Er streichelt uns sogar oft. Seine Stimme ist sehr ruhig und tief. Das ist angenehm.

Ich glaube, er mag uns wirklich. Dass es uns viel besser geht als den meisten anderen Kühen, weiß ich schon. Schließlich reden wir untereinander. Wusstest du das?

Wir kriegen viel mit und tauschen uns miteinander aus. Darum wissen wir auch, was woanders passiert.«

Das Gespräch mit dieser Kuh fand nicht nur in Form von Worten statt. Ich spürte intensiv die jeweiligen Gefühle, die mit ihren Aussagen verbunden waren. Extreme Sehnsucht erfüllte mich, tiefer Herzschmerz und lange Trauer, als sie davon sprach, wie es ihnen geht, wenn ihre Kinder ihnen genommen werden. Ich empfand ein Gefühl von Schrecken und Dunkelheit, als sie von den Artgenossen sprach, die tagein, tagaus in Ställen stehen, teilweise angebunden und mit viel zu wenig Platz. Dabei schickte sie mir auch den Geruch dieser Ställe – beinahe unerträglich. Ich spürte die Freude über die Wiese am Morgen, die frische Luft, das grüne Gras, den Spaß, den sie hatte, wenn sie mit ihren Freunden auf der Wiese stand, fraß oder neben ihnen im Grün lag.

Ich bedankte mich bei der Kuh für ihre ehrlichen Worte, die mich noch lange beschäftigten. Sie bestätigten mich in meiner Auffassung, dass wir wieder weggehen sollten von der Massentierhaltung und achtsamer den sogenannten Nutztieren und der Natur gegenüber werden müssen. Ich war erstaunt über ihre Feststellung, dass es für viele von ihnen in Ordnung ist, ihr Leben als Lieferant für unser Essen oder unsere Kleidung zu verbringen. Das wunderte mich tatsächlich sehr, und so kam es, dass ich noch mit vielen weiteren Nutztieren über dieses Thema sprach. Nach unzähligen Kommunikationen gelangte ich zu der Erkenntnis, dass die Mehrheit von ihnen fand, wir könnten nach ihrem Tod mit ihrem Körper machen, was wir wollten.

Doch erst wollten sie ihr Leben genießen können, mit Wertschätzung und Achtsamkeit behandelt werden, statt angebunden oder in dunklen Ställen ihre Zeit zu verbringen.

Und ja, es gab auch Tiere, die ganz klar sagten, dass sie nicht damit einverstanden sind, dass wir ihr Leben beenden, um ihr Fleisch zu verzehren. Auffallend war für mich, dass diese Aussage meist von den Tieren kam, die kaum oder überhaupt nicht ins Freie kamen. Sie beschwerten sich darüber, dass sie die Sonne erst dann auf ihrer Haut spürten, wenn sie auf ihrem letzten Weg vom Stall in den Viehtransporter waren.

Ich spürte die Wut, die teilweise mit diesen Worten verbunden war, und noch viel mehr spürte ich das Unverständnis. All diese Gespräche machten mir eines klar: Wir müssen den Tieren wieder viel mehr Achtsamkeit entgegenbringen. Wir sollten uns bewusst machen, dass sie Gedanken und Gefühle, Wünsche und Ängste und auch Bedürfnisse haben, genau wie wir, und dass es unser aller Pflicht ist, den uns anvertrauten Tieren, egal ob »Haustier« oder »Nutztier«, ein möglichst artgerechtes und lebenswertes Leben zu bieten. Die Kühe, mit denen ich sprach – und das waren wirklich viele über die Jahre –, ließen mich immer wieder wissen, dass es für sie enorm wichtig war, liebevoll und wertschätzend, mit Respekt behandelt zu werden.

Channeling der Gruppenseele der Kühe

Große, sanfte Augen haben wir, das ist euch bekannt. Viele von euch lieben den Ausdruck unserer Augen. Aber dass dahinter ein großes und ebenso sanftes Wesen steckt, sehen noch lange nicht alle von euch. Wir sind manchmal scheu, schrecken auch mal zurück, aber das liegt, genau wie bei euch, an den Erfahrungen, die uns geprägt haben. Wir zeigen euch, dass Sanftheit auch in einem großen, mächtigen Körper Platz findet. Wir meiden Konflikte, meiden den Kampf. Wir wählen, wann immer möglich, den sanften Weg. Wir sind liebevolle Mütter, doch auch wachsam. Unsere Kinder schützen wir mit unserem Leben. Wenn sie denn bei uns sind …

Wir zeigen euch, wie wichtig Fürsorge und Mütterlichkeit sind, die Liebe für das neue Leben, für den Nachwuchs. Wir pflegen unsere Freundschaften, sofern ihr uns lasst. Wenn einige ruhen, wachen andere. Die Zärtlichkeit, die wir uns gegenseitig schenken, liegt in unserem Wesen. Ihr dürft auch eure Zärtlichkeit mehr zeigen, euch mehr Nähe und Sanftheit schenken. Mütterlichkeit ist uns ebenso wie euch gegeben. Und liebt ihr nicht auch sofort den Anblick eures Kindes, wenn ihr es zum ersten Mal seht? Die

Trennung, die ihr bei uns oft erzwingt, ist nicht zuletzt ein Ausdruck der Trennung in euch. Seid ihr denn noch richtig verbunden mit euren Kindern? Spürt ihr sie wahrhaftig? Manche tun es, doch längst nicht mehr alle. Ihr dürft wieder mehr in diese Verbindung kommen. Eure Kinder brauchen euch, sie brauchen eure Liebe und mehr Mütterlichkeit, mehr Empathie. Sanftheit ist der beste Begleiter durchs Leben. Seid ihr sanft zu euren Kindern, werden sie auch sanft zu anderen sein. Sanftheit wird weitergegeben. Sanftheit verbreitet sich. Sanftheit ist der Wegbereiter für Achtsamkeit. Die Natur braucht wieder mehr davon. Viele von euch haben das schon verstanden und sich auf einen neuen Weg begeben, auf den Weg zu mehr Miteinander und mehr Achtsamkeit.

Auch Geduld gehört zu unseren Stärken. Geduldig warten wir auf den Beginn des Tages, denn oft sind wir schon vorher wach. Geduldig warten wir auf den Frühling, weil es dann wärmer wird und alles neu erwacht. Wir passen uns dem Rhythmus der Natur an, dem Rhythmus des Lebens. Wir klagen nicht, obwohl auch wir Leid und Freude kennen. Den Rhythmus der Natur – den dürft ihr wieder stärker befolgen. Sanftheit ist der Weg dorthin. Fürsorge, Mütterlichkeit … Wie soll Leben denn lebenswert sein ohne diese Eigenschaften? Schafft wieder mehr Nähe, lebt in Familien und genießt die Gesellschaft von Freunden. Ein Kind, das mit liebevoller Mütterlichkeit aufwächst, mit Achtsamkeit und Sanftmut, wird ein Leben in Achtsamkeit und Sanftmut führen.

Kümmert euch wieder mehr umeinander. Seid füreinander da, geduldig, beständig. Lasst zu, dass eure Kinder eigene Erfahrungen machen. Seht heiter und glücklich zu, wie sie sich ausprobieren, und seid zur Stelle, wenn ihr und euer Schutz benötigt werden. Kinder brauchen das Spiel, den Raum zum Ausprobieren und Herumtollen. Sie brauchen Freiheit und auch Grenzen. Manchmal brauchen sie Ermahnungen, aber noch mehr Bestätigung und Liebe. Sie wollen lernen, doch auf ihre Art. Sie brauchen Bewegung, Anleitung und Nachsicht, vor allem aber Nähe … zärtliche

Zuneigung, Ermunterung und die Sicherheit, dass ihr da seid, wenn sie euch wirklich brauchen.

Wir zeigen unseren Kindern, welches Essen besonders gut für sie ist. Das dürft auch ihr wieder tun! Natürliches Essen ist gesund und wohlschmeckend. Je gesünder die Nahrung ist, desto gesünder sind Körper und Geist. Wir werden oft zusammengepfercht in Gruppen und können doch ohne die Möglichkeit, uns zu bewegen, zu interagieren, gar nicht richtig leben. Und ihr? Auch ihr lebt immer vereinzelter, trennt euch aus freiem Willen vom Rest eurer Familie ab. Dabei ist Familie so wichtig! Lernt, wieder in größeren Gruppen zu leben, friedlich miteinander und füreinander. Eine Gemeinschaft solltet ihr bilden, in der jeder glücklich seinen Weg gehen kann. Regeln sind wichtig, aber zu viele Regeln engen ein. Entfaltung ist es, was ihr braucht. Den Raum dafür habt ihr, doch die Unterstützung fehlt oft, weil ihr vereinsamt seid.

Ihr sagt, wir Kühe sind so überaus sozial. Trotzdem reißt ihr unser Gefüge immer wieder auseinander, setzt es anders zusammen und testet damit, wie sozial wir wirklich sind.

Beschränkt sich Geselligkeit auf eine Art, auf eine Gattung, auf eine kleine Gruppe? Auch ihr seid gesellig, auf eure Art. Doch habt ihr verlernt, es zu leben. Den Weg dorthin kann man einzig mit Sanftmut und Empathie beschreiten.

Wenn wir nur eine einzige Bitte äußern dürften, dann ist es die: Lasst uns unsere Kinder. Erlaubt ihnen und uns, in einem Gefühl von Freiheit aufzuwachsen. Erlaubt ihnen und uns, zu leben mit der Sonne auf unserem Fell, dem Wind und dem Regen auf unserer Haut und grünem, saftigem Gras unter unseren Füßen.

Lebt auch ihr wieder mehr im Einklang mit der Natur und mit euren Kindern. Die Kinder brauchen eure Nähe, das spielerische Ausprobieren und eure sanfte Führung. Lasst nicht länger zu, dass ihr euch ihnen entfremdet. Lasst sie teilhaben an eurem Tag, eurem Alltag, eurem Leben. Gebt ihnen die Aufmerksamkeit, die sie brauchen, und die Liebe, die sie für eine gesunde Entwicklung benötigen. Sie sind eure Nachfolger. Ihr bereitet mit eurem Tun den Boden für ihre Zukunft. Und deshalb sind sie so wichtig im Jetzt. Gebt ihnen die Nähe und liebevolle Fürsorge, die sie brauchen …

• • • • •

Das Channeling der Kühe wirkte auf mich zunächst beinahe oberflächlich und etwas simpel im Vergleich zu anderen Channelings. Doch als ich die Botschaft auf mich wirken ließ, merkte ich, wie wichtig und tiefgehend sie ist. Es geht darin besonders um die Kinder und darum, dass sie mit der liebevollen Fürsorge der Mütter aufwachsen müssen. Es geht um die Werte, die man ihnen vermittelt, und zeigt auf, dass wir selbst direkt beeinflussen, wie die Kinder sein werden, wenn sie erwachsen sind. Es wird darin deutlich, dass wir den Kindern Freiraum geben müssen. Sie brauchen die Möglichkeit, eigene Erfahrungen zu sammeln, sich auszuprobieren und auch mal anzuecken. Sie brauchen liebevolle Anleitung und sollten nicht zu sehr bemuttert werden, denn ist es nicht oft so, dass wir sie zu sehr einengen, um ihnen etwas zu ersparen? Vielleicht sollten wir alle uns bewusst machen, dass wir ihnen dadurch nicht so sehr etwas ersparen, sondern ihnen wichtige Erfahrungen nehmen und vorenthalten.

– 8 –

Fische und ihre Botschaften

Was wären all die Seen, Flüsse und Meere ohne Fische? Sie sind ein wichtiger Bestandteil unseres Ökosystems, und sie faszinieren und begeistern gleichermaßen. Im Urlaub ist es für viele ein Highlight, beim Tauchen oder Schnorcheln Fische in ihrem natürlichen Lebensraum zu beobachten und sich an ihrem Aussehen zu erfreuen. Womöglich gibt es deshalb so viele farbenprächtige Fische, die in Aquarien gehalten werden: Es bringt ein Stück Urlaub in das Zuhause. Ich hatte selbst einige Jahre lang ein Aquarium und kann in der Rückschau sagen, dass die Fische mir viel Ruhe und auch viel Freude bereitet haben.

Es war besser, als den Fernseher anzuschalten. Ich verbrachte jede Menge Zeit damit, die Fische zu beobachten, mich um sie zu kümmern und ihnen das Aquarium so schön wie möglich einzurichten. Wenn ich vor dem Aquarium saß, hatte es durchaus etwas Meditatives, seine Bewohner zu betrachten.

Doch Fische dienen nicht nur unserem visuellen Genuss. Allein in Deutschland werden jedes Jahr pro Kopf über dreizehn Kilo Fisch und Fischerzeugnisse verzehrt. Es werden dafür Fische verwendet, die entweder in der Natur aufgebracht oder in sogenannten Aquakulturen gezüchtet werden. Die zunehmende Verschmutzung der Meere und auch die Überfischung, der Beifang sowie die Fangmethoden sind Themen, die immer wieder heiß diskutiert werden. Der Bestand etlicher Populationen ist in den letzten Jahrzehnten so sehr reduziert worden, dass ganze Arten vom Aussterben bedroht sind.

Wer kein Aquarium hat, kann vielleicht die Faszination, die Fische auf den Menschen ausüben, nicht ganz nachvollziehen. Dennoch zieht es jedes Jahr Millionen Besucher weltweit in riesige Unterwasserwelten, in denen die Besucher die unterschiedlichsten Fische bestaunen können. Auffallend ist, dass die Kinder mit leuchtenden Augen an den Wasserbecken vorbeilaufen, sich die Nase an den Glasscheiben plattdrücken und immer wieder auf gerade entdeckte Schönheiten hinweisen. Die Erwachsenen, von denen sie begleitet werden, zeigen eine ähnliche Faszination oft nur noch bei besonders spektakulär anzusehenden oder großen Exemplaren. Warum das so ist, liegt für mich auf der Hand: Kinder sind viel begeisterungsfähiger als die meisten Erwachsenen und leben noch viel mehr im Gefühl. Vielleicht haben sich die Erwachsenen einfach schon sattgesehen an all den Eindrücken, die sie im Laufe des Lebens hatten.

■ Gespräche mit freilebenden Fischen

Im Laufe meiner jahrelangen Ausübung der Tierkommunikation habe ich auch mit sehr vielen Fischen gesprochen. Besonders in Erinnerung ist mir ein Gespräch, das ich im Urlaub mit einer Muräne hatte. Ich war schnorcheln und bewunderte die herrliche Unterwasserwelt. Jede Menge farbenprächtige Fische schwamm an mir vorbei, unter mir entlang oder einfach irgendwo in meinem Sichtfeld herum. Ich genoss es sehr, ein Teil dieser riesigen, ruhigen Welt zu sein. Das Wasser war angenehm warm, es hatte fast Badewannentemperatur. Ich sah Papageienfische, Rochen und zahlreiche mir namentlich nicht bekannte Fischarten. Irgendwann wies mein Mann mich auf eine bestimmte Stelle hin, wo ich eine Muräne entdeckte, versteckt zwischen Steinen. Ohne seinen Hinweis hätte ich sie vermutlich gar nicht gesehen. Ich ließ mich langsam näher herantreiben und beobachtete sie eine Weile. Zugegeben, mir war ein wenig mulmig zumute, so dass ich lieber etwas Abstand zwischen der Muräne und mir ließ. Zu groß war meine Sorge, dass sie hervorschnellen und mich beißen könnte. Diese Angst entsprang zweifellos den Erzählungen über diese Fischart und den Aussagen, dass Muränen sehr aggressiv sein können. Sie wirkte auch ein wenig aggressiv und angespannt.

Ich vermittelte der Muräne, dass ich sie nur beobachten wolle und keinesfalls bedrohen oder stören. Anschließend bat ich sie, es mir zu sagen, wenn ich ihr zu dicht auf die Pelle rückte. Ihre Antwort kam unmittelbar und war von einem sichtlichen Nachlassen ihrer Anspannung und Wachsamkeit begleitet: »Bleib einfach, wo du bist, dann geht das schon in Ordnung. Aber schwimm da oben und lass mich hier unten in Ruhe. Und wirf keinen Schatten!« Über letztere Aussage war ich ein wenig überrascht, merkte jedoch gleich, dass mein Körper tatsächlich einen Schatten auf die Stelle warf, an der die Muräne sich aufhielt. Ich paddelte mit den Flossen zur Seite, so dass nun wieder Sonnenlicht auf sie fiel, und fragte nach, ob es so besser sei. Die Muräne bejahte dies und merkte an, dass sie nicht oft mit Menschen zu tun habe, die sie hören und auf ihre Aussagen reagieren. Ich bat sie darum, mir mehr über sich zu erzählen.

Vor allem interessierte es mich, wie sie die Menschen wahrnahm und wie ihr das Leben überhaupt gefiel.

Ich knüpfte direkt an ihre Aussage über die Menschen an und ließ sie sagen, was sie zu sagen hatte. Und das war so einiges: »Die meisten Menschen sind rücksichtslos. Manche sind einfach nur laut, hektisch und ungeschickt. Sie achten zu wenig auf das Leben hier im Meer. Um sie herum treibt oft ein ekelhafter Fettfilm. *(Ich hatte den Eindruck, damit wären Sonnencremes und Ähnliches gemeint.)* Keine Ahnung, was sie alles auf ihren Körper schmieren. Das macht das Wasser jedenfalls häufig schlierig und verklebt unsere Augen, wenn wir da hindurchschwimmen.

Sehr viele Menschen achten auch gar nicht darauf, wohin sie treten. Sie steigen auf die Steine und Korallen, ohne sich vorher umzuschauen. Und wenn ich sie dann warne, damit sie mehr Abstand halten, heißt es, ich sei aggressiv. Na klar macht es mich aggressiv, wenn man fast auf mich drauftritt! Oder wenn man mir zu nahe kommt! Ich brauche Platz, Ruhe und Abstand. Das ist doch wohl nicht zu viel verlangt! Wenn ihr Menschen oben bleibt, nur hinunterschaut mit ausreichend Abstand, dann ist das okay für mich. Auch wenn ich beim besten Willen nicht verstehen kann, was an mir denn so interessant sein soll.«

An dieser Stelle sagte ich ihr, dass ich ihre Musterung und ihre Farben sehr schön fände und es für mich auch sehr faszinierend sei zu sehen, wie sie sich mit den Bewegungen ihres Körpers den Strömungen des Wassers anpasst. »Oh, danke. Aber das ist doch nichts Außergewöhnliches! Da gibt es noch ganz andere Fische, die das viel eleganter drauf haben. Und buntere Fische als mich gibt es auch zuhauf. Ich glaube ja, die meisten Menschen starren mich nur an, weil sie dem aggressiven Räuber in die Augen sehen wollen, den sie in mir sehen, um dann sagen zu können, dass sie nur knapp dem Tod entronnen sind. Ist es nicht makaber, dass der Mensch, der im Meer so viele Raubzüge führt, mich für einen großen Räuber hält? Ich fange nur, was ich zum Leben brauche. Das kann man von euch Menschen nicht unbedingt behaupten. Übrigens bin ich ohnehin der Meinung, dass ihr vieles, was euch betrifft, gerne auf andere übertragt, auch auf uns: eure Ängste, eure Charaktereigenschaften, eure Sicht der Dinge. Bevor ihr Menschen kamt, war es richtig ruhig im Meer. Wärt ihr nicht ständig hier, mit euren Netzen und Schiffen, mit Schmierzeug und den riesigen Füßen *(damit waren wohl die Flossen gemeint)*, wäre es bei uns erheblich ruhiger, sauberer und lebenswerter. Viele von euch machen einfach alles kaputt, sind rücksichtslos und ständig voll wirrer Gedanken. Ja, eure Gedanken kommen sehr wohl bei uns an. Das solltet ihr Menschen euch wirklich mal klarmachen! Obwohl … Einige von euch scheinen ja ganz in Ordnung zu sein. Ab und zu hört doch mal jemand zu. Das ist dann eine interessante Abwechslung für mich. Wobei nur ganz selten mal jemand so zuhört wie du. Du bist irgendwie anders als die meisten. Warum machen das nicht alle Menschen?«

Ich erklärte, dass die meisten Menschen einfach über die Jahrhunderte und Jahrtausende vergessen haben, dass es auch diese Form der Kommunikation gibt. Ich erwähnte, dass Tierkommunikation etwas ist, was für viele Menschen noch nicht ganz greifbar und etwas Ungewöhnliches ist. Das rief Verwunderung bei der Muräne hervor – und brachte mir eine wichtige neue Erkenntnis, denn sie sagte: »Was du Tierkommunikation nennst, ist eigentlich keine. Das weißt du schon, oder? Es ist *die* Kommunikation überhaupt. Die, die alles und jeden miteinander verbindet. Tiere, Menschen, Pflanzen, Steine – wo ist da schon der Unterschied? Ist euch das noch immer nicht bewusst? Selbst mit dem Wasser und dem Wind kannst du dich austauschen. Nicht nur wir Tiere sind lebendig. Nicht nur wir können euch etwas vermitteln. Lernt endlich, wieder zuzuhören.

Alles ist miteinander verbunden und im Austausch.

Ich lebe mit dem Rhythmus der Natur, mit dem Lauf der Gezeiten, dem Stand von den Dingern da oben, die ihr Sonne und Mond nennt. Ich jage, wenn ich Hunger habe. Und dazwischen döse ich einfach, spüre mich und meinen Körper. Ich lasse mich von den Bewegungen des Wassers wiegen und tragen, denn so verbrauche ich keine Energie. Das Wasser bewegt sich, ganz wie es will. Warum sollte ich gegen etwas ankämpfen, wenn das nicht nötig ist? Ich setze nur dann meine Energie gegen das Wasser ein, wenn es für mein Leben und mein Sein wichtig ist. Manchmal sehe ich das bei euch Menschen: Einige kämpfen gegen die Bewegungen des Wassers, statt sich einfach tragen zu lassen. Wie viel Energie könntet ihr doch sparen, wenn ihr nur gegen etwas ankämpfen würdet, wenn es für euch lebenswichtig ist! Na ja, ihr werdet es schon noch lernen. Eines Tages ... Ich hoffe, dass dieser Tag bald kommt. Wäre besser für uns alle ...«

Die Muräne war sehr deutlich in ihren Worten und vermittelte mir gleichzeitig mit ihren Aussagen starke Emotionen. Viele davon waren von klaren Bildern begleitet, so dass ich problemlos verstand, was sie mir mitteilen wollte. Sie bestätigte mir, was ich bereits ahnte: dass diese Form der Kommunikation nicht nur mit Tieren und Pflanzen möglich ist, sondern auch mit dem Wasser, Steinen und selbst mit dem Wind.

Dieses Gespräch ist inzwischen Jahre her, aber es hat mich sehr geprägt. Rückblickend muss ich sagen, dass die Muräne durchaus ein wenig aggressiv wirkte, auch bei unserem Austausch. Doch wer kann es ihr verdenken? Ich hatte bei unserem Austausch deutlich gesehen und gespürt, wie rücksichtslos viele Menschen gegenüber der Unterwasserwelt sind und welche Auswirkungen dies auf die Fische, Pflanzen und das Wasser selbst hat. Ich verstand sie in einer Tiefe, die sich kaum mit Worten ausdrücken lässt.

Bevor ich weiterschwamm, bedankte ich mich bei der Muräne für das wundervolle Gespräch und all das, was ich durch sie erfahren und gelernt hatte. Es wirkte noch recht lange in mir nach, und vergessen werde ich diesen Kontakt wohl nie.

Einen vollkommen anderen Kontakt hatte ich einmal mit einem Schwarm Fische. Auch an jenem Tag war ich allein im Wasser unterwegs, schnorchelte entspannt vor mich hin und erfreute mich an der wunderschönen Unterwasserwelt. Als ich einen Fischschwarm entdeckte, fragte ich vorsichtig an, ob ich mich ihm für ein paar Minuten anschließen dürfe. Dabei vermittelte ich den Fischen, dass ich gerne wüsste, wie es sich anfühlt, Teil eines Schwarms zu sein und gemeinsam durchs Meer zu ziehen. Ich versprach ihnen, vorsichtig mit meinen Bewegungen zu sein und auf die anderen Fische gut zu achten.

Zögerlich, aber dennoch freundlich, ließen sie mich zu sich. Viele machten Platz, um eine Lücke für mich zu schaffen, und auch wenn sie sichtlich Abstand zu mir hielten, durfte ich doch mit ihnen schwimmen. Ich ließ mich ganz auf diese Gruppe ein, spürte die Harmonie und das Miteinander. Und ich ließ einfach alles geschehen, dachte nicht mehr nach und stellte keinerlei Fragen. Dadurch wurde ich so sehr Teil des Schwarms, dass ich mit ihnen im Gleichklang die Richtung wechselte – wenngleich ich bei größeren Richtungswechseln sichtlich länger brauchte und im Vergleich zu den Fischen auch sehr ungeschickt wirkte. Dennoch – es war ein Miteinander!

Ich konnte spüren, dass die Verständigung im Schwarm reibungslos funktionierte. Es geschah nicht durch Worte, sondern durch kleine, kaum wahrnehmbare Impulse. Zugleich mit allen anderen Fischen wusste ich, wann und wie die Richtung oder das Tempo sich änderte. Die Verbundenheit innerhalb der Gruppe war gigantisch. Ein fließender Austausch an Informationen und dazu eine ungewohnte Stille. Ich begriff, dass ein Austausch nicht immer von Worten, Bildern oder Emotionen begleitet sein muss. Mir wurde klar, dass es noch eine andere Form der Kommunikation gibt, die so sanft und dennoch zweifelsfrei ist, dass man sie auch als Mensch wahrnehmen kann.

Teil des Fischschwarms zu sein, war ein beeindruckendes Erlebnis. Ich war sehr dankbar für diese Erfahrung, und als ich mich verabschiedete und zurückfallen ließ, sah ich, dass die Lücke, die ich hinterließ, sofort geschlossen wurde.

Es gehört zum Leben, dass Lücken in einer Gemeinschaft entstehen. Genauso wie es zum Leben gehört, dass sie von anderen wieder geschlossen werden – schneller, als man meint. Das war womöglich die abschließende Botschaft des Schwarms an mich. Und auch diese wirkte noch lange in mir nach.

Channeling der Gruppenseele der Fische

Durchs Leben gleiten, sich wohlfühlen im Augenblick, in seinem eigenen Element sein – dafür stehen wir Fische. Dabei folgen wir nicht immer dem Schwarm, aber der Schwarm bietet Schutz. Freudig schwimmen und springen wir durchs Wasser. Mit dem Strom, um uns tragen zu lassen, wenn es uns dienlich ist, und gegen den Strom, wenn uns das dienlicher ist. Manchmal, wenn unser Instinkt es uns sagt, kämpfen wir mit aller Kraft, um an unser Ziel zu gelangen. Selbst wenn es uns das Leben kostet.

Wir zeigen auch unmittelbar, wie wir uns fühlen. Bei uns gibt es kein Verstecken der Gefühle, der Stimmung. Wir zeigen unsere Freude, die Aufregung, die Angst, die Betrübnis, die Glückseligkeit, die Liebe. Wir sind ganz in unserem Element, nehmen alles so, wie es ist, und machen das Beste daraus. Wir lassen nicht zu, dass unsere Freude getrübt wird, selbst wenn sich unser Umfeld verändert. Und es hat sich vieles verändert im Laufe der Zeit. Doch unsere Seelen sind heil geblieben, mag unser Körper noch so sehr mit den Verunreinigungen des Wassers kämpfen.

Wasser ist Leben. Ohne Wasser kein Leben. Warum verschwendet und vergiftet ihr das Wasser immer mehr, so lange schon? Wasser steht doch für Lebendigkeit, für Gefühl. Und habt ihr das nicht auch? Die Verunreinigungen des Wassers stehen für die Verunreinigungen eurer Gefühle. Wasser ist wahrhaftig ein Spiegelbild, ein großes Symbol dafür, wie die Menschen seit langer Zeit leben. Wisst ihr, wie es ist, zu ertrinken? Wir wissen es, denn schon lange ertrinken wir in eurem Müll. Aber wir wollen nicht klagen, wir passen uns an. Und wir versuchen, euch zu zeigen, wie man anders leben kann. Genügsam, so geht es auch. Angepasst an das, was man hat. Wir brauchen keinen Luxus, keine Reichtümer und kein Gold. Wir sind zufrieden, wenn wir einen sauberen Lebensraum haben, genug zu essen, Sicherheit, Platz – und einander …

Könntet ihr das auch? Zufrieden sein mit weniger? Wir sind sicher, ihr könnt es wieder lernen. Genügsamer zu werden. Mehr mit den Gezeiten zu leben, mehr mit der Natur. Euch von den Bewegungen der Natur, dem Rhythmus der Natur tragen zu lassen. Nur dann zu kämpfen, wenn euer Instinkt es euch sagt. Warum? Ihr kämpft zu oft. Und zu oft kämpft ihr gegen euch selbst, gegen eure eigene Natur, gegen den Rhythmus des Lebens, gegen eure Instinkte. Im Laufe der Jahrhunderte und Jahrtausende habt ihr verlernt, euren Urinstinkten zu folgen. Aber viele von euch Menschen haben ihre Instinkte auch neu entdeckt und folgen ihrem inneren Antrieb. Manche gehen voran, um den Weg zu ebnen. Vielen ist bereits bewusst geworden, dass der einzig richtige Weg im Leben ist, das Leben wahrhaft zu leben.

Gefühle sind Teil des Lebens. Gefühle und Emotionen machen das Leben erst lebenswert. Was wäre ein Geschenk wert ohne die Freude des Schenkenden und des Beschenkten? Wie könnte man ein Leben besser ehren als dadurch, dass man sich über das Miteinander freut, gemeinsam in Erinnerungen schwelgt? Gemeinsam traurig ist über etwas, was man vermisst?

Was bedeutet Glücklichsein, wenn man Traurigkeit nicht kennt? Was wäre das Licht ohne den Schatten? Ihr wisst um all diese Dinge, doch manchmal fehlt es euch noch am Verstehen auf einer höheren Ebene. Ihr wisst noch nicht um den Wert der Gefühle. Davon, dass Gefühle ein kostbarer Schatz im Leben sind. Ihr solltet sie hegen und pflegen, lieben und zeigen. Weint, wenn euch die Tränen kommen. Schreit, wenn eure Wut sich Bahn bricht. Lacht, wenn die Freude in euch groß ist. Lächelt, wenn euch etwas Mut macht. Tragt den Kopf ein wenig höher, wenn der Stolz wächst. Lasst die Gefühle zu, wenn ihr sie in euch spürt, sie sind ein gesunder Teil des Lebens.

Wir lassen unsere Flossen hängen, wenn es uns nicht gut geht. Zeigen ehrlich unseren Kummer, unser Unwohlsein. Wir zeigen aber auch unsere Freude, unseren Spaß, unser Wohlbefinden. Frei von Masken. Frei von jeder Täuschung. Wenn wir glücklich sind, strahlen unsere Farben besonders intensiv – und bei euch ist es genauso. Auch ihr strahlt heller und leuchtet bunter, wenn ihr glücklich und zufrieden seid.

Oft sorgt ihr dafür, dass andere glücklich sind. Nehmt ihr euch selbst zurück, um ein gutes Gefühl zu geben. Nehmt eure Fröhlichkeit, euer Wohlbefinden, eure Lebendigkeit für andere zurück. Ihr werdet dann blasser, farbloser, unglücklicher. Lernt endlich, den Ruf nach Veränderung in euch selbst wieder zu hören – und ihm zu folgen, um euer Ziel zu erreichen! Ihr dürft euch erlauben, glücklich zu sein, euch selbst wichtiger zu nehmen und mehr auf euer eigenes Wohlergehen zu achten. Ihr dürft wieder lernen, Freude an den kleinen Dingen zu empfinden. Klärt eure Emotionen, lebt sie aus, entfernt alle Vergiftungen und Verschmutzungen aus eurem emotionalen Pool, dann werden auch die Flüsse, Seen und Meere wieder sauber. Helft ihr uns, so helft ihr euch.

Ihr dürft wieder mehr auf die wirklich wichtigen Dinge im Leben schauen, eure Grundbedürfnisse achten, ehren und erfüllen. Die Welt ist so ein schöner Ort zum Leben mit genügend Nahrung und Gemeinschaft, um einfach nur zu *sein*. Den sonnigen Tag zu genießen, vor Freude in die Luft zu springen, ohne sich Gedanken zu machen, was andere darüber denken. Es könnte so einfach sein …

Wir möchten euch bestärken, weiter voranzugehen auf neuen Wegen, aufzuräumen im Innen und Außen. Wir möchten euch zeigen, wie leicht es ist, sich im Wasser, im Gefühl, im Leben zu bewegen. Ihr könnt wieder eins sein mit euren Emotionen, sie wieder als Teil von euch – als wichtigen und elementaren Teil von euch – erkennen und anerkennen. Wenn ihr im Gefühl seid, seid ihr in der Verbundenheit!

Im Fluss des Lebens leben, im Vertrauen, dass die Strömungen euch immer an das richtige Ziel bringen. Die Gefühle fließen lassen, auch wenn es manchmal Kraft kostet. Das ist es, was das Leben ausmacht. Lernt wieder zu vertrauen, euch hinzugeben und geschmeidig durch die Welt der Emotionen zu schwimmen. Lernt wieder, euch wohlzufühlen in dem Leben, das ihr jetzt habt. Dieses Leben, *jetzt*, mit allen Gefühlen, die es für euch bereithält, ist das, was im Augenblick zählt.

• • • • •

Die Gruppenseele der Fische verband alle Aussagen mit lebhaften Bildern und tiefen Empfindungen. Ich spürte, wie es sich für die Fische anfühlte, wenn sie die Flossen hängen ließen oder sich mit aller Kraft gegen den Strom stemmten, weil ihr Innerstes es ihnen auftrug. Es war unglaublich zu spüren, wie stark der innere Antrieb sein kann. Ich durfte auch spüren, wie gut es sich anfühlte, trotz aller Widrigkeiten angekommen zu sein am Ziel. Ich spürte pure Lebendigkeit und Lebensfreude und nahm deutlich wahr, wie groß die Anpassungsfähigkeit und die Genügsamkeit der Fische ist. Es war ein ganz und gar wundervolles Gefühl, mit der Gruppenseele der Fische verbunden zu sein.

– 9 –

Vögel und ihre Botschaften

Wenn der Frühling Einzug hält, zeigt uns oft das Gezwitscher von Vögeln, dass der Winter allmählich weicht. Auch im Sommer erfreuen wir uns an ihren Gesprächen, und im Herbst blicken wir den Zugvögeln hinterher, die gen Süden ziehen. Wir sehen dann, dass viele Vögel bei uns nur zeitweise ihr Quartier aufschlagen und sozusagen auf der Durchreise sind. Im Winter freut es uns, wenn wir Vögel an ihren Futterstellen beobachten können. Kurzum: Sie begleiten uns durchs ganze Jahr.

Dabei ist die Vogelpopulation in den letzten Jahrzehnten generell sehr gesunken. Noch vor vierzig Jahren gab es in Europa etwa sechshundert Millionen Vögel mehr. Dennoch leben allein in Deutschland zurzeit etwa dreihundert verschiedene Brutvogelarten. Zu den häufigsten Vertretern gehören Kohlmeise, Amsel und Buchfink. Der Nordosten Deutschlands ist am reichsten, was ihre Artenvielfalt angeht. Ursache dafür ist, dass dort noch sehr unterschiedliche Landschaftsstrukturen zu finden sind.

Aber auch in den Häusern und Wohnungen vieler Menschen kann man Vögel finden. So gehören Wellensittiche wohl zu den beliebtesten zu Hause gehaltenen Vögeln. Das mag an ihrer Farbenpracht liegen oder daran, dass man ihnen nachsagt, sehr gesprächig zu sein und handzahm werden zu können. Es erfordert allerdings viel Platz und Zeit, sie annähernd artgerecht zu halten. Idealerweise leben sie dann in einer großen Voliere, die möglichst natürlich eingerichtet ist, in Gesellschaft anderer Artgenossen. Denn Vögel sind keine Einzelgänger. Sie können nicht nur emotional, sondern auch körperlich erkranken, wenn sie einzeln gehalten werden. Im Schwarm hingegen genießen sie die Gesellschaft ihrer Artgenossen und sind zumeist sehr glücklich.

Wenn wir Vögeln beim Fliegen zusehen, weckt das in uns oft den Wunsch, selbst fliegen zu können. Besonders beim Anblick von Zugvögeln kommt dieser Gedanke auf. Wir assoziieren das Fliegen mit dem Gefühl von Freiheit und Leichtigkeit …

■ Olivia – Ein Vogel, der nicht fliegen konnte

Wenn Fliegen für uns Menschen fest verknüpft ist mit dem Gefühl von Freiheit und Leichtigkeit, wie geht es dann einem Vogel, der nicht fliegen kann? Was in der freien Wildbahn das sichere Todesurteil wäre, kann in der Obhut von Menschen ein deutlich geringeres Problem darstellen. Ich fragte mich, wie wohl ein Vogel empfindet, der nicht fliegen kann, und es ergab sich die Gelegenheit, mit einer Wellensittich-Dame in Verbindung zu treten, die genau dieses Problem hatte.

Olivia lebte mit einigen Artgenossen in einer großen Außenvoliere, die direkt an ein beheiztes Schutzhaus anschloss. Sie konnte nicht fliegen. Das war der einzige Punkt, in dem sie sich von all den anderen Wellensittichen dort unterschied. Um dem gerecht zu werden, hatte die Halterin die Voliere mit unzähligen Klettermöglichkeiten ausgestattet, so dass Olivia an Seilen entlang auch vom Boden aus nach oben klettern konnte. Natürlich gab es außerdem überall noch Äste und weitere Seile, die ihr ein lebenswertes Leben bieten sollten, selbst wenn sie nicht die Freiheit des Fliegens kannte.

Als ich mit ihr in Verbindung trat, stellte sie sich als ein fröhliches und neugieriges Wellensittich-Mädchen heraus. Sie zeigte sich als jemand, der das Klettern liebte. Mir fiel sofort ihre Unbeschwertheit auf und ihr natürlicher, lockerer Umgang damit, dass sie nicht fliegen kann. Ich bat sie, mir zu zeigen, warum es ihr nicht möglich war, und sah, wie sie einige mühsame Versuche unternahm, jedoch nur flatterte. Mehr brachte sie einfach nicht zustande. Also fragte ich sie, ob ich einmal in ihren Körper hineinspüren dürfe, was sie mir auch gleich erlaubte. Ich stimmte mich auf diesen zarten Vogelkörper ein, streckte und bewegte mental die Krallen und die Flügel und spürte in einem Flügel einen kleinen Widerstand, nahe beim Gelenk. Ich merkte, dass dieser Widerstand nicht überwunden werden konnte und ein komplettes Strecken und Bewegen des Flügels unmöglich machte. Ich spürte aber auch, dass es für Olivia vollkommen normal war und sie sich damit arrangiert hatte, alles durch Klettern zu erreichen. Sie war eine regelrechte Kletterkünstlerin geworden und dabei sehr flink und einfallsreich. Mir wurde bei diesem Kontakt deutlich, dass sie sich in ihrem Zuhause äußerst wohl fühlte.

Falls Olivia sich jemals unfrei gefühlt hatte, weil sie nicht fliegen konnte oder eine Schwere in sich gespürt hatte, zeigte sie es zumindest in keinster Weise. Ich nahm sie als sehr glücklichen Wellensittich wahr. Sie war glücklich in ihrem kleinen Reich und vermisste das Fliegen nicht, was sicher daran lag, dass sie es von klein auf nicht anders kannte. Natürlich sah sie, dass die anderen Vögel flogen. Manchmal hatte sie durchaus den Wunsch, selbst einfach abheben zu können, doch während der längsten Zeit ihres Lebens war sie mit dem zufrieden, was sie hatte. Erst in späteren Jahren kam eine zunehmende Unzufriedenheit in ihr auf, die damit zu tun hatte, dass ihr das Fliegen nicht gelingen wollte. Wann immer sie es versuchte, stürzte sie auf den weichen Sandboden. In dieser Zeit wirkte sie manchmal schon ein wenig verzweifelt.

Ich glaube, dass wir daraus alle etwas lernen können. Olivia war eigentlich zufrieden mit dem, was sie hatte. Nur dadurch, dass alle anderen um sie herum etwas konnten, was sie nicht konnte, entstand nach vielen Jahren diese Unzufriedenheit in ihr und der Wunsch, das Gleiche zu können wie ihre Artgenossen. Sie übersah dabei, dass sie andere Fertigkeiten und Fähigkeiten entwickelt hatte, in denen sie besser war als alle anderen. Ihr Wunsch, unbedingt dazu zu gehören, hatte sie ihre Besonderheit vergessen lassen und sorgte erst für die Unzufriedenheit. Sie sah sich als minderwertig, aber erst nach vielen Jahren, denn zuvor war sie stets glücklich und zufrieden gewesen. Diese Unzufriedenheit führte letzten Endes dazu, dass sie krank wurde. Und dass diese wunderbare kleine Kämpferin sich selbst irgendwann verlor, ist eine Botschaft für uns alle.

Vielleicht dürfen wir alle lernen, unsere eigenen Fähigkeiten und Besonderheiten zu sehen und uns selbst dafür mehr Wertschätzung entgegenzubringen. Unsere einzigartigen Begabungen zeigen, dass wir nur unglücklich werden, wenn wir ständig versuchen, wie die anderen zu sein, statt unser ganz eigenes Potenzial zu leben und zu lieben.

■ Rabe Juno – Ein schwerer Start in ein schönes Leben

Ich war mit meiner Hündin Luna unterwegs, als ich am Straßenrand drei Katzen halbmondförmig sitzen sah. Sie wichen erst zur Seite, als wir ihnen schon sehr nahe gekommen waren. Ich wunderte mich etwas darüber und fragte mich, was das wohl für eine Katzenversammlung gewesen war, als Luna sich plötzlich weigerte, weiterzugehen. Ich möge ihr folgen, ließ sie mich wissen und zog mich weiter ins Gras. Dort sah ich den Grund für die Katzenversammlung: ein junger Rabe. Er wirkte sehr schwach und konnte noch nicht fliegen. Der kleine Nestling wusste sichtlich nicht, wo er hinsollte. In der Nacht zuvor war es sehr stürmisch gewesen, und so vermutete ich, dass er im Sturm aus dem Nest gefallen war. Jedoch gab es in der Nähe nirgendwo Nester, er musste also schon eine ganze Weile am Boden unterwegs gewesen sein.

Mir war klar, dass er dringend Hilfe benötigte. Ich hob ihn hoch, was er auch ruhig geschehen ließ, doch als ich ihn auf dem Arm hatte, fiel sein Köpfchen sofort nach hinten.

Das versetzte mir einen Mordsschreck. Ich sagte ihm, er sei jetzt in Sicherheit und möge durchhalten. Dann prüfte ich, ob er noch lebte, denn ich war wirklich sehr in Sorge.

Ja, er lebte. Die Atmung war sehr schwach, aber er lebte.

Ich versuchte es telefonisch bei mehreren Wildtierstationen, aber die waren allesamt voll und konnten ihn vorerst nicht aufnehmen. Also trug ich den kleinen Raben zu mir nach Hause, wo ich ihn erst einmal wog und untersuchte. Ich gab ihm den Namen Juno, da es Juni war, und stellte fest, dass er viel zu leicht war. Er war offenbar schon länger nicht gefüttert worden. Ich beschloss, mich nach der Anleitung einer Notfallstation für Wildvögel um ihn zu kümmern, bis dort ein Platz für ihn frei wurde. Es gab nur ein Problem: Juno war so schwach, dass er nicht mal mehr schlucken konnte. Ihm fehlte dazu die Kraft. Ich holte alle nötigen Informationen ein, die mir helfen konnten, ihn durchzubringen. Besonders die erste Zeit war sehr anstrengend. Ich musste ihn zwangsernähren und die Nahrung bis in seinen Kropf bringen. Nach wenigen kleinen Portionen schlief er vor Erschöpfung meistens ein, lag auf mir und genoss die Wärme. Ich richtete einige Tage nur nach dem kleinen Kerl aus und versorgte ihn in kurzen Abständen mit Nahrung. Nach einer halben Woche schien das Schlimmste überstanden zu sein: Er begann, selbständig zu schlucken, und wurde sichtlich munterer.

Von da an ging es aufwärts, und ich fing an, regelmäßig mit ihm in Verbindung zu treten. In den ersten Tagen hatte ich ihm immer nur die gleiche kurze Botschaft übermittelt: »Ich will dir helfen.« Ich wollte, dass er sein winziges Fünkchen Energie für sich behielt, und machte deshalb deutlich, dass ich keine Antwort von ihm brauchte. Er zeigte mir körperlich, wie dankbar er für die Hilfe war. Als er von Tag zu Tag kräftiger wurde, tauschte ich mich eingehender mit ihm aus. Wir begannen, regelmäßig kurze Gespräche zu führen. Diese behielten wir sogar bei, als es an der Zeit war, Abschied zu nehmen, und ich ihn in eine Auswilderungsstelle geben konnte.

Im Jahr nach seiner Auswilderung verband ich mich mit ihm. Ich wollte wissen, wie es ihm geht. Und wir führten ein wundervolles Gespräch über das Leben.

»Schau, ich habe jetzt eine Familie«, sagte er mir. »Ohne deine Hilfe würde es meine Kinder nicht geben. Das weißt du doch, oder? Ich war dem Tod näher als dem Leben, als du mich fandest. Als ich dich plötzlich über mir sah, hatte ich Angst und wollte nicht gesehen werden. Ich hatte keine Angst vor dem Sterben, ich hatte Angst davor, was ein Mensch wohl mit mir machen würde. Du warst so groß, und ich war so müde und klein. Auf deinem Arm fühlte ich mich dann wie bei meinen Eltern im Nest. Geborgen. Ja, das war es. Geborgenheit ist etwas, was man an vielen Orten finden kann.

Auch wenn du mir gezeigt hast, dass Menschen hilfreich sein können, halte ich noch immer Abstand von ihnen. Wenn ich in den Bäumen sitze, beobachte ich sie manchmal. Die meisten sind zu hektisch, zu sehr mit sich und ihrem Leben beschäftigt. Vielleicht begreifen sie nicht, wie schnell das Leben vorbei sein kann. Ich habe selbst erfahren, wie es ist, am Abgrund zu stehen, ohne zu merken, dass man mit einem Bein schon darüber schwebt. Du hast mir eine zweite Chance zum Leben gegeben, und ich habe sie gut genutzt, wie du siehst.

Ich erinnere mich. Du hast damals zu einem anderen Menschen gesagt, dass du vielleicht nicht die Welt retten kannst, aber möglicherweise mich. Und dass ich es wert bin, dass du es versuchst. Ich habe deine Worte sehr genau gehört. Und sie haben mir Kraft gegeben. Du hättest mich ja auch aufgeben können und niemand hätte dir einen Vorwurf gemacht, nicht einmal ich. Ich wusste ohnehin nicht mehr, ob ich noch lebe oder nicht schon auf der anderen Ebene wandle.

Wusstest du, dass wir Raben beides zugleich können? Wir können in die anderen Ebenen schauen. Wir können euer Licht sehen und auch eure Schatten. So viele Menschen wollen ihre Schatten nicht sehen. Dabei können sie doch nur ganz sie selbst sein und sich selbst sehen, wenn sie ihre Schattenseiten kennen. Ist es schwer, durch das Tal der Schatten zu gehen und sich damit auseinander zu setzen? Ja, das ist es. Doch nur wer diesen Weg gegangen ist, kann am Ende in den Spiegel der Selbsterkenntnis blicken. Nur wer mit seinen Schatten im Einklang lebt, kann richtig leben. Vielleicht haben so viele Menschen ja Angst vor uns, weil wir schwarz sind und sie an ihre Schatten erinnern oder möglicherweise auch, weil wir eure Schatten sehen können.

Ich bin froh, dass du keine Angst hattest, als du mich aufgelesen hast. Und ich bin dir dankbar für die zweite Chance, die ich durch dich erhielt. Du fragtest dich damals, warum ich nicht mal mehr schlucken wollte. Ich weiß, dass dich das lange beschäftigt hat. Die Antwort liegt in dir. Ich wollte dir zeigen, dass es manchmal nicht ohne Hilfe geht. Und dass man manchmal dem eigenen Herzen folgen muss, um jemanden zu retten. Auch wenn derjenige in dem Moment gar keine Rettung will. Du hast an mich geglaubt, und schau nur, was aus mir geworden ist. Ich bin so groß und prächtig, und ich bin jetzt Vater! Wenn man jemanden rettet, rettet man manchmal viel mehr, als man zunächst ahnt. Die Entscheidung, die du damals getroffen hast, war nicht, ob du mich mitnimmst oder nicht. Die Entscheidung war, ob ich leben darf oder nicht. Manchmal habt ihr Menschen es in der Hand, entscheidet über Leben oder Tod. Der Tod lässt sich nicht betrügen. Das Leben aber sehr wohl. Und das tun viele Menschen, Tag für Tag. Sie betrügen sich selbst und damit das Leben. Einige sagten damals zu dir, dass die Natur nun einmal so ist und du mich nach dem Sturm hättest liegen lassen sollen. Die Natur hat sich aber durch euch Menschen verändert. Und das haben viele von euch noch nicht verstanden. Da ist Hilfe für uns Tiere oft erforderlich, manchmal sogar entscheidend. Ich danke dir für mein Leben.

Ich danke dir für das Leben meiner Kinder.«

Buchfink Mambo – Freiheit oder Sicherheit

Nicht nur mir scheinen Tiere, die Hilfe benötigen, wieder und wieder direkt vor die Füße zu fallen, auch einer guten Freundin von mir geschieht das regelmäßig. Es sind hauptsächlich Vögel, die bei ihr Beistand suchen. Wie zum Beispiel die kleine Buchfinken-Dame, die den Namen Mambo erhielt.

Sie kauerte auf der heißen Straße in der Sonne, als meine Freundin sie fand. Mambo war ein Nestling, konnte also noch nicht fliegen oder selbständig nach Nahrung suchen. Eine Rückführung ins Nest war auch nicht möglich, und so nahm sie sie mit und brachte sie zunächst in einem Handtuch-Nest unter. Meine Freundin war schon lange mit allem Nötigen für die Versorgung von Vögeln ausgestattet, weil sie ständig Jungvögel findet. Sie gab Mambo ihren Namen, weil der kleine Buchfink beim Füttern heftig in dem Nest zu tanzen anfing. Und noch am gleichen Tag, als sie Mambo fand, rief sie mich zu sich. Es ging zunächst nur darum, Mambo zu erklären, dass sie jetzt Hilfe bekam, und mal hineinzuspüren, ob dieser kleine Vogel eigentlich männlich oder weiblich ist. Auch wenn Letzteres keine Rolle für ihre Versorgung spielte.

Mambo erholte sich schnell und wuchs gut heran. Wir plauderten immer wieder einmal miteinander, und schließlich wurde es Zeit, die Vogeldame auszuwildern. Meine Freundin bat mich, ihr zu erklären, dass sie nun fürs Erste in eine Außenvoliere käme und demnächst in die Freiheit dürfe. Ich rechnete fest damit, dass die Finken-Lady sich darüber freute, und betrachtete diese Botschaft als eine schöne Überraschung. Also nahm ich Kontakt mit ihr auf und überbrachte ihr die frohe Kunde. Mambo freute sich auch sehr, dass sie nun in eine Außenvoliere kommen sollte, doch andererseits wollte sie nicht auf die Bequemlichkeit ihres derzeitigen Zuhauses verzichten. Sie konnte sich überhaupt nicht vorstellen, wie es draußen war. Die kurze Zeit, die vom Schlüpfen aus dem Ei bis zu dem Tag vergangen war, an dem sie in ihrem Elend gefunden wurde, hatte ihr noch nicht vermitteln können, was Freiheit ist. Erst hatte sie in der Begrenzung des Nestes gelebt, in dem sie geschlüpft war, dann in dem Nest, in dem sie aufgepäppelt wurde. Seitdem hatte sie im Schutz eines Zimmers erfolgreich flattern und fliegen gelernt und auch, sich selbst Nahrung zu suchen. Nun musste sie den nächsten Schritt gehen und in einer Außenvoliere vom Menschen entwöhnt werden. Doch genau das, vom Menschen entwöhnt werden, wollte Mambo nicht. Ich erklärte ihr, dass es jetzt an der Zeit sei, selbständig zu werden, sie würde schon bald die Freiheit kennenzulernen. Das schien Mambo ein wenig zu ängstigen, und ich musste ihr gut zureden, die Außenvoliere für sich zu erkunden und zu erleben, wie es ist, Wind und Sonne zu spüren.

Ich war mir sicher, dass es nicht lange dauern würde, bis Mambo scheu werden und Sehnsucht nach der Freiheit bekommen würde, wenn sie erst einmal draußen war. Ich sollte mich irren. Jedes Mal, wenn meine Freundin die Voliere zum Saubermachen betrat und um das Futter aufzufüllen, war Mambo sofort bei ihr. Als sie allmählich scheu wurde, war es bereits zu kalt und zu ungemütlich, um sie schutzlos in die Freiheit zu entlassen. Außerdem brachte Mambo in einem Gespräch deutlich zum Ausdruck, dass sie genau dort bleiben wollte, wo sie war. Und so planten wir, Mambo im Frühjahr freizulassen. Doch es sollte wieder anders kommen, als wir alle dachten.

Im Winter gab es einen Wasserrohrbruch, so dass die Vögel aus der Außenvoliere evakuiert werden mussten. Dadurch kam Mambo nach drinnen, bis die Voliere erneut bezogen werden konnte – und war wieder beim Menschen. Es dauerte nicht einmal einen halben Tag, bis sie zu meiner Freundin hinflog und es sich bei ihr gemütlich machte, als wäre nichts gewesen. Sie war zwischenzeitlich wieder scheu gewesen, hatte sich aber sofort an das Zimmer erinnert, in dem sie aufgepäppelt worden war, und war in das Verhalten zurückgefallen, das sie zur Zeit ihrer Aufzucht gezeigt hatte: Sie war neugierig, menschenbezogen, frech und zahm. Als die Voliere schließlich bezogen werden konnte, brachte meine Freundin auch Mambo wieder hinaus. Und im Frühjahr wollte ich ein letztes Gespräch mit der Buchfinkendame führen, bevor sie ausgewildert werden sollte.

Ich verband mich mit ihr und erklärte ihr, was bevorstand. Mambo protestierte. Sie wollte nicht nach draußen, wo vielleicht Räuber lauerten und sie jagten. Sie wollte bleiben, wo sie war. Sämtliche Versuche, Mambo in die Freiheit zu entlassen, wurden von ihr boykottiert. Für uns unverständlich, zumal Vögel doch für die Freiheit stehen! Also trat ich noch einmal mit Mambo in Verbindung, um zu fragen, warum sie sich so entschieden hatte und was sie damit zum Ausdruck bringen wollte.

»Ihr Menschen nehmt Freiheit immer so wichtig«, entgegnete sie. »Ständig redet ihr davon. Und das kommt daher, dass ihr im Grunde gar nicht frei seid. Solange man Sicherheit und Gewohnheit vorzieht, erlebt man keine wahre Freiheit. Ihr seid den ganzen Tag beschäftigt, mit unzähligen Dingen. Ihr verbringt jede Menge Zeit innerhalb eurer Begrenzungen. Jede Wand, jede Mauer ist ein Symbol für diese Begrenzungen. Eure Häuser sind wie unsere Nester: Sie bieten Wärme, Behaglichkeit und Schutz. Macht man es sich zu bequem darin, wird man tagein, tagaus immer das Gleiche sehen und erleben. Ist nicht genau so das Leben der meisten Menschen? So viele von euch leben tagein, tagaus das gleiche Leben. Den gleichen Tag, wieder und wieder. Kaum Abwechslung. Kaum Abenteuer. Kaum Freiheit. Ihr nennt das den Alltagstrott. Aber immerhin, ihr habt Sicherheit!

Essen, Trinken, ein gemütliches Umfeld …

Und ihr habt eure Begrenzungen. Ich meine die in euren Köpfen. Die sind viel größer, als jedes Nest, jedes Zimmer oder jede Mauer es sein könnte. Ich habe mich für dieses Leben entschieden, um zu zeigen, wie ein Leben in ›Sicherheit‹ sein kann. Ich habe meine Freiheit aufgegeben, meinen natürlichen Wunsch nach einem Partner und Nachwuchs. Ich lebe in der Sicherheit einer Begrenzung, habe reichlich Futter und Wasser, muss mich keiner Gefahr stellen – weder einer echten noch einer vermeintlichen – und kann tun und lassen, was ich will. Ich lebe mein Leben, wie es die meisten Menschen tun: ein Wesen, das die Freiheit ablehnt zugunsten der Fülle.

Wäre ich glücklicher in der freien Wildbahn? Wahrscheinlich. Bin ich unglücklich hier, in der Voliere? Nein. Ich denke, ich weiß schon, was Freiheit bedeutet, aber ich vermisse sie nicht. Dadurch kann ich euch zeigen, wie ihr selbst euer Leben lebt. Ich habe mich entschieden, in dieser Gestalt wenigstens einigen von euch den Spiegel vorzuhalten. Ich weiß, dass du von mir berichten wirst. Und ich weiß, dass sich einige erkennen werden, wenn sie in den Spiegel schauen, den ich ihnen vorhalte.

So wichtig euch die Freiheit auch sein mag, viele von euch sperren sich selbst ein und nutzen die Freiheit gar nicht, die ihnen zur Verfügung steht. Ihr gebt sie zugunsten eurer vermeintlichen Sicherheit und Gewohnheit auf – wie ich.

Ihr nutzt nur einen winzigen Teil der Freiheit, die ihr haben könntet – wie ich. Ihr bewegt euch in immer gleichen Bahnen, Kreisen und Mustern. Und auch wenn ihr innerlich wisst, dass ihr mehr haben und weitere Kreise ziehen könntet, hindert euch euer Wunsch nach Sicherheit oft daran, euch all die Freiheit zu nehmen, die direkt vor eurer Nase liegt.«

Mambo machte mich sehr nachdenklich mit diesen Aussagen, und mir wurde bewusst, wie Recht sie hat. Hindern wir uns selbst nicht manchmal daran, unseren ganz persönlichen Weg ins Glück zu gehen, weil unser Verstand nach Sicherheit oder Gewohnheit schreit? Wie oft im Leben beschreiten wir neue Wege nicht, weil wir nicht wissen, was uns auf ihnen begegnen wird? Tatsächlich handeln noch immer fast alle Menschen so, dass die lieber in ihrer Komfortzone bleiben, statt einmal etwas Neues zu wagen. Und das bringt die kleine Buchfinkendame hier auf den Punkt.

Channeling der Gruppenseele der Vögel

»Frei wie ein Vogel« – das sagt ihr doch so gerne. Und wir sind wahrhaftig frei. Die meisten von uns jedenfalls. Diejenigen, die es nicht sind, zahlen mit ihrer Freiheit für Schutz, Futter und Bequemlichkeit. Ein Spiegel für viele von euch. Ein Spiegel, in den ihr nicht gerne blickt. Dabei wäre dieser Blick vonnöten. Es ist immer lehrreich, in den Spiegel zu blicken, den die Natur euch vorhält. Doch wollt ihr darin nur das Schöne sehen. Seltsam, denn im Leben seid ihr oft ganz anders. Im Alltag habt ihr oft den Blick für das Schöne verloren. Dabei hättet ihr doch genug Zeit und Möglichkeiten, genug Sicherheit und Ruhe, um euch darauf zu fokussieren.

Fokussieren, das ist etwas, was uns Vögeln leichtfällt. Und es ist erforderlich zum Überleben. Richten wir den Fokus auf Nahrung, werden wir sie auch finden. Fokussieren wir uns auf Schutz, einen Unterschlupf, werden wir diesen entdecken.

Richten wir unsere Konzentration auf unseren Fortbestand, so finden wir den richtigen Partner, bauen gemeinsam ein Nest und umsorgen unseren Nachwuchs.

Fliegen … Es gibt kaum etwas Schöneres. Den Wind im Gefieder spüren, die Sonne, die uns zärtlich küsst – Freiheit pur. Doch Fliegen bringt uns nicht nur Freiheit, es ist auch eine Notwendigkeit für uns. Es ist so sehr ein Teil von uns, dass wir ohne das Fliegen eigentlich selten glücklich sein können. Unsere Flügel sind unser ganzer Stolz. Sie tragen uns über Wiesen und Wälder, über Berge und Flüsse. Sie bieten unseren Jungen Schutz und Sicherheit, die sich unter sie kuscheln können und behütet werden von unseren Schwingen. Dadurch vermitteln sie auch Nähe und Geborgenheit. Ihr Menschen habt keine Flügel, und doch könnt ihr das gleiche Gefühl vermitteln. Durch eine zärtliche Umarmung, durch den Gebrauch eurer Arme und Hände. Vielleicht habt ihr es mit euren Gliedmaßen manchmal sogar leichter als wir.

Wir wissen, dass sich viele von euch danach sehnen, einfach auf und davon zu fliegen, so wie wir. Wir hören diesen Wunsch wieder und wieder. Gewünscht wird es meist, wenn die Sorgen euch überrollen und ihr keinen Ausweg mehr seht. Dabei fehlt euch oft nur der Überblick. Es ist selten so sehr die Flucht, die ihr sucht, als vielmehr der Wunsch, den Weg zu erkennen, der euch durch die Wirrnisse führt. Wir Vögel können euch dabei helfen, das ahnt ihr sehr wohl. Dieser Ahnung, diesem unwillkürlichen Wissen in euch entspringt der Wunsch, euch Flügel wachsen zu lassen.

Von oben betrachtet, sieht man alles aus einer anderen Perspektive. Und so solltet ihr vielleicht manchmal alles von oben betrachten, indem ihr euch über eure Sorgen und Gedanken erhebt. Von oben sieht man Wege, die einem verborgen bleiben, wenn man vor einem Hindernis steht und nur auf dieses blickt. Erhebt man sich darüber, um es von oben zu betrachten, stellt sich etwas ein, was einem hilft: Leichtigkeit.

Auch darum beneidet ihr uns manchmal, genauso wie ihr uns um unsere Freiheit und unsere Flügel beneidet. Hilft euch Neid, etwas zu bekommen, was ihr nicht habt?

Ihr dürft verstehen, dass alles, was ihr braucht, längst da ist. Es ist längst da, ihr seht es nur nicht. Bei eurer ständigen Suche an den falschen Orten seht ihr das Naheliegende nicht. Vielleicht, weil ihr den Überblick verloren habt. Weil ihr so fokussiert auf die falschen Dinge seid. Wenn wir Hunger haben, sehen wir nicht den Hunger, sondern wir sehen die Nahrung. Wenn ihr ein Problem habt, fangt an, nicht das Problem zu sehen, sondern die Lösung. Der Weg dorthin ist meist viel leichter, als ihr ihn euch macht. Betrachtet das Problem einmal aus einer anderen Perspektive. Nehmt euch die Freiheit, euch über die Dinge zu erheben, dann sieht gleich alles ganz anders aus.

Nehmt euch die Freiheit, euch über die Begrenzungen eures Verstandes zu erheben, über die Begrenzungen eures Körpers. Es mag euch schwer erscheinen, dabei ist es so leicht. Ihr braucht es euch nicht immer schwerer zu machen, als es in Wahrheit ist. Macht es euch leichter, denn es ist leicht.

Nehmt euch die Freiheit, und ihr habt die Freiheit. Erhebt euch über etwas, und ihr habt den Überblick.

Wenn wir am Boden sitzen, sehen wir nur einen winzigen Teil der Umgebung. Auf dem Baum sitzend nehmen wir schon viel mehr wahr. Aber erst in der Luft sehen wir, was da eigentlich alles ist. Selbst hoch oben am Himmel schwebend, können wir unsere Nahrung unten am Boden noch deutlich erkennen. Weil wir dann den Blick auf unsere Nahrung richten und den Sehsinn darauf ausrichten. Manchmal erfordert das Geduld. Manchmal verfehlen wir unser Ziel. Aber wir geben nie auf, denn wir haben, wie ihr, den Drang, zu überleben. Dabei tun wir immer, was unser Gefühl uns vorgibt. Wir denken nicht lange über etwas nach, wir tun es einfach. Fangt auch ihr an, einfach dem ersten Gefühl zu folgen, statt über alles lange nachdenken zu müssen.

Unser Rat an euch ist, mit mehr Leichtigkeit an die Dinge heranzugehen: Euch auch mal vom Wind der Zeit, vom Wind des Lebens tragen zu lassen und zu lernen, wie ihr eure Kräfte einteilen könnt. Handelt impulsiver statt rationaler. Fokussiert euch auf das Ziel und behaltet es im Auge. Doch bedenkt auch, dass man sich manchmal erst eine Weile bewegen muss, bevor der Blick auf das Ziel fällt. Vom Sitzen und Warten wird man nicht satt. Satt werden, damit habt ihr oft noch ein Problem. Ihr dürft lernen, mit weniger zufrieden zu sein. Wir reden nicht vom Essen, sondern davon, dass viele Menschen noch immer alles an sich raffen wollen und immer mehr und mehr erwarten. Dabei könnten sie leicht mit weniger auskommen. Nehmt euch ein Beispiel an uns. Wir bauen ein Nest, um unseren Nachwuchs darin aufzuziehen. Es bietet uns einen Rückzugsort und Schutz. Es ist groß genug für uns und unsere Sprösslinge. Was soll ein Spatz mit dem Horst eines Adlers? Er würde sich darin verloren fühlen. Genügsamkeit wird wichtig werden für die Menschheit, wie auch das Miteinander.

Das, wonach ihr euch bei unserem Anblick sehnt, ist das, was euch im Leben anscheinend fehlt. Aber ihr glaubt nur, dass es euch fehlt. Es ist da, zum Greifen nahe. Überwindet eure Ängste, wachst über euch hinaus, dann werden Freiheit, Leichtigkeit und Zuversicht euch begleiten. Lasst euch vertrauensvoll tragen, wenn ihr Kraft schöpfen wollt. Erlaubt es dem Leben, einfach zu geschehen. Vertraut darauf, dass der Wind des Lebens euch an den richtigen Ort weht, euch zur richtigen Begegnung führt und ihr dort – egal wo ihr dabei ankommt – immer richtig sein werdet. Erlaubt euch, über euch selbst hinauszuwachsen, den Hafen der Sicherheit zu verlassen und Neues geschehen zu lassen. Haltet euch nicht fest an dem, was ihr habt. Zieht auch mal los ins Unbekannte. Ihr könnt, wie wir, jederzeit zurückkehren in euer Nest, in euer Heim. Doch stärker werdet ihr nur, wenn ihr losfliegt, statt in eurem Zuhause hocken zu bleiben.

Das Leben ist ein Wunder. Es hält so vieles bereit. Ihr dürft euch erlauben, euch mehr tragen zu lassen. Der Wind des Schicksals bringt euch an die richtigen Orte, wenn ihr euch tragen lasst. Er ist wie ein warmer Luftstrom, der beim Vorankommen hilft und zugleich eure Kräfte schont. Wenn ihr auf der richtigen Spur seid, kommt ihr schon an die richtigen Orte. Doch dürft ihr noch ein wenig mehr lernen, darauf zu vertrauen, dass euer Leben so verläuft, wie ihr es braucht. Lasst euch treiben, lasst euch tragen. Nehmt euch die Freiheit, weniger zu denken und mehr eurem Herzen zu folgen. Lauscht dem Flüstern des Windes und dem Ruf eurer Seele. Dann lernt ihr die Freiheit wirklich kennen …

• • • • •

Als ich dieses Channeling machte, spürte ich ganz deutlich die Gruppenseele der Vögel. Es war eine ruhige und weise Präsenz, die geduldig manche Aussagen wiederholte, wenn ich beim Schreiben nicht so schnell mitkam.

Manchmal fragte ich nach, ob ich das wirklich genauso aufschreiben sollte, weil ich unsicher war, ob jeder die Botschaft hinter den Sätzen versteht. Die Antwort war klar und eindeutig: Jeder kann es verstehen. Manche Menschen brauchen dafür nur den Blickwinkel zu ändern. Da dies eine Aufforderung ist, die im Channeling der Vogelgruppenseele immer wieder auftaucht, wird vielleicht für einige bereits das Verstehen dieses Channelings ein wichtiger Schritt in die Veränderung sein.

Möglicherweise braucht es auch eine gewisse Tiefgründigkeit oder eben eine andere Perspektive auf das Gesagte, um die Botschaften zu verinnerlichen. Mir stand jedenfalls klar vor Augen, was der eine oder andere Satz bedeuten soll. Doch durfte ich es nur so wiedergeben, wie es mir mitgeteilt wurde.

– 10 –

Wölfe und ihre Botschaften

Wölfe waren einst neben dem Menschen die am weitesten verbreitete Säugetierart auf der Welt, und doch galten sie in Deutschland lange als ausgerottet. Das letzte Rudel wurde um 1890 in Brandenburg gesichtet, bevor sich die Spur der Wölfe verlor. Einhundert Jahre später wurden sie in Deutschland unter Naturschutz gestellt, und man begann sie wieder anzusiedeln – mit dem Ergebnis, dass ab dem Jahr 2000 in der freien Natur der sächsischen Oberlausitz erneut Wölfe geboren wurden.

Mittlerweile haben sich Wölfe wieder über ganz Deutschland und darüber hinaus ausgebreitet. Doch wir Menschen scheinen verlernt zu haben, mit ihnen zu leben. Sind es die alten Ängste, geschürt zum Beispiel durch Märchen, die dazu führen, dass wir Wölfe nach wie vor fürchten? Oder sind wir Menschen so ignorant geworden, dass wir neben uns nur noch Tiere dulden, die uns lieb sind? Wenn Wölfe andere Tiere reißen, die uns wichtig sind, wenn sie Schafe oder Pferde angreifen und verletzen oder gar töten, ist das für die Betroffenen natürlich ein emotionaler Schock und kann für sie unter Umständen zur Existenznot führen. Aber es gab einmal eine friedliche Koexistenz, und auch heute gibt es Wege zu einem friedlichen Miteinander. Wir müssen uns nur damit befassen und »neue« Mittel einsetzen, zum Beispiel Herdenschutzhunde. Sie haben früher schon gute Dienste geleistet und Sicherheit vor Wolfsangriffen geboten …

Auch wenn viele Menschen immer noch ängstlich die Begegnung mit der wilden Bestie Wolf fürchten, gibt es mindestens genauso viele, die vom Wolf begeistert sind.

Mysteriös erscheint er uns, gefährlich und faszinierend. Er ist unseren geliebten Hunden so ähnlich und doch ganz anders, und die Forderungen häufen sich, dass wir Menschen wieder lernen sollten, mit dem Wolf zu leben. Auch wenn es zu Problemfällen kommen kann und ein Wolf einmal zum Abschuss freigegeben werden muss, ist es doch der Mensch, der entscheidet, wann ein Wolf als Problemfall gilt.

Die Wölfe wollten mit ihren Botschaften unbedingt in dieses Buch. Sie zeigten mir dadurch deutlich, dass es ihnen ein großes Anliegen ist, verstanden zu werden.

Ein **Wolf** über das Leben im Zoo

Ich muss gestehen: Ich vermeide Zoobesuche, da ein Großteil der Tiere alles andere als zufrieden mit dem Leben dort ist. Aber einmal ergab es sich, dass ich mit der Schulklasse meiner Tochter als Begleitperson einen Zoo besuchte. Als ich vor dem Wolfsgehege stand, war mein erster Eindruck, dass es recht gut gestaltet ist, es wirkte auch ziemlich groß. Ein kleines Rudel lebte hier, und einige Jungtiere spielten vor einer Art Höhle. Dann sah ich ihn: einen jungen Wolf, der auf mich zu kam, als ich am Rand des Geheges stand. Er sah mir in die Augen, und ich schickte ihm das Gefühl, dass ich mich freute, ihn zu sehen. Ich vermittelte ihm, dass ich Wölfe wunderschön finde. Er blieb stehen, sah mich weiter an und begann, mit mir zu kommunizieren.

»Es ist ja *sooo* toll, dass ihr Menschen uns schön findet«, vernahm ich eine höhnische Stimme. »Sperrt ihr uns deshalb ein, auf diesem engen Raum? Begafft ihr uns deshalb den ganzen Tag, werft manchmal Sachen herein und erzählt euren Kindern Schauermärchen über uns? Wir möchten frei sein! Ich will hier nicht leben. Es ist zu eng, und deshalb gibt es oft Streit. Ihr wisst doch angeblich so viel über uns?! Dann wisst ihr doch sicher auch, dass wir Platz brauchen. Ich möchte durch einen Wald laufen. Weite Strecken könnte ich laufen, wenn ich frei wäre. Ich mag es hier nicht, obwohl ich hier geboren wurde. Ich gehöre nicht her. Ich bin ein Außenseiter in diesem Rudel. Wäre ich frei, so wäre ich schon längst losgezogen und hätte mein eigenes Rudel gegründet, meine eigene Familie. Hier bin ich ein Alpha, der gezwungen ist, sich zurückzunehmen oder den Alpha dieses Rudels herauszufordern. Ich nehme mich lieber zurück. Er führt das Rudel gut. Aber es fehlt mir, mich auszutoben, meine Kräfte spielerisch mit anderen zu messen. Und Tag für Tag gehe ich die gleichen Wege. Tag für Tag erlebe ich fast das Gleiche. Ich möchte rennen, soweit meine Beine mich tragen. Aber das kann ich hier nicht. Nicht so, wie ich es möchte. Da ist diese Sehnsucht in mir, die mich ruft und drängt. Tag und Nacht, sie lässt mich einfach nicht zur Ruhe kommen.

Es gibt einige im Rudel, die gerne hier sind. Denen das alles nichts ausmacht und die zufrieden sind. Sie ziehen das mühelose Futter und die Sicherheit hier jederzeit ihrer Freiheit vor. Aber womöglich denken sie einfach nur nicht über die Freiheit nach? Sie wissen ja, dass dies für sie immer ein Traum bleiben würde. Ich träume. Ich will nicht aufhören, zu träumen. Kannst du etwas ändern? Kannst du mir die Freiheit schenken? Nein? Dann geh! Geh und lass mich weiter meine Runden ziehen!«

Enorme Verbitterung schwang nicht nur in seinen Worten mit, ich spürte sie auch in jeder Faser meines eigenen Seins. Seine Unzufriedenheit und sein Unverständnis waren so groß, dass ich seine unermessliche Sehnsucht nach einem anderen Leben deutlich wahrnahm – nach einem Leben in Freiheit. Sie hallte in mir wider. Nachdem er mir diese Last auf seinem Herzen mitgeteilt hatte, trottete er weiter. Er wirkte nicht hoffnungslos. Dazu war er zu stark. Ich spürte einen Funken Hoffnung in ihm, ahnte aber, dass er ihm nicht die ersehnte Freiheit brachte ... und spürte zugleich, wie sehr er diesen Hoffnungsfunken brauchte, um sich daran festzuhalten und nicht zu Grunde zu gehen.

Einige Kinder aus der Klasse meiner Tochter hatten das stumme Gespräch beobachtet und sagten danach, es habe so ausgesehen, als hätte der Wolf mit mir gesprochen. Nur meine Tochter verstand es richtig, als ich entgegnete: »Das hat er auch.« An der Art, wie ich es aussprach, merkte sie, dass es kein fröhliches Gespräch gewesen war. Später redeten wir darüber, und sie fand, der Wolf habe sehr traurig gewirkt.

Instinktiv hatte sie wahrgenommen, wie unglücklich er war, auch wenn man es auf den ersten Blick nicht hatte sehen können. Außerdem hatte sie richtig gespürt, dass es für diesen Wolf dort zu beengt war und er sich nach Freiheit sehnte. Ich ließ sie reden, und als sie fertig war, erzählte ich ihr, was er mir gesagt hatte. Für sie war es eine wichtige Bestätigung. Sie war anfangs unsicher gewesen, ob es nicht ihrer Einbildung entsprungen war, denn die anderen Kinder hatten nichts dergleichen erwähnt, und auch die Erwachsenen vor dem Wolfsgehege schienen kaum etwas davon wahrgenommen zu haben.

Gespräche mit **Wölfen** in einem Wildpark

Seit vielen Jahren besuche ich regelmäßig einen Wildpark ganz in meiner Nähe. Ich liebe es, dort Zeit zu verbringen, die Natur zu genießen und die Gegenwart der Tiere zu spüren. In dem Park gibt es jede Menge Platz, und die meisten Tiere können sich innerhalb des weitläufigen Bereichs frei bewegen. Ich nutze gerne die Möglichkeit, die Tiere des Wildparks in aller Ruhe zu fotografieren, mich mit ihnen auszutauschen und mehr über ihre Sicht auf die Menschen zu erfahren.

Auch ein Wolfsgehege gibt es dort, vor dem sich immer zahlreiche Besucher aufhalten. Ich habe dort selbst schon viele Stunden damit verbracht, die Wölfe zu beobachten und mit ihnen in Verbindung zu treten. Sie sind deutlich zufriedener mit ihrem Wohnumfeld als die meisten Tiere im Zoo, aber deshalb sind sie noch lange nicht glücklich. Einmal sprach ich mit einem älteren Wolf, mit dem ich schon öfter in Kontakt gewesen war. Seine Worte möchte ich an dieser Stelle wiedergeben.

»Eigentlich ist es hier ja ganz gemütlich«, sagte er. »Wir können jagen, haben einen Unterschlupf und vor allem haben wir einander. Für die Jungen ist es manchmal zu langweilig. Die Rangeleien mehren sich. Ich weiß nicht, ob das noch lange gut geht. Für einige von den Jungen wäre es an der Zeit zu gehen, sich ein eigenes Rudel zu suchen. Aber die Menschen, die sehen das nicht. Tagein, tagaus das Gleiche: Sie stehen am Zaun, starren uns an. Manchmal schlagen sie mit Stöcken gegen den Zaun und machen noch mehr Lärm, als sie es ohnehin schon tun.

Ich habe über die Jahre gelernt, den Lärm zu ignorieren. Manchmal lege ich mich einfach in eine Mulde, damit ich meine Ruhe habe. Wenn wir alle nur herumliegen, sind wir anscheinend weniger interessant für die Menschen. Ich kann die ganze Aufregung um uns wirklich nicht verstehen. Die Hirsche sind größer als wir, und doch finden sie weniger Beachtung.

Ich genieße die Nächte. Dann ist es endlich still. Aber meine Knochen schmerzen mich oft, vor allem, wenn es kalt wird. Ich bin alt geworden. Mein Fell ist jetzt struppig, meine Augen werden langsam trüb. Und doch … Ich glaube, ich sehe mehr als viele der Besucher hier. Manchmal kommt jemand wie du. Es ist zwar selten, aber ab und zu gibt es welche, die vorbeikommen, weil sie von uns lernen, sich austauschen wollen. Das ist immer eine schöne Abwechslung. Wenn ich merke, dass jemand sich wirklich für uns interessiert, für unser wahres Wesen und unser Wissen – das ist schön …

Es kommt zwar nicht oft vor, aber immer mal wieder.

Auch du kannst die Schönheit sehen, die noch in mir ist, oder? Ja, ich spüre es. Du siehst die Schönheit, die man allein durch sein Herz sehen kann. Das machst du schon sehr gut. Und doch hast du noch viel zu lernen. Aber das weißt du ja.

Geh nun, geh hinüber auf die andere Seite des Geheges. Rede mit den Jungen. Vielleicht dringst du zu ihnen durch, bevor sie sich gegenseitig die Kehle zerfetzen!«

Das tat ich, ging auf die andere Seite des Geheges – und sah zwei junge Wölfe, bei denen sofort zu spüren war, dass sie einander nicht wirklich mochten. Die Spannung zwischen ihnen war greifbar, und noch bevor ich mit ihnen in Verbindung treten konnte, griff einer den anderen an. Das kam für mich unerwartet, vor allem unerwartet heftig. Ich schrie in Gedanken mehrmals »Stopp!«, doch es wurde ignoriert. Auch an diesem Tag hatte ich meine Kamera dabei, und während ich versuchte, die beiden verbal zu trennen, fotografierte ich sie. Später könnten die Bilder dazu beitragen, dass die jungen Wölfe in getrennte Gehege kämen – hoffte ich zumindest.

Ich glaube, ich rief damals auch laut so etwas wie »Schluss jetzt!«. Ob durch meine Intervention oder einfach weil der Kampf zu Ende war, kann ich nicht sagen, jedenfalls hörten die beiden Wölfe auf, sich gegenseitig zu bekämpfen. Anschließend nahm ich mit dem sichtlich Schwächeren Verbindung auf und tauschte mich mit ihm aus. Ich fragte nach, wie es ihm jetzt ginge und ob er starke Schmerzen habe.

»Mein Bein tut weh, aber es ist nichts gebrochen«, sagte er. »Ich dachte wirklich, diesmal bringt er mich um. Ich muss weg, aber wohin? Ich kann nicht weg! Wir sind gezwungen, auf engem Raum miteinander zu leben – oder zu sterben. Und wahrscheinlich werde ich das auch bald, sterben. Der Alpha macht seinen Anspruch geltend und will mich nicht mehr hier haben. Aber wo soll ich hin? Ich weiche ihm aus, so gut es geht. Heute war ich wohl wieder nicht wachsam genug. Du warst es, die gerufen hat, oder? Ja, ich erkenne deine Frequenz. Aber auch du kannst nicht ändern, was sich nicht ändern lässt. Ich will nicht mehr kämpfen. In solchen Momenten möchte ich mich nur hinlegen. Meine Beine schmerzen von der Anstrengung, und die Verletzung macht mir schon jetzt zu schaffen.

Die werde ich überleben, ihn wohl nicht.«

Bei der letzten Aussage blickte er zu dem anderen Rüden, der ihn so heftig angegriffen hatte. In dem Augenblick wurde mir klar, dass ich das nicht einfach so hinnehmen konnte. Der schwächere Wolf war verletzt und brauchte Hilfe, es musste etwas geschehen. Ich informierte eine Angestellte im Park über den Vorfall und bat darum, dass sich jemand um ihn kümmerte und das Rudel anders aufgeteilt wurde.

Ich bekam keine wirkliche Rückmeldung, außer dass man es weitergeben würde.

Ein paar Monate später stellte ich jedoch fest, dass es nun zwei Rudel im Wildpark gab. Ob durch meine Meldung oder weil ihnen selbst aufgefallen war, dass es so nicht weitergehen konnte, spielt für mich keine Rolle. Ich sah den jungen Rüden wieder, er befand sich im zweiten Gehege und war sichtlich besser genährt und in besserem Zustand als beim letzten Mal. Er fühlte sich deutlich wohler, und als ich mich kurz mit ihm verband, kam die Information, dass alles gut sei, wie es jetzt ist. Das Gefühl von Dankbarkeit durchfloss mich, und ich ging mit einem Lächeln auf den Lippen weiter.

Channeling der Gruppenseele der Wölfe

Wir werden gefürchtet und geliebt gleichermaßen. Ihr fürchtet uns, weil ihr alles fürchtet, was ihr nicht kennt. Ihr fürchtet die Macht, die von uns ausgeht. Ihr fürchtet, wofür wir stehen. Ihr fürchtet die Gemeinschaft, für die wir stehen, das Rudel, ihr fürchtet die Weisheit und das Wissen. Wir lieben die Freiheit und das Miteinander. Wir möchten euch zeigen, wie wichtig es ist, zusammenzustehen. Im Miteinander liegt das Leben. Einer allein kann überleben, doch niemals wirklich leben. Gemeinsam erlegen wir eine größere Beute, als ein Einzelner es je könnte. Gemeinsam schaffen wir mehr und haben dadurch genug Zeit, um einfach zu leben. Wir erfreuen uns am Spiel der Jungen und kümmern uns um die, die schwächer sind.

Zu lange schon überleben die Menschen nur statt zu leben. Ihr funktioniert einfach, ihr überlebt. Doch ihr lebt nicht wirklich. Lasst eure Kinder im Kreis der Familie Kinder sein. Schiebt eure Alten nicht ab und kümmert euch mehr um die Schwachen. Ihr Menschen habt doch schon so viel erschaffen, seid so weit gereist. Und genauso viel, wie ihr neu ergründet habt, habt ihr vergessen.

Ihr habt einander vergessen. Statt miteinander zu leben und zu wirken, vereinzelt ihr euch, geht getrennte Wege. Verfolgt eure Ziele gemeinsam, dann erreicht ihr sie schneller, müheloser.

Ihr umgebt euch mit Freunden im Leben, die uns ähnlich sind. Ihr sagt, sie stammen von uns ab, eure Hunde. Doch haben sie vieles verloren von dem, was wir noch in uns tragen. Sie haben ihre Freiheit gerne aufgegeben, um euch zu dienen, euch zu helfen. Das ist etwas, was wir nicht gerne tun: unsere Freiheit aufgeben.

Über Jahrtausende wurden wir gefürchtet und geliebt. Jene, die tiefer blickten, liebten uns. Jene, die nicht dem ersten Schein erlagen, sahen uns oft als das, was wir sind. Wir lieben es, in der Natur umherzustreifen, über Wiesen und Felder, durch Wälder und Dickichte. Wir lieben es, uns im Rudel umeinander zu kümmern, füreinander da zu sein. Ja, es gibt Streit bei uns. Doch wo es Streit gibt, gibt es auch Versöhnung.

Manche von euch sagen, wir stehen für die Führerschaft. Einige von uns möchten dies aufzeigen, das ist wahr. Diejenigen, die leiten und führen können. Andere, die dies nicht wollen, streben auch nicht danach. Sie sind zufrieden mit dem Schutz des Alphas, dem Schutz des Rudels. Auch das hat seine Vorzüge, die wir sehr wohl zu schätzen wissen. Zufrieden sein mit dem Platz, den man im Leben hat – das dürfen viele von euch noch lernen. Manche sind zu Höherem berufen, manche sind zum Führen berufen.

Doch streben auch einige nach Führerschaft, deren Platz nicht an der Spitze sein sollte, die nicht gut für das Rudel sind. Das bringt Unruhe mit sich, Ärger und Unzufriedenheit. Schafft ein solcher es an die Spitze, wird in Gruppen nie Zufriedenheit herrschen. Führen sollte, wer wirklich das Wohl der Gemeinschaft an die erste Stelle stellt. Ein Leitwolf, der sich nicht gut um sein Rudel kümmert, wird untergehen.

Versteht ihr, was wir euch damit sagen möchten?

Führen sollte, wer das Wohl der Gemeinschaft über sein eigenes stellt. Doch Macht führt oft zu Gier. Wir sehen viel Gier bei den Menschen in den letzten Dekaden, in den letzten Jahrhunderten. Es gab diese Gier schon immer, die Verführung der Macht. Ihr solltet die Macht aber weise nutzen und niemals vergessen, dass das Rudel zusammen immer mehr ausrichten kann als ein einzelner Wolf. Der Schutz der Gemeinschaft steht an erster Stelle. Das ist, was wir Wölfe euch zeigen möchten.

Es gibt auch die Einzelgänger, diejenigen, die Ärger machen. Die, die auf der Suche nach sich selbst sind und ihren Platz bisher nicht gefunden haben. Es gibt sie, bei uns und genauso bei euch. Sie wissen nicht, was es heißt zu leben. Doch sie verdienen ebenfalls einen Platz in der Gemeinschaft, selbst wenn sie es oft noch lernen müssen, sich zu integrieren, die Gemeinschaft zu unterstützen und zu schätzen. Sie glauben, dass sie allein besser zurechtkommen, weil sie dann tun können, was sie wollen. Sie überleben vielleicht. Doch leben sie nicht wirklich. Es ist das Miteinander, die Freude der anderen, das Lachen und die Gemeinschaft, die das Leben erst lebenswert machen.

Gier und Einsamkeit sind schlechte Weggefährten.

Nachsicht, Miteinander und Achtsamkeit sind die Grundregeln in jeder Gemeinschaft. Lebt ihr dies?

Ihr dürft jetzt lernen, wieder mehr euren Urinstinkten zu vertrauen. Sie sind verweichlicht in dem Luxus, den ihr euch geschaffen habt. Ihr dürft wieder lernen, den Boden unter euren Füßen zu spüren, den Wind auf eurer Haut, die Wärme der Sonne …

Ihr dürft wieder lernen, dem Wind zu lauschen, er hat euch so viel zu erzählen. Hört ihr denn noch, welche Botschaften er mit sich bringt? Spürt ihr den Herzschlag der Erde? Weit seid ihr gekommen als Menschheit. Und noch weiter habt ihr euch von euch selbst entfernt. Es ist an der Zeit zurückzukehren zu eurer eigenen Natur. Ihr könnt es. Ihr seid mächtigere Wesen, als ihr glaubt. Doch vielleicht auf andere Weise, als ihr es in den letzten Jahrhunderten verstanden habt. Die Suche nach dem, was wichtig ist, dürft ihr beenden. Zu lange habt ihr an den falschen Orten gesucht. Ihr seid gereist, habt erobert, geforscht und entwickelt. Alles habt ihr getan, nur nichts für euch …

Die wahre Macht, die Antwort auf jede Frage, findet ihr nicht im Außen. Sie liegt in euch. Sie ruht in euch, manchmal dicht unter der Oberfläche, manchmal sicher und tief verborgen. Doch sie ruht in jedem von euch. Findet wieder zu euch, zu dem, was ihr wahrhaftig seid. Stärkt das Miteinander, die Gemeinschaft. Im Zusammenhalt, im Gleichklang liegt so viel wahre Macht und wahre Stärke.

Wir Wölfe zeigen euch, dass auch eine Gemeinschaft, die dem Untergang nahe ist, wieder erstarken kann. Wir haben es vorgemacht: Niemals geben wir auf und niemals gehen wir ganz unter. Wir werden wieder mehr, holen uns zurück, was uns einst gehörte. Wir zeigen euch damit, dass eine Gemeinschaft im Miteinander überleben und irgendwann auch wieder leben, dass sie wachsen und gedeihen kann.

Ihr Menschen habt im Laufe der Jahrtausende immer wieder versucht, das auszurotten, was euch gefährlich erschien, das, was ihr für das Böse hieltet. Lernt, wieder alles zu sehen. Zu oft hattet und habt ihr euren Blick auf eine Facette fokussiert, auf einen bloßen Aspekt, einen Splitter des Ganzen. Deshalb haben viele von euch nur unsere Gefährlichkeit gesehen – und so ist es noch immer. Aber das Raubtier ist bloß ein Teil von uns, unseres ureigenen Wesens. Und auch wir wollen leben.

Ist das so ungewöhnlich, so furchteinflößend für euch? Seht einmal genauer hin: Macht ihr nicht das Gleiche wie wir? Der Aufschrei ist groß bei euch, wenn einer von uns ein Tier reißt. Ein Tier, das einem von euch gehört. Gehört es euch denn wirklich? Ist es nicht vielmehr ein Teil der Natur, ein Teil des ewigen Kreislaufes? Kann eine Seele jemals einem anderen gehören?

Wir jagen, um zu essen, und wir essen, um zu leben. Auch ihr esst, um zu leben. Wo ist für euch der Unterschied?

Zieht ihr noch immer Grenzen zwischen uns Tieren und euch Menschen? Habt ihr noch immer nicht erkannt, dass wir einander ähnlicher sind, als ihr vielleicht glauben wollt?

Wir Wölfe sind keine reißenden Bestien, so wenig wie ihr. Nicht in unserem Inneren. Da sind wir – da seid ihr – so viel mehr. Wir alle sind Seelen auf einer Wanderung durch Raum und Zeit. Wir alle sind geboren, um Erfahrungen zu sammeln, um zu leben und zu wirken. Ein jeder auf seine Weise. Ihr als Menschen, wir als Wölfe, andere als Hunde oder auch als Bäume. Wo ist der Unterschied?

Das, was ihr mit euren Augen seht, ist nur ein winziger Teil dessen, was es zu entdecken gibt. Blickt tiefer, hört genauer hin und vor allem: Fühlt euch wieder mehr in alles hinein.

Jeder Stein hat eine Geschichte zu erzählen, jeder Bach und jedes Tier. Wir Wölfe sind nur einige von vielen, von denen ihr lernen könntet. Ein Staubkorn im Universum – das sind wir und das seid auch ihr. Wer kann schon ein Staubkorn vom anderen unterscheiden? Gibt es vielleicht mehr Gemeinsamkeiten als Unterschiede? Und welches Staubkorn ist mehr wert als das andere …?

Wir wissen, dass noch etwas Zeit ins Land gehen wird, bis die Menschen gelernt haben, wieder als Gemeinschaft zu wirken. Doch ihr seid dabei, ihr seid bereits drauf und dran. Jeder Schritt nach vorne ist ein wichtiger Schritt für euch. Wenn ihr wieder mehr zuhört, werdet ihr auch mehr verstehen. Öffnet ihr eure Herzen weit, werdet ihr mehr wahrnehmen, mehr erkennen und vor allem: mehr leben.

• • • • •

Beim Channeling der Gruppenseele der Wölfe war ich zunächst etwas irritiert. Obwohl ich Wölfe sehr liebe, hatte ich mit einer bedrohlichen Präsenz gerechnet. So war ich äußerst überrascht, dass sich mir das Höhere Selbst der Wölfe als sanft und nachsichtig zeigte. Ich spürte die Größe und Weisheit, aber auch eine enorme Achtsamkeit. Wie kann es ein, dass die Gruppenseele einer Spezies, die von vielen Menschen als furchteinflößend und gefährlich angesehen wird, so viel Achtsamkeit und Sanftheit ausstrahlt? Auch die Erklärung dafür versteckt sich im Channeling dieser Gruppenseele: Zu oft sehen wir nur einen kleinen Teil von etwas und haben keinen Blick mehr für all die anderen Teile, durch die es sich ebenfalls auszeichnet.

Wir finden in diesem Channeling so viele Hinweise, wie wir unser Leben neu ausrichten können. Wir erfahren darin so viel, was für uns als Menschheit wichtig ist. Das tiefe Wissen, das sich in Tierkommunikationen und Channelings von Gruppenseelen der Tiere immer wieder finden lässt, ist wirklich beeindruckend.

Für mich ist jede einzelne Gruppenseele, ganz gleich welcher Tierart, unglaublich berührend.

– 11 –

Rehe und ihre Botschaften

Jeder, der viel in der Natur unterwegs ist, begegnet ihnen hin und wieder: den Rehen. Meistens sieht man sie in kleineren Gruppen friedlich äsend auf Wiesen und Feldern, oft auch in der Dämmerung. Waren sie ursprünglich eher in den Randgebieten von Wäldern und Gebüschen zuhause, besiedeln sie heutzutage auch unbestellte Felder. Auf diesen Feldern und im schummrigen Licht ist die Farbe ihres Fells eine gute Tarnung. Kommt man ihnen zu nahe, erweisen sie sich als äußerst schnelle Fluchttiere und huschen fast immer gleich auf und davon. Dabei verschwinden sie mit wenigen Sprüngen im dichten Unterholz oder an Waldrändern.

Was viele nicht wissen: Rehe gehören zur Gattung der Hirsche und bilden deren häufigste und kleinste Unterart, die in Europa am weitesten verbreitet ist. Als sogenannte Trug- oder Neuwelthirsche, einer Unterfamilie der Hirsche mit fast zwei Dutzend Arten, sind sie näher mit den Elchen verwandt als mit dem bei uns heimischen Rot- oder Damhirsch.

Der Rücken der scheuen Tiere fällt von hinten nach vorne leicht ab. Aufgrund ihrer Körperform und der Fortbewegungsart werden sie in der Jägersprache als »Schlüpfer« bezeichnet. Es gibt Millionen Rehe allein in Deutschland, und da sie sich ständig vermehren, werden sie auch stark bejagt.

Auf meinen Exkursionen in der Natur habe ich selbst immer wieder Begegnungen mit Rehen. Mehrmals in der Woche laufen sie mir über den Weg, und manchmal nutze ich die Möglichkeit, mich mit ihnen zu unterhalten. Bei Wildtieren interessiert mich immer am meisten, was sie von uns Menschen eigentlich denken und wie sie uns wahrnehmen. Ich möchte euch nun an einigen Erlebnissen mit Rehen teilhaben lassen und natürlich auch die Gruppenseele der Rehe zu Wort kommen lassen.

Das Leben im Wald

Ich bin sehr häufig zu Fuß mit dem Pferd im Wald. So war es auch an diesem kühlen und dennoch sehr angenehmen Wintermorgen. Wir befanden uns auf unserer üblichen kleinen Waldrunde, als Aisling mich darauf hinwies, dass links vor uns im Wald andere Tiere waren. Drei Rehe standen dort, hatten gerade noch gefressen und sahen uns jetzt misstrauisch an. Dass ihr Misstrauen nicht dem Pferd, sondern mir als Mensch galt, war offensichtlich. Sie waren sprungbereit und kurz vor der Flucht. Ich nehme an, dass sie nur zögerten, weil der Geruch des Pferdes meinen etwas überlagerte – Rehe können einen Menschen aus bis zu dreihundert Metern Entfernung riechen.

Ich schickte den Rehen das Gefühl von Sicherheit und Friedfertigkeit. Ich wollte sie nicht verjagen, sondern sie viel lieber für eine Weile betrachten und mich mit ihnen austauschen. Also verharrte ich mit meinem Pferd und schickte ihnen weiterhin dieses Gefühl von Sicherheit. Dabei formulierte ich auch einige Gedanken für sie: »Von mir geht keine Gefahr aus. Ich möchte euch bloß betrachten. Ich freue mich, euch zu sehen.« Es war ganz zauberhaft. Uns trennten nur wenige Meter. So nahe war ich freilebenden Rehen noch nie gewesen. Ich spürte, dass sie auf der Hut waren. Sie waren bereit, jederzeit davonzuspringen, sollte ich doch zur Gefahr für sie werden. Dennoch merkte ich, dass sie sich zu entspannen begannen. Ruhig neben meinem Pferd, signalisierte ich den Rehen immer weiter, wie sehr ich mich freute, dass sie immer noch dort standen. Zurückhaltende Neugier schlug mir entgegen. Zögerlich schienen sie meine Gedanken und Gefühle abzutasten, um festzustellen, ob ich auch wirklich keine Gefahr für sie darstellte.

Dann übermittelten sie mir folgende Botschaft: »Es ist meistens friedlich hier im Wald. Und still. Wir genießen die Stille sehr, sie ist Teil unseres Wesens, unserer Natur. Wir sehen oft Menschen. Wieso sind die Menschen immer so laut, so hektisch und so rücksichtslos? Einer allein, das geht meistens noch. Wenn wir einen Menschen allein im Wald sehen, ist dieser oft achtsam, geht langsam und bewusst durch den Wald. Als ob er sieht, dass es hier mehr gibt, als seine Augen ihm zeigen. Schlimm ist es, wenn die Menschen einen Hund dabeihaben und dieser uns nachstellt. Todesangst – das ist es, was wir in solchen Momenten empfinden. Es kostet uns so viel Energie, wenn wir davonrennen müssen. Gerade wenn das Futter knapp ist (im tiefen Schnee) oder unsere Reserven aufgebraucht sind (zum Ende des Winters), ist das schlimm für uns. Aber auch zu anderen Zeiten ist die Angst etwas, was uns anfällig macht. Sind mehrere Menschen zusammen hier im Wald, dann wird es meist unerträglich laut. Das Gute für uns ist, dass wir sie aus großer Entfernung schon hören und uns von ihnen fernhalten können. Aber wir fragen uns, ob ihr Menschen denn überhaupt richtig wahrnehmt, wo ihr seid?

Spürt ihr noch den Boden unter euren Füßen? Hört ihr das leise Pochen des Spechts in der Ferne? Hört ihr uns Rehe äsen? Du bist so nahe an uns dran. Näher als wir sonst einen Menschen heranlassen. Was hörst du? Und was siehst du?«

Die drei Rehe machten an dieser Stelle eine kurze Pause, und ich antwortete, dass ich sie wahrnähme. Dass ich sie nicht nur sähe, sondern spürte. Ich wies auf kleine Details hin, die ich gespürt oder auf andere Weise wahrgenommen hatte, wie zum Beispiel, dass eines von ihnen leichte Probleme mit dem linken Vorderlauf habe. Sie wirkten nur geringfügig überrascht und fuhren dann fort: »Du magst aufmerksam sein und nimmst mehr wahr als die meisten, die durch den Wald gehen. Und doch könntest auch du noch mehr sehen. Wann hast du uns bemerkt? Erst als du uns sehen konntest. Du hast uns schon vorher kurz gespürt, aber deiner Wahrnehmung nicht vertraut. Dabei weißt du doch, dass es genau darum geht: Ihr Menschen solltet eurer Wahrnehmung wieder mehr vertrauen. Und überhaupt: Lernt, euch wieder mehr zu öffnen und die Informationen besser fließen zu lassen.

Oh … und eine Bitte noch: Werdet leiser.«

Nach diesen letzten Aussagen, die mich nachdenklich machten, merkte ich, dass das Gespräch für die Rehe beendet war. Ich bedankte mich und ging weiter. Die Rehe sahen mir hinterher und blieben, wo sie waren. Ich dachte noch eine Weile über das Gespräch nach. Dabei wurde mir klar, dass ich tatsächlich schon Minuten vor der Begegnung gespürt hatte, dass weiter links im Wald Tiere waren. Ich hatte es sogar meinem Pferd mitgeteilt, dass da was wäre, weil ich verhindern wollte, dass er sich womöglich erschreckt. Ich hätte jedoch nicht mit Sicherheit sagen können, dass es Rehe waren. Obwohl ich genau das vorhergeahnt (oder vielleicht sogar gewusst) hatte, hatte ich in diesem Moment dieses Wissen, diese kurze Wahrnehmung, beiseitegedrängt und schnell wieder vergessen. Ich könnte mich darauf rausreden, dass ich zu diesem Zeitpunkt voll und ganz auf mein Pferd konzentriert war. Das stimmt auch, aber wenn man mit dem Pferd unterwegs ist, gehört die Wahrnehmung der Umgebung eben dazu. Tatsache ist, dass ich möglicherweise nicht achtsam genug war an jenem Tag.

Seit diesem Gespräch mit den Rehen, denen ich im Wald begegnet war, habe ich mir angewöhnt, den Wald und seine größeren Bewohner mehr zu erspüren und zu fühlen, wenn ich mich dort aufhalte. Deshalb weiß ich nun auch, was die Rehe damit meinten, als sie sagten, dass es im Wald so viel mehr zu sehen gibt, als unsere Augen uns zeigen …

■ Rehe im Wildpark

In dem Wildpark, den ich regelmäßig besuche, gibt es eine Vielzahl an freilaufenden Rehen. Am Eingang des Wildparks werden Futtertüten verkauft, und die Rehe wissen natürlich ganz genau, dass die meisten Menschen, die durch den Park gehen, eine solche Futtertüte bei sich haben. Entsprechend haben die meisten von ihnen ihre Scheu verloren. Sie gehen nicht nur ganz nahe an die Menschen heran, sie sind teilweise geradezu aufdringlich. Aber die jüngeren Tiere, die dort geboren werden, behalten meist noch eine Weile ihre natürliche Scheu, und auch bei den älteren gibt es einzelne, die ihre Zurückhaltung bewahrt haben und auf Abstand bleiben.

Bei einem meiner Aufenthalte dort bemerkte ich einen jungen Rehbock. Scheu lugte er hinter einem Baumstamm hervor und betrachtete die Menschen argwöhnisch. Er ließ sich nicht mit dem Futter locken und bewahrte einen ordentlichen Sicherheitsabstand. Ich empfand Faszination für ihn. Es lag etwas in seinem Blick, was mich ansprach, und so schickte ich ihm sanft einen kleinen Gruß. Ruckartig drehte er den Kopf in verschiedene Richtungen und versuchte augenscheinlich, die Quelle der kurzen Botschaft auszumachen. Ich schickte ihm ein Bild von mir und der Stelle, an der ich gerade stand, und im nächsten Moment fanden sich unsere Blicke. Ich fragte ihn, warum er nicht zu den Menschen ginge, wie die meisten seiner Artgenossen dort im

Wildpark. Ich wollte gerne wissen, wie er sein Leben sieht und was er von den Menschen hält. Zögerlich begann er, mir seine Gedanken und Gefühle mitzuteilen.

»Eigentlich ist es hier ja ganz schön. Aber es ist mir oft zu voll und zu laut. Zu viele meiner Artgenossen – da gibt es immer wieder mal auch Streit. Sieh dir die zwei da drüben an! Sie zanken sich wegen einer Handvoll Körner. Dabei steht das Gras auf der Wiese hoch, und das schmeckt doch ohnehin viel besser. Der Lärm der Menschen ist manchmal unerträglich. Sie schreien und quietschen, wollen uns unbedingt anfassen. Das entspricht nicht unserem Wesen, aber manche von uns scheinen das vergessen zu haben. Sie ziehen eine Handvoll Körner den gesunden Kräutern und Gräsern vor. Und wofür? Weil es bequemer ist? Meins ist das nicht. Die Menschen starren uns an, und auch wenn ich spüre, dass die meisten sich an unserem Anblick erfreuen, erscheint es mir nicht ganz richtig. Manchmal, wenn keine Menschen mehr da sind, gehe ich zum Zaun und probiere von den Körnern. Sie schmecken schon gut, aber wenn ich sie esse, fühlt sich das für mich irgendwie falsch an. Verstehst du, was ich meine? Wenn keine Menschen hier sind, ist das für mich wie ein Aufatmen. Alle sind viel ruhiger und entspannter. Sobald die ersten Menschen kommen, beginnen die Streitigkeiten, die Unruhe und die Hektik. Mir ist das oft zu viel. Ich beobachte die Menschen auf die gleiche Weise, wie sie uns beobachten. Aber die meisten sehen ohnehin gar nicht richtig hin. SO viel Oberflächlichkeit …

Sie bewundern diejenigen von uns, die ein besonders großes Geweih haben oder sich gerne anfassen lassen. Andere von uns, die unscheinbarer sind oder auf Abstand bleiben, finden meist weniger Beachtung. Warum ist das wohl so? Muss für euch Menschen immer alles besonders prächtig und greifbar sein? Ich verstehe euch nicht. Die Schönheit liegt nicht in der Größe oder in der Prächtigkeit. Schönheit liegt im Detail. Du verstehst, was ich meine. Ich wünschte nur, es würden alle Menschen verstehen …«

Ich kam nicht umhin, dem jungen Rehbock zuzustimmen. Seit vielen Jahren schon bemühte ich mich, die wahre Schönheit in allem zu sehen. Sie liegt für mich nie im Aussehen von etwas, sondern stets im Wesen der Dinge und Tiere. Dieses Gespräch ließ mich eine Sehnsucht spüren, eine Sehnsucht tief in ihm, in dem jungen Rehbock – eine Sehnsucht nach mehr Stille und Abgeschiedenheit. Bilder erschienen mir vor den Augen, auf denen er frei durch die Wälder streifte. Obwohl der Wildpark wirklich weitläufig ist und sowohl Wälder als auch Wiesen für die Rehe zu bieten hat, sehnte sich dieses Tier nach etwas, was es nicht wirklich hatte: einem Leben in Freiheit.

Channeling der Gruppenseele der Rehe

Wir meiden den Kampf, wo immer es geht. Sanftmut bereitet uns den Weg. Wir flüchten, wenn es nötig ist, und greifen dann zu einer List. Wir schlüpfen ins Gebüsch hinein und machen uns dazu einfach klein. Unsere Größe, die kennen wir, und bleiben treu im Revier. Wir lieben unseren Ort zum Leben, möchten eine Heimat auch unseren Kindern geben. Diese Heimat sind Wald und Flur. So oft folgen wir der gleichen Spur, um Nahrung oder Schutz zu finden. Die richtigen Kräuter suchen wir, wenn irgendwann die Kräfte schwinden. Der Tod ist für uns leicht zu verwinden, denn das ist der Kreislauf der Natur … Der Tod ist eine Veränderung, ein Übergang nur.

Wo Schatten ist, da ist auch Licht. Viele haben dies vergessen, wir Rehe jedoch nicht. So wie wir aus dem Dunkel des Waldes ins Licht auf dem Felde ziehen, könnt auch ihr dem Dunkel entfliehen. Das alte Wissen tragt ihr in euch, gut verborgen und versteckt, bis ihr es selbst wieder in euch erweckt. Ihr wartet auf Rettung, in fremder

Gestalt, habt satt die Kriege, die Angst und Gewalt. Kehrt dem allen doch einfach den Rücken, lasst euch von einer Neuen Welt verzücken. Einer Welt, die ihr selbst könnt erschaffen, ohne Terror, Angst und Waffen. Alles, was ihr dafür müsst tun, ist mehr in euch selbst zu ruhn. Mit Liebe und Sanftmut wendet euch zum Licht, vergesst dabei die Lektionen der Vergangenheit nicht. Folgt wieder mehr eurer inneren Spur, lebt im friedlichen Konsens nur. Seid sanfter zu anderen und zur Natur, seid mehr ihr selbst und nicht so stur.

Ihr Menschen seid oft so verbissen, glaubt zwar, wirklich viel zu wissen, doch merkt ihr dabei eines nicht: dass euer Wissen zu einseitig ist. Das Wissen im Kopf mag wichtig sein, doch ist es nicht der Kopf allein, der Weisheit wirklich in sich trägt. Vielmehr ist es die Seele, die vieles schon erlebt hat, die Wissen sammelt und in sich trägt. Das Wissen des Herzens ist euch gut bekannt. Ignoriert ihr es, fahrt ihr gegen die Wand. Erlaubt Herz und Seele, lauter zu sein. Lauter als Gedanken, denn die sind nicht rein. Gedanken sind oft durch Zweifel geprägt, durch Erziehung und das, was ihr habt erlebt. Herz und Seele sind ehrlich und führen zum Glück. Vertraut mehr den Gefühlen, schaut nach vorn statt zurück. Was war, ist gewesen. Was sein wird, wird sein. Es zählt nur, was jetzt ist. Das Jetzt formt, was wird sein. Mach es richtig: Geh deinen Weg! Nimm dich selbst endlich wichtig! Folg deinem Herzen und deinem Gespür, dann öffnet sich stets die richtige Tür. Nichts ist jemals endgültig verloren, jeder und alles wird wiedergeboren. Der Kreislauf des Lebens, er endet nie, denn Leben entsteht erst durch Energie.

Mit Sanftmut kommt ihr im Leben viel weiter. Seid öfter dankbar, fröhlich und heiter. Umgebt euch mit Freude, Lachen und Glück, kehrt in das Leben als Gemeinschaft zurück. Wir sind alle verbunden und sind alle eins. Vergesst doch einfach »meins« und »deins«. Die neue Zeit erfordert ein »wir«, eine große Gemeinschaft von Mensch und Tier. Ein jedes Tier bringt Wissen mit. Nutzt dieses Wissen, denn mit etwas Geschick hilft euch dies Wissen auf eurem Weg.

Wir zeigen die Richtung, wir zeigen, wie's geht.

Wir Rehe weisen den Weg hin zum Licht. Doch fürchtet auch die Schatten nicht. Die Schatten sind ein Teil vom Leben, nicht immer ist man von Licht umgeben. Schatten sind wichtig, sie werden genutzt. Sie bieten Rückzug und auch Schutz. Versucht nicht, die Schatten zu vertreiben. Ihr dürft sie sehen, lasst sie bleiben!

Werdet weicher, sanfter und werdet klar. Dann wird die neue Welt ganz wunderbar. Lasst zurück eure Ängste, eure Zweifel und Sorgen. Geht mit Vertrauen ins Morgen. Schaut euch mit großen und offenen Augen um, findet Ruhe und Kraft in dem Glauben, dass die Neue Welt sich manifestiert. Das Wichtigste ist bereits passiert: Der Wandel hat schon längst begonnen, ihr seid mittendrin, könnt ihm nicht mehr entkommen. Es ebnen sich neue Pfade nun, doch gibt es noch einiges zu tun. Sanftmut glättet so manches Gemüt. Und auch wenn die Neue Welt bald schon erblüht, muss noch ein wenig Zeit vergehen, noch mehr Menschen müssen das Licht erst sehen.

Vorbei ist bald die Zeit von Not und Pein, eine neue Art zu leben darf jetzt sein. Liebe Menschen, seid drauf bedacht, mehr Achtsamkeit zu leben, bei Tag und bei Nacht. Wir Rehe möchten euch dabei begleiten, euch auf dem Weg mit Sanftmut leiten. Dies ist eine große Tugend, die ihr habt vergessen in eurer Jugend. Als kleine Kinder wart ihr meist sanft, als Erwachsene seid ihr oft verkrampft. Werdet wieder mehr wie ein Kind: Rennt mit den Wolken, lacht mit dem Wind. Lasst euch von den Kleinen in die Leichtigkeit bringen, dann könnt ihr für eure Zukunft nur gewinnen.

• • • • •

Die Gruppenseele der Rehe verwirrte mich anfangs ein wenig, denn auch hier kamen die Sätze in Reimform, wie schon bei den Kaninchen. Dazu kam, dass vieles mir so flüchtig und schwer greifbar vorkam. Und genau das schien mir am Ende wieder sehr passend zu sein: Rehe sind nun einmal scheu, und man wird ihrer kaum habhaft. Nach der Niederschrift des Channelings hatte ich jedenfalls das Gefühl, dass man hier ein wenig zwischen den

Zeilen lesen musste. Das Thema Sanftmut war ja ganz offensichtlich – und ebenso, dass man das Lichtvolle sehen soll. Es gibt in diesem Channeling aber noch so viel mehr zu entdecken, über Heimat und Ernährung, Leben und Tod. Je öfter ich es mir durchlese, desto mehr entdecke ich darin.

Es macht mir deutlich, dass wir den Tieren wieder mehr Wichtigkeit einräumen dürfen. Das ist etwas, was mich schon mein ganzes Leben lang begleitet, und einer der Gründe, warum ich Tierkommunikation seit vielen Jahren auch unterrichte. Tiere tragen so viel wertvolles Wissen in sich, das uns Menschen in unserer Entwicklung unermesslich unterstützen kann.

– 12 –

Schmetterlinge und ihre Botschaften

Schmetterlinge sind, außer in der Antarktis, auf jedem Kontinent der Erde zu finden. Mit schätzungsweise 170.000 verschiedenen Arten gehören sie zur zweitgrößten Gruppe der Insekten, wobei in Mitteleuropa nur etwa viertausend Arten leben. Erst in der zweiten Hälfte des achtzehnten Jahrhunderts setzte sich der Begriff Schmetterling durch, vorher sprach man meist von Tagfaltern und Nachtfaltern. Letzten Endes leitet der deutsche Begriff sich wohl von dem tschechischen Wort *smetana* ab, was so viel wie Rahm oder Schmand bedeutet. Im Schlesischen, Österreichischen und Ostmitteldeutschen wurde daraus *schmetten*, und einige Schmetterlingsarten wurden tatsächlich vom Geruch von Butter und Rahm angezogen. Deshalb glaubten die Menschen lange, dass es sich bei Schmetterlingen um Hexen handelt, die Rahm oder Butter stehlen wollen. Auch der englische Begriff *butterfly* weist den Zusammenhang mit Butter auf.

Wohl kaum eine Tierart durchläuft so häufige und umfassende Veränderungen wie der Schmetterling. Aus kleinen Eiern schlüpfen Larven, die dann zu immer größeren Raupen heranwachsen. Sie häuten sich regelmäßig, um weiter wachsen zu können. Die

Raupen verpuppen sich irgendwann, durchlaufen in ihren Kokons eine zusätzliche große Veränderung und werden zu Faltern. Als geflügeltes Wesen sprengen sie dann zur richtigen Zeit – am Ende des Umwandlungsprozesses – den Kokon, entfalten ihre Flügel und fliegen davon. Fortan leben sie vom Nektar der Blüten statt, wie zuvor, von Blättern. Nach der Paarung legen die weiblichen Schmetterlinge Eier, und der Prozess beginnt für die nächste Generation von Neuem. Jedes Kind weiß inzwischen, dass aus Raupen Schmetterlinge werden. Das ist für uns eines der Wunder der Natur, die wir lieben und ehren, und die meisten Menschen erfreuen sich am Anblick der hübschen Falter.

Auch ich freue mich, wenn ich Schmetterlinge sehe, und sehe ihnen gerne hinterher. Und natürlich habe ich hin und wieder schon ein Gespräch mit einem Schmetterling geführt. Daran möchte ich euch jetzt gerne teilhaben lassen.

■ Ein **Schmetterling** sagt, wie das Leben leichter wird

Es war einer dieser Sommertage, an denen ich einfach raus musste. Ich ging zu einem nahegelegenen Bach und setzte mich ans Ufer. Neben vielen anderen Insekten sind dort immer auch Schmetterlinge zu finden. Als ich dort saß und meinen Gedanken nachhing, setzte sich ein Schmetterling auf meinen Fuß. Erst durch die federleichte Berührung an meinen Zehen bemerkte ich ihn, so sehr war ich in Gedanken versunken gewesen. Ich freute mich, dieses bezaubernde Wesen zu sehen, riss es mich doch aus meinen Grübeleien heraus. In Gedanken teilte ich ihm mit, dass es genau zur richtigen Zeit gekommen war.

Da sprudelte es förmlich aus ihm heraus: »Das tue ich immer. Ich bin immer zur richtigen Zeit am richtigen Ort. Und du scheinst gerade das zu brauchen, was ich habe. Du bläst Trübsal und versinkst hier in deinen Gedanken, statt zu lachen, zu tanzen und zu singen! Du solltest nicht so viel über das Gestern und das Morgen nachdenken, sondern einfach das Jetzt genießen. Mach es wie ich: Tanze und singe im Wind. Lass dich von der Wärme streicheln und komm mal raus aus deiner Schwere.«

Ich erklärte ihm, dass ich genau aus dem Grund hinausgegangen sei in die Natur, um meinen Kopf wieder freizubekommen und in der Sonne wieder auftanken zu können. Aber auch dazu hatte der kleine Schmetterling etwas zu sagen.

»Ja, Sonne tanken ist gut«, fuhr er fort. »Aber wenn du hier sitzt, dich in die Schwere deiner Gedanken fallen lässt, wie willst du dann auftanken? Du versinkst ja in Schwere, statt es dir leicht zu machen. Nicht so viel nachdenken, einfach durchs Leben tanzen! Mach es dir leicht! Denken und Grübeln machen dir alles nur schwerer, als es sein müsste. Sicher, denken kann gute Ideen bringen. Aber ihr Menschen verwechselt Grübeln und das Nachhängen von melancholischen Gedanken zu oft mit Denken. Spontanität, Freude und Lachen bringen euch in die Positivität. Durch Grübelei und das Nachhängen von Gedanken kommt ihr nicht voran. Wenn ihr das Denken wenigstens nutzen würdet für eine Veränderung – ja, das wäre gut. Doch meistens denkt ihr und denkt und denkt … aber ihr verändert zu wenig. Oder zu langsam. Und wenn ihr etwas verändern wollt, fangt ihr meist an der falschen Stelle an. Ihr wollt im Außen alles so lange verändern, bis es für euch passt. Doch Veränderung beginnt immer in euch selbst. Auch dadurch macht ihr es euch unnötig schwer.

Zu leben, also wirklich und wahrhaftig zu leben, bedeutet Lebendigkeit. Dafür braucht ihr mehr Leichtigkeit, mehr Gedankenlosigkeit, mehr Freude und mehr Lachen. Verstehst du, was ich meine? Sieh mir zu und fühle, was ich zu geben habe. Sieh es nicht mit deinen Augen, sieh es mit allem, was du bist.«

Nach diesen Worten flog der Schmetterling auf, flatterte in einer anmutigen Spirale über dem Ufer des Baches, bevor er seinen Weg fortsetzte. Seine Worte und das, was ich bei seinem Anblick nach dem Gespräch wahrnahm, hatten in mir vieles aufgelöst. Ich merkte, dass all die Gedanken, die mich davor noch beschäftigt hatten, belanglos waren und mich nicht voranbrachten. Das Grübeln über Vergangenes kann nur selten etwas Positives bewirken. Ich ließ das, was er beim fröhlichen Flug ausstrahlte, in mir wirken und fühlte mich augenblicklich leichter, unbeschwerter und freier.

Ein Schmetterling als Botschafter

Der Kontakt, von dem ich hier berichten möchte, ist bereits viele Jahr her. Damals hatte ich mein erstes prägendes Erlebnis mit einem Schmetterling, noch als Teenager. Meine Eltern machten mit mir Urlaub im schönen Kärnten, und wir begaben uns, wie fast jeden Tag, auf einen Streifzug durch die Natur. Für diesen Tag hatten wir uns vorgenommen, eine Klamm zu durchwandern. Es war ein herrlicher Tag mit Sonnenschein, und wir waren schon eine Weile bei schönem Wetter unterwegs. Es war ein Tag, an dem man einfach gut gelaunt sein musste – weil er so viel Herrlichkeit und gute Laune ausstrahlte.

Und dann kamen wir an eine Stelle, an der ein flaches Rinnsal vom Berg hinunter über den Weg floss, und blickten auf einen riesigen Schwarm Schmetterlinge, die sich an dem Rinnsal niedergelassen hatten oder darüber hinwegflatterten.

Es waren hauptsächlich farbenprächtige Tagpfauenaugen, die zu Hunderten, wenn nicht gar zu Tausenden, dort flatterten oder saßen. Voller Staunen betrachteten wir sie. So viele auf einmal hatte ich zuvor noch nie gesehen, und in mir lachte und jubelte alles bei dem herrlichen Anblick. Als wir unseren Weg fortsetzten, stoben die Schmetterlinge auf, flatterten wild um uns herum, bis wir sie schließlich hinter uns ließen.

Nur einen nicht! Einer der Tagpfauenaugen hatte sich auf meinem Shirt niedergelassen. Ich war erfreut und fasziniert. Man sollte meinen, dass er im nächsten Moment, nachdem er festgestellt hatte, dass mein Shirt keine Blüte ist, gleich wieder weggeflogen wäre. Doch das Gegenteil war der Fall. Der Schmetterling blieb viele Stunden auf mir sitzen. Er begleitete mich durch die ganze Klamm und eine lange Wegstrecke zurück, bis er irgendwann, als er genug von allem hatte, davonflatterte.

Während des Weges, als ich ihn durch die Klamm trug, waren wir intensiv miteinander verbunden. Ich spürte, dass er die Abwechslung genoss und es interessant fand, voranzukommen, ohne etwas dafür tun zu müssen. Gleichzeitig war ich erfüllt von Glückseligkeit, weil er keine Angst vor mir zu haben schien und ich ihn über viele Stunden bei mir tragen durfte.

Die Menschen, die uns auf der Wanderung begegneten, waren fasziniert, als sie ihn sahen und bemerkten, dass er echt und lebendig ist. Auch sie lächelten unweigerlich, während mir vermutlich ein Dauergrinsen im Gesicht stand.

Dieser Schmetterling hat damals nicht mit Worten mit mir kommuniziert. Er übermittelte mir vielmehr Gefühle und Bilder. Sie waren so bunt wie er selbst und wirbelten fröhlich in mir umher. Ich war tief verwundert über die Tatsache, dass ein gesunder, flugfähiger Schmetterling sich über Stunden von mir umhertragen ließ. Auch meine Eltern schienen sich darüber zu wundern. Doch ich hatte das Gefühl, dass es für sie wieder eines der Erlebnisse war, die für mich so typisch waren: Die Tiere zog es eben schon immer zu mir hin, und so waren meine Eltern es gewöhnt, dass mir manchmal seltsame Dinge widerfuhren. Für mich war es ein wunderschöner Kontakt, der mir auch zeigte, dass es nicht immer Worte braucht. Kommunikation kann auf viele Arten geschehen. Und dieser Schmetterling schenkte mir an jenem Tag neben der Freude und den Farben noch etwas anderes: das Gefühl, etwas ganz Besonderes zu sein.

Sind wir nicht alle etwas ganz Besonderes? Für mich ist das jeder Mensch und jedes Tier …

Channeling der Gruppenseele der Schmetterlinge

Es ist Leichtigkeit, die uns durchs Leben trägt. Und doch beginnt auch unser Weg mit Schwerfälligkeit, in Langsamkeit und Enge. Wie kaum eine andere Tierart stehen wir für die Wandlung, die Transformation, die Veränderung. Wir wissen, dass es keinen anderen Weg gibt als stetige Veränderung, stetige Weiterentwicklung, stetiges Wachstum. Dies gilt für uns wie auch für euch. Es gilt für alles, was lebt. Es gilt für alles, was schwingt. Für jeden Menschen, jedes Tier, jede Pflanze. Selbst für jeden Stein gilt das Gesetz der stetigen Veränderung. Welche Rolle spielt dabei die Zeit? Unsere Wandlung dauert so lange, wie sie dauern muss. Zeit ist unwichtig. Jeder durchläuft seinen Wandlungsprozess nach eigenen Gesetzen, die durchlaufen werden müssen. Hilfe von euch, so gut sie auch gemeint sein mag, wird den Prozess nachhaltig stören, so dass die Transformation nicht beenden werden kann. Es kann unser Ende bedeuten, wenn ihr uns beim Schlüpfen helft. Wir freuen uns über Hilfe, wenn wir schwach sind und sie wirklich benötigen. Aber zur falschen Zeit ist Hilfe keine Hilfe, das könnt ihr von uns lernen.

Der Weg von der Behäbigkeit in die Leichtigkeit – wir zeigen ihn euch. Wir möchten Leichtigkeit in euer Leben tragen und euch zu mehr Spiel und Freude führen. Dazu segnen wir euch. Unser fröhlicher Tanz im Sonnenlicht ist eine Segnung. Wir segnen die Sonne, segnen das Leben und verleihen unserer Freude und Dankbarkeit Ausdruck. Macht es wie wir: Tanzt, wenn ihr fröhlich seid. Lasst andere an eurer Freude teilhaben, dann wird sie sich mehren. So wie wir durch unseren Tanz ein Lächeln auf euer Gesicht zaubern, so könnt auch ihr anderen ein Lächeln schenken.

Teilt eure Gefühle mit, verleiht ihnen Ausdruck! Das Leben ist voller Farben, voller Fröhlichkeit und Lebendigkeit. Leichtigkeit zu finden, ist ein Prozess. Verlasst die Dunkelheit und Schwere, geht hinein in die Helligkeit und Leichtigkeit! Tanzt durch euer Leben und liebt mehr, was ihr tut! Es ist so viel leichter, als ihr glaubt. Euer Kopf hält euch vom Schweben ab, eure Gedanken ziehen euch in die Dunkelheit und eure Beschwerden machen euch schwerer. Genuss, Freude, Bewegung und Dankbarkeit – das sind die Grundbausteine für ein Leben in Leichtigkeit. Wir machen uns keine Gedanken um das Ende oder darüber, was wann geschehen wird. Wir leben! Im Hier und Jetzt, im Moment – und in der Fröhlichkeit!

Ein Sommerreigen der Freude, das ist es, was ihr seht, wenn wir in Gruppen miteinander tanzen. Beständigkeit ist nicht unsere Art. Wir tanken Energie in der Sonne, genießen ihre wärmenden Strahlen auf unseren Flügeln. Reckt euch öfter der Sonne entgegen wie wir und genießt ihre Wärme, ihr Licht, ihre Energie! Spürt ihr, wie sie euch sanft streichelt, euch auflädt und mit goldenem Licht erfüllt? Was kann leichter die Schatten vertreiben als Licht? Fühlt ihr euch schwer und behäbig, so geht in die Sonne, sucht ihre Strahlen, tankt auf. Dieses Licht vertreibt jede Dunkelheit. Und sie ist immer da, die Sonne. Auch in Zeiten, wo ihr sie nicht seht. Ihr wisst, dass sie irgendwann wieder scheint. Selbst wenn es lange, dunkle Zeiten gibt, wird das Licht erneut durch die Wolkendecke dringen. Dieses Wissen gibt Kraft – Kraft, durchzuhalten und geduldig auf den Tag zu warten, an dem das Licht wieder hell erstrahlt.

Wisst ihr, dass das Licht auch in euch selbst erstrahlt? Ihr seid, wie wir, Lichtwesen, die in einer irdischen Hülle stecken. Wenn ihr euer Licht heller erstrahlen lasst, wird es heller in euch und um euch herum. Die Leichtigkeit kommt, sobald ihr euch mehr und mehr dem Licht entgegenstreckt. Licht und Freude haben eines gemeinsam: Sie breiten sich immer mehr aus, je mehr es davon gibt. Wenn ihr euer Licht hell erstrahlen lasst, bringt ihr damit andere zum Leuchten. Diese Übertragung – sie ist so wichtig. Ein Licht allein kann sehr wohl die Dunkelheit erhellen. Es kann ein Leuchtturm sein für andere, die dadurch ihr eigenes Licht in sich finden.

Deine Freude, ausgelebt, offen gezeigt, kann eine Inspiration für andere sein. Sie kann anderen helfen, die Freude in sich selbst, in ihrem Leben, wiederzuentdecken und neu zu leben. Mit Freude kommt nämlich Leichtigkeit. Mit Leichtigkeit kommt Lebendigkeit. Wahrhaftig zu leben bedeutet, die Schwere hinter sich zu lassen. Es bedeutet, sich selbst zu erlauben, sich aus Schwere und Behäbigkeit und den damit verbundenen Beschränkungen zu erheben, sich selbst zu transformieren und in wahrhafter Schönheit zu zeigen. Noch so ein Thema, das tief in euch verschlossen ist: Schönheit steckt in jedem von euch, denn euer wahres Wesen ist von reinster Liebe und Schönheit!

Viele von euch schauen verächtlich auf uns herab, wenn sie uns noch in der Schwere und Behäbigkeit sehen, als kleine und oft unscheinbare Raupe. Obwohl ihr wisst, dass eines Tages ein Schmetterling aus uns werden wird, lehnen viele unsere Form vor unserer Transformation ab. Diese Ablehnung ist eine Ablehnung der Schwere, der Begrenzungen und Behäbigkeit. Die meisten von euch erfreuen sich nur an unserer Form nach der Verwandlung. Wir gelten als Sommerboten, beglücken euch mit unserem taumelnden Flügelschlag, unseren Farben und unserer Leichtigkeit. Wir sind aktiv bei Nacht und bei Tag. Falter, Motten – so nennt ihr diejenigen von uns, die bei Nacht umherfliegen. Sie mögen äußerlich unscheinbarer, ja farbloser sein. Aber auch sie haben sich gewandelt und verändert. Auch sie sind wichtig und wunderschön, und auch sie haben teils schwere und tiefgreifende Prozesse hinter sich gebracht. Wahre Schönheit liegt im Detail. Doch ihre gedeckteren Farben erinnern euch an die Schwere, an die Dunkelheit. Die Ablehnung dieser Vertreter unserer Art spiegelt eure Ablehnung der Dunkelheit und der Schwere. Dabei zeigen auch sie Leichtigkeit, Freude und Wandlungsfähigkeit, genau wie die bunten Vertreter unserer Art.

Manchmal, wenn wir auffällig eure Nähe suchen, bringen wir euch einen Gruß von einem verstorbenen Wesen. Wir tun dies gerne, um euch zu zeigen, dass es nun ebenfalls die Leichtigkeit gefunden hat. Wir grüßen euch von ihm, um die Freude, die Unbeschwertheit und die Lebendigkeit wieder in euer Leben zu bringen. Getragen von Leichtigkeit, das sind wir. Genau wie alle Seelen, die frei sind.

Macht Leichtigkeit und Freude zu einem Teil eures Lebens. Erlaubt euch, sie mit anderen zu teilen, um mehr Leichtigkeit und Freude in die Welt zu tragen. Tut ihr dies, so werden diese Eigenschaften bald in jedem zu sehen sein, und die Welt hat sich verändert.

Wir wissen, dass viele von euch die Beständigkeit lieben. Es ist bequem, tagein, tagaus das gleiche Leben zu leben. Zu wissen, was euch erwartet, gibt euch das Gefühl von Sicherheit. Aber das ist nur Illusion. Sicher ist nur, dass das Leben ständige Veränderung ist. Manche wollen dies nicht wahrhaben, wollen sich nicht über die Schwere erheben, sich nicht verändern. Macht es wie wir, erhebt euch, schwebt durchs Leben und lernt, die Veränderung als das zu sehen, was es ist: eines der Grundgesetze der Natur. Ihr könnt euch den Veränderungen nicht entziehen, könnt euch dem Wandel nicht entziehen. Einmal angestoßen, ist der Wandel unaufhaltsam.

Die Welt, wie ihr sie kennt, hat sich verändert. Und sie verändert sich Tag für Tag weiter. Macht euch frei von Sorgen, lebt im Jetzt, im jeweiligen Moment. Seid erfüllt von Vertrauen, Leichtigkeit und Freude. Dann wird der Wind des Lebens euch an die richtigen Orte tragen, zu den richtigen Wesen und eurer Bestimmung.

Es kommt nicht darauf an zu wissen, wo ihr landen werdet, wenn ihr euch tragen lasst. Wichtig ist, dass ihr euch vertrauensvoll dorthin tragen lasst, wo euer Platz ist. Alles, was geschieht, ist Teil des Lebens, Teil der Veränderung. Wenn wir an einem Ort losfliegen, denken wir nicht darüber nach, wohin uns unsere Flügel tragen. Wir lassen uns führen von den Strömungen der Natur, des Windes. Wir lassen uns leiten von unserer Intuition und vertrauen darauf, dass etwas Wunderbares geschehen kann. Und dies möchten wir auch euch raten, denn dies ist der Weg der Leichtigkeit.

Ihr dürft es euch wert sein, leicht und unbeschwert durchs Leben zu gehen. Lasst euch vom Wind des Lebens tragen, geführt von eurer Intuition, euren Instinkten, unbeschwert und frei. Ihr dürft es euch erlauben, eure wahrhaftige Schönheit zu zeigen und eure Flügel auszubreiten. Erhebt euch über die Schwere und Behäbigkeit, lasst die Beschränkungen hinter euch und erfreut euch am Licht, das in euch und für euch scheint.

Vergesst nie, dass ihr wundervolle Wesen aus Licht und Liebe seid. Sucht nicht im Außen danach, findet es im Inneren. Dann seid ihr wahrhaftig frei. Lebt ein wenig spielerischer, lasst das Lachen, das Herausstrahlen eures wahren ICH, Teil eures Alltags sein. Flattert nicht wie die Motten um das Licht, seid selbst das Licht, nach dem ihr euch so sehr sehnt. Alles, was ihr braucht, ist bereits da. Es ist in euch, um euch, in jedem Einzelnen. Beurteilt andere nicht nach dem, was das Auge euch zeigt. Seht das Licht und die Lebendigkeit, die Liebe und die wahre Schönheit in jedem Wesen.

Wir Schmetterlinge möchten euch begleiten in die Leichtigkeit. Macht es wie wir, dann werdet ihr wieder mehr Teil von allem sein, was lebt, von allem, was ist …

• • • • •

Das Channeling der Schmetterlinge war für mich vor allem eins: begleitet von Leichtigkeit. So schnell und leicht floss kein anderes Channeling, und ich fragte mich, wenn auch nur kurz, warum gerade dieses so besonders leicht vonstatten ging. Verwunderlich ist es kaum, denn Leichtigkeit ist eines der Hauptthemen, die Schmetterlinge uns aufzeigen möchten, neben Transformation und Freude. Ich sah und fühlte das Leben einer Raupe, spürte die Enge des Kokons und die Geburt in die endgültige Form, das wahre Ich der Schmetterlinge. Das Channeling war begleitet von einem prägenden Gefühl spielerischer Leichtigkeit, unbändiger Freude und einer regelrechten Explosion an Farben. Sie schienen zu tanzen in einem freudigen Wirbel, wie es die Schmetterlinge manchmal tun. Auch wenn ich die Leichtigkeit schon sehr weit in mein Leben integriert habe, verspürte ich bei diesem Channeling noch viel mehr davon. Diese unbändige Freude, diese Leichtigkeit und das Gefühl des Schwebens waren wie ein Rausch, aus dem ich nur ungern wieder auftauchte.

Anhang

Tierkommunikation

erlernen

Natürlich möchte ich dich in diesem Buch nicht nur an einigen meiner Tiergespräche teilhaben lassen. Vielmehr möchte ich dich dazu inspirieren, diese Fähigkeit auch für dich selbst neu zu entdecken. Deshalb soll es hier im Anhang jetzt darum gehen, wie du wieder mehr in Verbindung mit den Tieren kommen kannst und lernst, ihre Sprache besser zu verstehen. Dabei gibt es allerdings durchaus ein paar Grundregeln, die beachtet werden sollten. Die möchte ich erst noch kurz nennen …

Eine Tierkommunikation sollte nur dann durchgeführt werden, wenn der Tierhalter dafür den Auftrag oder sein Einverständnis erteilt. In einschlägigen Foren und sozialen Netzwerken streiten sich die Tierkommunikatoren darüber regelmäßig. Es darf dazu jeder seine eigene Meinung haben, ich gebe aber Folgendes zu bedenken: Wenn wir ohne dieses Einverständnis eine Tierkommunikation mit dem (vielleicht durchaus redewilligen) Tier durchführen, so können uns vom Tier Wünsche geäußert werden, was es gerne geändert haben möchte. Diese Wünsche können wir dem Tierhalter ja nicht ohne Weiteres übermitteln, wenn wir nicht sein Einverständnis für das Gespräch haben.

Ginge man einfach auf ihn zu und würde sagen: »Übrigens, dein Tier hat mir gesagt, dass die Sache soundso ist ...«, wäre die Wahrscheinlichkeit sehr groß, dass der Tierhalter mit Ablehnung reagiert und sich dadurch sogar das Verhältnis zum Tier verschlechtern kann. Auch ist es immer möglich, dass das Tier uns private Informationen über den Halter, sein Leben und seine ganz eigenen Themen und Schwierigkeiten zukommen lässt. Dies stellt einen Eingriff in die Privatsphäre dar, den man vermeiden sollte. Gegen Smalltalk mit einem Tier ist prinzipiell jedoch nichts einzuwenden.

Wildtiere müssen stets wachsam bleiben und sich um ihre Nahrung und Sicherheit kümmern. Mit ihnen in Kontakt zu treten fällt oft erheblich leichter, weil sie keine Vorbehalte haben, aber zugleich ist meist spürbar, dass sie keine langen Gespräche führen wollen. Das liegt in erster Linie daran, dass sie den größten Teil ihrer Zeit für die Suche nach Nahrung oder den Nestbau aufwenden müssen und auch während eines Gesprächs immer auf der Hut sind. Deshalb sollte man ein Wildtier nie zu lange im Gespräch halten, da dies negative Folgen für das Tier mit sich bringen könnte.

Außerdem sollte man jedem Tier mit Respekt und Achtsamkeit entgegentreten und während einer Tierkommunikation stets offen sein für neue und häufig auch überraschende Eindrücke. Glaube an dich und die Möglichkeit der Tierkommunikation, aber versuche nie etwas zu erzwingen. Wenn wir zu sehr »wollen«, können wir uns dadurch blockieren. Versuche, dich zu entspannen. Es ist sehr wichtig, dass du nicht in Gedanken beim Haushalt oder beim kommenden Wocheneinkauf bist. Versuche, offen zu sein, dich zu entspannen und einfach alles fließen zu lassen.

Öffne dich! Sei bereit, von den Tieren etwas anzunehmen und von ihnen zu lernen. Am besten vergisst du vorgefertigte Meinungen und Ansichten darüber, wie ein Tier denkt, fühlt und handelt. Auch solltest du ohne die gängigen Klischees über das Wesen einer

Tierart oder einer bestimmten Spezies in die Kommunikation gehen. Je offener du bist, desto mehr Informationen kannst du übermittelt bekommen. Bedenke, dass in ein leeres Gefäß mehr hineinpasst als in eines, das bereits voll ist.

Vermeide die Kommunikation, wenn du eine zu starke emotionale Bindung zu dem Tier hast und ein Thema ansprechen möchtest, das heftige Gefühle bei dir auslöst. Tiere empfangen immer unsere Gefühle und Eindrücke. Wenn wir also bei einer Tierkommunikation zu starke Emotionen ausstrahlen, könnte das Tier davon förmlich erschlagen werden. Bei emotional schwierigen Themen ist es immer besser, jemand anderen in die Verbindung mit dem jeweiligen Tier gehen zu lassen.

Außerdem: Stelle in der Tierkommunikation wohlüberlegte und eindeutig formulierte Fragen. Frage nicht mehrmals nach, nur weil dir die Antwort merkwürdig vorkommt oder nicht schnell genug erfolgt. Zweifle nicht! Sei dir dessen bewusst, dass wir auch mit verstorbenen Tieren, Pflanzen und vielem mehr auf die gleiche Weise kommunizieren können.

Bombardiere ein Tier nicht gleich mit Fragen. Vorher ist etwas »Small Talk« angebracht. Stelle dich dem Tier vor, erzähle ihm etwas über dich und dein Leben. Wenn du möchtest, kannst du auch zeigen, mit welchem Tier du dein Leben teilst. Es kann aber ratsam sein, sich vorab bewusst zu machen, dass das eigene Tier sich in den Kontakt einmischen kann, wenn man es in einem Gespräch erwähnt. Für die ersten Tiergespräche dürfte es deshalb ratsam sein, sich ausschließlich auf das Tier zu konzentrieren, mit dem man bewusst in Verbindung geht.

Aber vor allem: Werte nicht! Es ist sehr wichtig, die erhaltenen Informationen nicht zu werten oder zu analysieren. Gib deine Eindrücke exakt so weiter, wie sie bei dir angekommen sind. Nur weil eine Katze mit dem Schwanz schlägt, muss das noch lange nicht heißen, dass sie wütend ist. Sie kann dort auch eine Verletzung haben … Empfängst du ein Bild, so kannst du beschreiben, was das Tier dir gezeigt hat – ohne dabei etwas hinzuzufügen oder wegzulassen. Übermittelt es dir ein Gefühl, dann beschreibe es so ausführlich und genau wie möglich.

Und zu guter Letzt: Eine Tierkommunikation soll auch dabei helfen, das Verhältnis zwischen Tierhalter und Tier zu verbessern. Es kann vorkommen, dass ein Tier mit der Bitte an dich herantritt, bestimmte Dinge nicht weiterzugeben. Dann solltest du dem nachkommen. Das Tier lebt mit dem Menschen zusammen und weiß ganz genau, wie dieser mit einer bestimmten Information umgehen wird. Es kann einschätzen, ob sein Mensch überfordert wäre, darunter leiden würde oder dadurch bestimmte Lernerfahrungen nicht gemacht werden könnten. Bitte hab Vertrauen, dass in solchen seltenen Fällen das Tier wirklich weiß, was richtig ist. Auch kann ein Tier eine Bitte formulieren, etwas dem Tierhalter unbedingt mitzuteilen. Und achte bei allen Aussagen, die du tätigst, immer auf eine achtsame und wertschätzende Formulierung.

Man sollte sich bewusst machen, dass Tierkommunikation eine Form der medialen Arbeit ist. Das heißt, wir nehmen medial wahr, was das Tier uns übermittelt.

Wahrnehmung

Die Wahrnehmung bei der Tierkommunikation kann auf den unterschiedlichsten Wegen erfolgen. Neben dem Hellsehen (visuelle Wahrnehmung) und Hellhören (auditive Wahrnehmung) sind auch das Hellfühlen (kinästhetische Wahrnehmung), das Hellschmecken (gustatorische Wahrnehmung), Hellriechen (olfaktorische Wahrnehmung) und Hellwissen (prophetische Wahrnehmung) als wichtige Kommunikationsform zu nennen.

Oft nimmt man anfangs auf einem oder mehreren dieser Wege besonders viel und deutlich wahr. Durch regelmäßiges Üben kann man seine Wahrnehmung jedoch erweitern und verbessern. Wichtig ist, dass du dich dafür öffnest, auf jedem dieser Wege wahrnehmen zu können. Auch wenn es erst nur eine dieser Wahrnehmungsformen ist, bleib gelassen und bereit, nach und nach mehr zu empfangen. Jeder Mensch nimmt anders wahr und jedes Tier sendet die Informationen auf einer anderen Ebene. So kann es geschehen, dass man bei Tierkontakten mehrmals hintereinander Bilder empfangen hat und deshalb beim nächsten Gespräch ebenfalls auf Bilder wartet, die vielleicht gar nicht gesendet werden. Achte darauf, dass du wirklich immer für jede Form der Wahrnehmung offenbleibst und nicht auf eine ganz bestimmte wartest, so dass du das Wesentliche verpasst. Vielleicht übermittelt das nächste Tier die Informationen in Form von Gefühlen oder Hellwissen? Oft stehen Übende in der Tierkommunikation vor der Herausforderung, dass sie den Eindruck haben, keine Antwort bekommen zu haben. Dieser entsteht oft dadurch, dass man auf eine bestimmte Art der Antwort wartet und die Information, die gekommen ist, nicht wahrhaben möchte.

Genauso wichtig ist es in der Tierkommunikation, nicht zu werten. Ich habe schon erwähnt, dass ein Analysieren der Informationen zu falschen Schlüssen führen kann. Wenn wir eine feste Erwartungshaltung haben oder Aussagen bewerten, können die erhaltenen Informationen von uns verändert übermittelt werden. Dadurch kann es zu Fehlinformationen kommen, die vermeidbar sind. Wir sind letzten Endes Übersetzer und haben damit einzig die Aufgabe, das, was uns mitgeteilt wird, in unsere Sprache zu übertragen. Wir dürfen dabei nicht entscheiden, was wichtig ist und was nicht. Nur weil uns eine Antwort nicht gefällt oder für uns keinen Sinn ergibt, heißt das nicht, dass es dem Tierhalter nicht gefällt oder für ihn keinen Sinn ergibt.

Welche Informationen wir erhalten, hat immer auch etwas mit uns selbst zu tun. Jeder Mensch ist individuell und durch sein Leben, seine Erfahrungen und Gefühle geprägt. Daher ist unser

Fokus völlig unterschiedlich. Bei fünf Gesprächen zum gleichen Thema mit ein und demselben Tier sollte das Ergebnis im Idealfall stets ähnlich sein – und doch kann es hier erhebliche Unterschiede geben, die eben mit unserer ganz individuellen Wahrnehmung und unseren eigenen Erfahrungen zu tun haben.

Unsere Erfahrungen machen uns zu dem, wer wir sind!

So wird zum Beispiel ein Hundetrainer in der Kommunikation mit einem Hund sicher besonders auf die Körpersprache des Hundes achten und gezielt schauen, welche Aufgabe der Hund im Alltag hat oder was er gerne macht. Einfach deshalb, weil das für den Hundetrainer zu seinem »normalen« Beruf gehört und er gelernt hat, auch Kleinigkeiten in der Körpersprache wahrzunehmen und zu analysieren. Durch die vorhandene Ausbildung kann ein erfahrener Hundetrainer oft einem Hund viel mehr anbieten als jemand, der sich mit Hunden weniger auskennt. Dennoch kann auch jemand, der sich mit Hunden gar nicht auskennt, großartige Gespräche mit ihnen führen. Es ist also kein Muss, sich mit der jeweiligen Tierart intensiv beschäftigt zu haben. Ich empfinde gerade Kommunikationen mit Tierarten, mit denen ich mich in der Vergangenheit weniger beschäftigt habe, als sehr spannend und besonders lehrreich. Dabei durfte ich schon oft Überraschungen erleben und feststellen, dass die Tiere manchmal so ganz anders sind, als man vorab vielleicht dachte.

Ebenen in der Tierkommunikation

Wir können auf verschiedenen Ebenen kommunizieren und entweder im Alltag bleiben oder tiefgehende, spirituelle Gespräche führen. Nachfolgend stelle ich dir die Ebenen kurz vor und erkläre, auf welcher Ebene uns welche Informationen erreichen.

Kommunizieren können wir mit dem Tier zum Beispiel auf der *Ebene des Alltags*. Dabei können wir Beweise sammeln, dass wir mit dem richtigen Tier verbunden sind. Wir lernen hier das Tier, sein Wesen und seine Eigenarten kennen. Typische Fragen sind: Welche Vorlieben hat das Tier? Wie ist sein Charakter? Welches Futter mag es besonders gerne?

Wichtig ist diese Ebene vor allem, um möglichst viele Details aus dem Leben des Tieres, aus seinem Alltag, zu erfahren. Wir lernen es besser kennen und können es danach sehr gut charakterisieren und seine speziellen Eigenschaften benennen.

Auch auf der *geistigen/spirituellen Ebene* kann man mit dem Tier kommunizieren. Typische Fragen sind hier: Welche Lebensaufgabe hat es? Was kann das Tier uns lehren? Warum ist es bei diesem Menschen? Welche Botschaft hat es für seinen Menschen?

Es ist wirklich sehr interessant, was die Tiere auf dieser Ebene berichten können. Häufig spricht das Tier Themen an, die den Halter betreffen. Tiere, die fester Teil unseres Lebens sind und einen persönlichen Bezug zu uns haben, haben eine Aufgabe bei uns. Sie wollen uns bei unserer Entwicklung helfen. So ist nachvollziehbar, dass bei der Frage nach ihrer Aufgabe bei ihren Menschen dessen Themen zur Sprache kommen. Umso wichtiger ist es, bei den Auswertungen sehr behutsam und achtsam zu sein.

Wichtig zu erwähnen ist nicht zuletzt die *Ebene des Unterbewusstseins*. Auf dieser Ebene erfahren wir, warum ein Tier bestimmte Dinge überhaupt tut. Fragen können sein: Was treibt das Tier an? Warum handelt es in einer bestimmten Situation auf bestimmte Art und Weise? Welches Futter verträgt es nicht? Auf dieser Ebene nehmen wir die unbewussten Strömungen und auch instinktive Verhaltensweisen wahr.

Bei einer Tierkommunikation vermischen sich die Ebenen oft. Deshalb ist man gut beraten, wenn man strukturiert vorgeht, ohne sich an einen starren Ablauf zu halten. Vorteilhaft ist es auch, immer auf der Ebene des Alltags zu beginnen und danach erst die spezielleren Fragen zu stellen, die man eventuell zu Verhaltensweisen oder zur Lebensaufgabe des Tieres hat. Lässt man es zu, können sehr tiefgründige Gespräche entstehen, und man lernt eine Menge über das Leben und sich selbst.

Im Grunde sind die Möglichkeiten, wie man eine Tierkommunikation durchführen kann, unendlich. Es ist wichtig, den Weg zu finden, mit dem man selbst im jeweiligen Moment am besten klarkommt. Dabei gibt es nie nur eine Art der Kontaktaufnahme, sondern immer sehr unterschiedliche Wege.

Möglich ist nicht nur die direkte Kommunikation mit einem anwesenden Tier, sondern auch die Arbeit über ein Foto und den Namen des Tieres oder die Arbeit mit Namen und Geburtsdatum des Tieres. Ebensogut kann man über den Tierhalter gehen, im persönlichen Gespräch oder auch per Telefon, ohne dass das Tier unmittelbar anwesend ist. Manche Tierkommunikatoren arbeiten mit automatischem Schreiben oder rein intuitiv oder sie fühlen sich in das betreffende Tier ein.

Am Anfang sollte man mit unbekannten Tieren üben. Dazu kann man Freunde oder Bekannte bitten, einem ein Tier für die Übung zur Verfügung zu stellen. Der Vorteil liegt klar auf der Hand: Bekommt man dann Bestätigung zu all dem, wie man das Tier wahrgenommen hat, kann man selbst leichter glauben, dass es wirklich funktioniert hat. Achte bei den Kontakten darauf, wie du das Tier wahrnimmst. Lerne es so genau wie möglich kennen, damit du hinterher dem zugehörigen Menschen das Tier gut beschreiben kannst. Damit sammelst du quasi Beweise, dass du wirklich mit diesem Tier verbunden warst. Beweise sind nicht nur für den Tierhalter wichtig, damit er das Tier im Gespräch wiedererkennt, sondern auch für dich, denn dein Verstand wird anfangs alles ständig in Frage stellen …

Arbeite am besten zunächst auf der Alltagsebene. Stell dir vor, das Tier wäre ein Mensch, mit dem du dich unterhältst, um ihn näher kennenzulernen. Sei authentisch, arbeite nicht einfach einen Fragenkatalog ab, sondern lass das Gespräch fließen und sich entwickeln. Bleibe immer du selbst!

Für die ersten Übungen gibt es zwei Wege, die ich am häufigsten empfehle. Da ist zum einen die Arbeit mit Foto und Namen des Tiers über eine Meditation und zum anderen die Arbeit mit Foto und Namen über einen Direktkontakt. Welcher Weg für dich selbst am besten funktioniert, kannst du nur durch Ausprobieren herausfinden. Geht man über die Meditation, hat man den großen Vorteil, dass man selbst besser zur Ruhe kommt, sich gut erdet und oftmals achtsamer ist. Vielen fällt es auch leichter, sich völlig freizumachen von eigenen Gedanken und ablenkenden Einflüssen von außen, wenn sie diesen Weg gehen. Andere tun sich wiederum deutlich leichter im Direktkontakt. Sie schauen auf das Foto des Tieres und bekommen schon erste Informationen. Diese werden dann direkt aufgeschrieben oder weitergegeben. Dabei wird nicht meditiert, sondern die Verbindung zum jeweiligen Tier »aktiviert«, wodurch man sofort die entsprechenden Informationen hat. Wenn man sich dessen bewusst ist, dass alles mit allem verbunden ist, ist einem auch klar, dass wir die Verbindung zum Tier gar nicht erst herstellen müssen, sondern sie eigentlich nur wachrufen. Ich vergleiche das gerne mit einem Telefonat. Das Foto und der Name des Tieres sind quasi seine individuelle Telefonnummer. Bist du beim »Anwählen« sehr genau, dann bist du mit dem Tier verbunden und kannst dich mit ihm austauschen. Bist du unkonzentriert oder lässt dich ablenken, so kann es geschehen, dass du dich sozusagen »vertippst« und bei einem anderen Tier landest. Es reicht bereits ein kleiner Moment der Unachtsamkeit, der Gedanke an ein anderes Tier zum Beispiel, und man befindet sich in einer anderen Verbindung, als man es vorhatte.

■ Die richtige Fragestellung

In der Tierkommunikation ist es sehr wichtig, ein Gespräch gut aufzubauen. Dazu gehört es, sich am Anfang vorzustellen und ein wenig über sich zu erzählen. Aber es ist auch wichtig, das Tier darum zu bitten, einem ein paar Fragen zu beantworten. Dabei ist es vorteilhaft, ganz locker und authentisch zu bleiben und nicht mit der Tür ins Haus zu fallen. Baue das Gespräch langsam und natürlich auf und erlaube dem Tier, das Umfeld und den Gesprächsverlauf mitzugestalten. Manchmal ist es wichtig, sich sachte an die Kernthemen heranzutasten.

Nicht weniger wichtig ist die Art der Fragestellung. Ungünstig sind Formulierungen wie: »Erzähl doch mal, was du so machst.« Wir meinen es im weitesten Sinne, aber das Tier antwortet wahrscheinlich auf den Moment bezogen.

Auch die Frage »Wovor hast du Angst?« ist eher ungünstig und zu unklar hinsichtlich der Ausrichtung. Oft baut ein Tierhalter sie ein, um einen Beweis für die Kommunikation mit dem Tier zu bekommen. Er weiß zum Beispiel, dass das Tier Angst vor LKWs hat. Das Tier hat aber noch viel mehr Angst davor, seinen Menschen zu verlieren und antwortet entsprechend. Wir erzählen auch nicht jedem alles, sondern unterscheiden je nach Thema, je nachdem, wie viel Vertrauen wir dem anderen entgegenbringen, oder auch je nach Sympathie oder Tagesform.

Tiere halten es nicht anders.

Es ist also wichtig, dass wir Fragen konkret und bewusst formulieren. Zeigt das Tier ein Angstverhalten in einer bestimmten Situation, so können wir auf der Ebene des Unterbewusstseins des Tiers erfühlen oder erfragen, was es in diesen Momenten empfindet und warum. Es müsste hier also die Situation angesprochen werden, oder wir bitten das Tier, dass wir in es hineinschlüpfen dürfen und begeben uns dann in die entsprechende Situation. Tatsächlich kann das der beste Weg sein, wenn wir herausfinden wollen, was in bestimmten Momenten im Tier vorgeht. Erleben wir so etwas, während wir quasi in dessen Körper und Geist sind, bekommen wir meist mehr und klarere Informationen, als wenn wir nur eine Frage stellen und eine Aussage aus dem Bewusstsein des Tieres bekommen. Auch bei Tieren gibt es Handlungen, die es ausführt, ohne begründen zu können, warum. In den Momenten, in denen ich dieses Tier sozusagen bin, erlebe ich alles aus dessen Wahrnehmung heraus. Ich sehe, was es sieht. Fühle, was es fühlt. Höre, was es hört. Ich denke, was es denkt …

Ideal sind immer konkrete Fragen wie »Was spielst du gerne?«, »Was frisst du gerne?«, »Wer ist dein Freund?«, »Warum bellst du, wenn du einen Radfahrer siehst?« und ähnliche.

Zu beachten ist auch, dass Tiere sehr häufig ihre Menschen spiegeln. So kann ein Tier krank sein, weil es die Krankheiten oder Sorgen und Probleme des Menschen übernimmt.

Geht es um den Wunsch, das Verhalten eines Tieres in eine gewünschte Richtung zu verändern, kann man gut mit Bildern arbeiten. Möchte ich zum Beispiel, dass ein Hund dem Jogger nicht mehr hinterherläuft, schicke ich ihm das Bild, wie er neben seinem Menschen bleibt, und verbinde es mit einem großartigen Gefühl. Dennoch ist das letzten Endes nur eine Bitte, und das Tier entscheidet kraft seines freien Willens, ob es der Bitte folgt oder nicht. Natürlich ist es gerade bei solchen Themen sehr wichtig, dass ich das Tier vorab auf der Alltagsebene gut kennengelernt habe. Ist es ein hyperaktiver Hund, so wird er sich kaum ruhig neben seinen Menschen setzen können, wenn der Jagdtrieb ihn dazu veranlassen möchte, dem Jogger hinterherzulaufen. Ich muss also immer Vorschläge zu einem Alternativverhalten machen, die auch zum jeweiligen Wesen des Tieres passen. So könnte bei einem unruhigen Tier eine Möglichkeit darin bestehen, dass es im Kreis um den Menschen herumläuft, statt dem Jogger nachzujagen.

Ich verwende für die Einübung neuer Verhaltensweisen gerne die Visualisierung. Sofern das Tier es mir gestattet, »schlüpfe ich in es hinein« und begebe mich mit ihm in die entsprechende Situation. Dann probiere ich mit ihm gemeinsam ein neues Verhalten in der Situation aus und lasse es miterleben, wie sich das anfühlt und wie sein Mensch darauf reagieren würde. Das hat sich als sehr effektiv herausgestellt und zeigt auch wieder, dass wir unsere Schöpferkraft hier gut nutzen können.

Übungen zur Tierkommunikation

Bevor wir zur ersten Übung kommen, möchte ich noch kurz auf eine unerlässliche Voraussetzung für jede Kontaktaufnahme eingehen. Das wichtigste Element ist Liebe. Liebe zu den Tieren ist die Basis. Du kannst dir für eine erfolgreiche Tierkommunikation vorstellen, wie sich eine Verbindung aus Liebe, ein Band, zwischen dir und dem Tier knüpft. Oder stell dir vor, ein heller Lichtstrahl geht von deinem Herzen aus und verbindet sich mit dem Herzen des Tieres. Ebenso ist es möglich, dass du einfach nur dein wahres Ich zeigst. Du *bist* Liebe, und das wird das Tier auch spüren, wenn du es dir erlaubst, dich in deiner ganzen Liebe zu zeigen.

All diese Wege funktionieren. Finde den Weg, der für dich der beste ist. Nachstehend nenne ich dir einige Beispielfragen für ein Gespräch mit Tieren. Diese Fragen sind reine Anhaltspunkte, kein Muss! Ich selbst frage das Tier immer, ob es mir ein wenig über sich selbst erzählen möchte oder mir aus seinem persönlichen Leben berichtet. So bekomme ich viel mehr Informationen, als wenn ich konkrete Fragen zu seinem Charakter stelle. Ich werde dir jetzt ein paar Eröffnungsfragen an die Hand geben, mit denen du arbeiten kannst, damit du dich bei deinen ersten Schritten leichter tust.

Falls du noch nie eine Tierkommunikation gemacht hast, beginne bitte auf die folgende Weise: Setze dich bequem hin. Wenn du möchtest, kannst du dir eine ruhige Meditationsmusik anmachen, eine Kerze anzünden oder einen schönen Raumduft versprühen. Lies dir anschließend die Vorübung durch und gehe dann diesen Weg in einer Meditation. Es ist lediglich eine Empfehlung, so zu verfahren. Es ist völlig in Ordnung, wenn dein Weg anders aussieht oder du dich nicht an alle Elemente erinnerst. Es ist nur wichtig, dass du zur Ruhe kommst und dich vollkommen auf den Kontakt einlässt. Vielleicht tust du dich auch leichter, wenn du diese Meditation auf dein Handy aufsprichst und das Audio dann für dich abspielst. Denke aber bitte daran, dass eine solche Aufnahme nur für deinen privaten und persönlichen Gebrauch erlaubt ist. Auch so kannst du dich auf eine Reise ins wundervolle Reich der Tiere mitnehmen lassen.

1. Vorübung

Setze dich bequem hin und stelle deine Beine fest, aber entspannt, auf den Boden. Atme ruhig und gleichmäßig. Spüre, wie sich bei jedem Atemzug deine Muskeln überall im Körper mehr und mehr entspannen.

Atme ein und aus, ruhig und gleichmäßig. Deine Beine stehen auf dem Boden. Du bist ganz entspannt und spürst die Verbindung mit der Erde.

Du hältst keinen Gedanken mehr fest. Deine Gedanken kommen und gehen. Du spürst, wie Ruhe in deinen Körper einkehrt, wie du mit jedem Ausatmen Ängste, Sorgen und Blockaden aus deinem Körper entlässt.

Du bist frei und glücklich, tiefer Frieden erfüllt dich.

Und jetzt stellst du dir völlig entspannt vor, wie du über eine schöne grüne Wiese gehst.

Ganz in der Nähe siehst du einen Bach oder einen Fluss. Eine Brücke führt hinüber auf die andere Seite. Dort, auf der anderen Seite, befindet sich das Reich der Tiere. Du siehst, dass mitten auf der Brücke eine Art Lichtdusche ist, wie ein Vorhang, eine Dusche, aus der reines, weiches und sanftes Licht herabregnet.

Du gehst weiter auf die Brücke zu. Dort angekommen, betrittst du sie. Du spürst die Strahlen der Lichtdusche auf deiner Haut. Sie wäscht alle Sorgen und Belastungen ab, jeden Stress und alles Negative, das du mit ins Reich der Tiere tragen könntest.

Schritt für Schritt gehst du weiter, und je weiter du über die Brücke gehst, desto mehr reinigt die Lichtdusche dich energetisch.

Als du die Brücke überquert hast und das Reich der Tiere betrittst, bist du licht und hell, energetisch rein. All deine Energien sind positiv. Du kannst klar abgrenzen, welche Empfindungen von dir selbst kommen und welche von außen, welche von dem Tier stammen, mit dem du später in Kontakt treten wirst.

Du schaust zurück zum Ufer und zu der Brücke, die du gerade überquert hast. Ist der Fluss breit? Woraus besteht die Brücke? Welche Farbe hat sie?

Schaue dich nun auf dieser Seite der Brücke um. Wie sieht die Landschaft hier aus? Siehst du eine Wiese mit Blumen? Bäume? Felsen? Einen Wald?

Siehst du vielleicht Tiere? Wenn ja, welche Tiere kannst du sehen? Falls du hier ein eigenes Tier wahrnimmst, teile ihm mit, wie sehr du dich darüber freust, es zu sehen, und dass du dich später gezielt mit ihm verbinden möchtest.

Natürlich kannst du auch gleich ein paar Worte mit ihm wechseln, wenn dir das wichtig ist, aber für das eigentliche Gespräch möchtest du dir nachher mehr Zeit lassen.

Schaue dich in Ruhe um, präge dir das Reich der Tiere gut ein.

Dann wende dich langsam wieder der Brücke zu und betrete sie. Gehe mit festem Schritt über die Brücke zurück. Du siehst die Lichtdusche vor dir, wie einen Vorhang, und du wirst erneut von diesem Licht gereinigt, damit du nichts aus dem Reich der Tiere in deine eigene Welt zurückträgst. Die Erinnerungen bleiben dir erhalten, aber nur positive Energien können über die Brücke gelangen. Du bleibst noch einmal stehen, drehst dich um und schaust erneut hinüber ins Reich der Tiere.

Danach verlässt du die Brücke. Du betrittst ganz entspannt wieder die Wiese, von der du aufgebrochen warst. Du bist wieder auf der Wiese und kehrst allmählich, in deinem eigenen Tempo, wieder zurück ins Hier und Jetzt.

Wie hast du die Übung erlebt? Viele Menschen, die das erste Mal den Weg über die Brücke gehen, nehmen eigene Tiere wahr, die dort schon auf sie warten. Das kann enorm emotional und aufwühlend sein, weshalb ich diese Vorübung gerne machen lasse, bevor man sich wirklich in Kontakt mit einem bestimmten Tier begibt. Die erste Erfahrung »im Reich der Tiere« kann einen doch sehr tief berühren.

Lass deine Gefühle zu und lass fließen, was fließen möchte …

2. Kontaktaufnahme

So, und nach dieser Vorbereitung darfst du dir jetzt die Zeit nehmen, die du für dich persönlich benötigst, um dich auf das Tier, mit dem du ein Gespräch führen möchtest, einzustimmen. Betrachte das Foto des Tiers oder das Tier selbst und stelle dich auf dieses Tier ein. Wenn du das Gefühl hast, bereit zu sein, beginne. Auch hier kannst du dir vorab einfach alles durchlesen und dann aus der Erinnerung vorgehen, oder du sprichst die Übung auf und lässt dich beim Abspielen deiner eigenen Worte ganz in die Situation hineinfallen – das wäre dann eine geführte Tierkommunikation.

Beginne damit, dass du dich bequem hinsetzt und deine Beine fest, aber entspannt, auf den Boden stellst. Atme ruhig und gleichmäßig. Spüre, wie sich bei jedem Atemzug deine Muskeln überall im Körper mehr und mehr entspannen.

Atme ein und aus, ruhig und gleichmäßig. Deine Beine stehen auf dem Boden. Du bist ganz entspannt und spürst die Verbindung mit der Erde.

Du hältst keinen Gedanken mehr fest. Deine Gedanken kommen und gehen. Du spürst, wie Ruhe in deinen Körper einkehrt, wie du mit jedem Ausatmen Ängste, Sorgen und Blockaden aus deinem Körper entlässt.

Du bist frei und glücklich, tiefer Frieden erfüllt dich.

Und jetzt stellst du dir vor, wie du über eine schöne grüne Wiese gehst. Ganz in der Nähe siehst du einen Bach oder einen Fluss. Eine Brücke führt hinüber auf die andere Seite. Dort, auf der anderen Seite, befindet sich das Reich der Tiere. Du siehst, dass mitten auf der Brücke eine Art Lichtdusche ist, wie ein Vorhang, eine Dusche, aus der reines, weiches und sanftes Licht herabregnet.

Du gehst weiter auf die Brücke zu. Dort angekommen, betrittst du sie. Du spürst die Strahlen der Lichtdusche auf deiner Haut. Sie wäscht alle Sorgen und Belastungen ab, jeden Stress und alles Negative, das du mit ins Reich der Tiere tragen könntest.

Schritt für Schritt gehst du weiter, und je weiter du über die Brücke gehst, desto mehr reinigt die Lichtdusche dich energetisch.

Du wirst licht und hell. All deine Energien sind positiv. Du kannst klar abgrenzen, welche Empfindungen von dir selbst kommen und welche von außen, welche von dem Tier stammen, mit dem du jetzt in Kontakt treten wirst.

Während du gehst, richten deine Gedanken sich auf das Tier aus. Du stellst dir vor, dass eine Verbindung zwischen deinem Herzen und dem Herzen des Tieres entsteht, mit dem du Kontakt aufnehmen möchtest.

Du denkst an dieses Tier und hüllst dich ein in das Gefühl der uneingeschränkten Liebe. Du beginnst, dieses Tier zu dir zu rufen. Und als du die Brücke überquert hast, als du das Reich der Tiere betrittst, siehst du dich um.

Wartet das Tier schon auf dich? Kommt es auf dich zu?

Wenn du das Tier nicht siehst, schau dich weiter um, schau dich genauer um. Vielleicht hat es sich versteckt? Vielleicht ist es scheu? Konzentriere dich nur noch auf dieses Tier und öffne dich liebevoll seinen Gedanken, Gefühlen, Bildern und Wörtern, Geräuschen und Gerüchen.

Stell dich dem Tier vor. Auch wenn du es nicht siehst, erzähle ihm etwas über dich und bitte es, dir ein paar Fragen zu beantworten. Es wird dir erscheinen.

Stell ihm Fragen: Wie geht es dir, liebes Tier?

Magst du mir etwas über dich erzählen?

Wie ist dein Wesen, wie siehst du dich selbst?

Was gefällt dir daran, ein Hund, eine Katze, ein Pferd oder was auch immer zu sein?

Was macht dir am meisten Spaß? Was machst du gerne?

Hast du Freunde? Wer sind deine Freunde?

Was isst du am liebsten?

Gefällt dir dein Name?

Wenn du ein anderes Lebewesen sein könntest, was wärst du dann?

Wovon träumst du?

Was kannst du uns lehren?

Merke dir möglichst die Antworten, die du erhältst, oder mache dir Notizen. Bedanke dich danach für das Gespräch und verabschiede dich von dem Tier.

Wende dich anschließend wieder der Brücke zu. Du betrittst sie und gehst auf ihr mit festem Schritt. Du siehst auf der Brücke die Lichtdusche vor dir, wie einen Vorhang, und du wirst erneut von diesem Licht gereinigt, damit du nichts aus dem Reich der Tiere in deine eigene Welt zurückträgst. Die Erinnerungen bleiben dir erhalten, aber nur positive Energien können über die Brücke gelangen.

Dann verlässt du die Brücke. Du betrittst ganz entspannt die Wiese, von der du aufgebrochen warst. Du bist nun wieder auf der

Wiese und kehrst allmählich, in deinem eigenen Tempo, wieder zurück ins Hier und Jetzt.

• • • • •

Diese beiden Übungen haben dir einen ersten Einblick in die Tierkommunikation verschafft. Und wenn du nicht so viele Antworten bekommen haben solltest, wie du es dir erhofft hast, bleib bitte offen. Tierkommunikation erfordert Übung und ständiges Wiederholen. Mit jeder Übung funktioniert es besser, je mehr Tiergespräche du führst, desto mehr nimmst du im Laufe der Zeit wahr. Es ist sehr wichtig, dass du dich nicht zu sehr unter Druck setzt. Gehe ohne Erwartungen in einen Tierkontakt, dann wird es dir leichter fallen, durch ein Gespräch Informationen zu bekommen.

Tierkommunikation bringt ein tieferes Verständnis mit sich, nicht nur für die Tiere, sondern für alles. Sie sensibilisiert dich. Sie bringt dich in deiner eigenen Entwicklung enorm voran und hilft dir, dein großes Potenzial zu erkennen und zu entfalten. Und vor allem hilft sie dir, achtsamer zu werden, bewusster im Umgang mit Tieren zu sein und generell bewusster zu leben. Sie bringt dich tiefer mit dir selbst und deinem Umfeld in Verbindung. Mein Wunsch ist es, dass ich noch in dieser Inkarnation erleben darf, dass irgendwann jeder jemanden kennt, der Tierkommunikation betreibt.

Selbstverständlich können dir Kurse am besten dabei helfen, die Welt der Tierkommunikation zu deiner Welt zu machen. Die hier vorgestellten Übungen schenken dir erste Erfahrungen, und vielleicht wagst du dich auch einmal an ein Channeling von Tiergruppenseelen und lässt dich von ihren Botschaften berühren.

Mögen die Tiere auf dieser Welt dir ein ebensolcher Wegweiser durch das wundervolle Geschenk des Lebens sein, wie sie es für mich schon seit vielen Jahren sind.

Nachwort

Es ist mir wichtig, ihr Lieben, euch noch etwas besonders nahezubringen. Obwohl mir schon lange bewusst ist, dass alles mit allem verbunden ist, wurde mir dies im Laufe meines Lebens durch die Tiere und deren Höheres Selbst erst richtig deutlich. Immer wieder weisen sie in den Channelings darauf hin. Und auch wenn jede Tierart für ganz bestimmte Themen steht, gibt es manchmal Überschneidungen. Wann immer ich ein Channeling wieder einmal zur Hand nehme und mir durchlese, sehe ich ein Puzzlestück vor mir. Es gehört zu einem großen Ganzen. Jede Tierart bringt uns ein Puzzlestück. Wenn wir sie alle zusammensetzen, erhalten wir das ganze Bild. Und dieses Bild zeigt uns die Zukunft, in die wir gehen, wenn wir den Wegweisern folgen.

In ihrer unermesslichen Liebe für uns und mit ihrer schier unendlichen Geduld geben uns die Tiere eine Information nach der anderen. Da so viele Menschen ihnen noch nicht zuhören, sind sie einfallsreich geworden. Ihre Hingabe an die Menschheit bringt sie dazu, so manche Bürde auf sich zu nehmen, damit wir verstehen. Tiere, die in engem Bezug zu Menschen leben, entwickeln dabei bestimmte Verhaltensmuster, um »ihrem« Menschen etwas zu verdeutlichen. So geben sie deutliche Hinweise, wie oder was der Mensch in seinem Leben gerade verändern darf.

Du hast in diesem Buch genügend Beispiele gefunden und, wie ich glaube, auch so manchen Aha-Effekt erlebt.

Tiere sprechen mit uns in der Sprache der Liebe. Das ist die universelle Sprache, eine Sprache, die keine Grenzen kennt und das gesamte Universum durchzieht. In den letzten Jahren ist ihr Ruf ständig lauter geworden, es ist ein Weckruf geworden, der von den Menschen aufgegriffen wird. Immer mehr Menschen haben begonnen, sich mit Tierkommunikation oder einem anderen Umgang mit Tieren zu beschäftigen.

Dabei fällt auf, dass für sehr viele Menschen die Tierkommunikation den Weg in die Spiritualität ebnet. Unabhängig davon, was der Grund dafür sein mag, dass die Menschen sich mit diesem göttlichen Zugang beschäftigen, steht die telepathische Kommunikation mit Tieren oft am Anfang des Weges. Das mag vielleicht damit zu tun haben, dass die meisten Menschen Tiere sehr lieben und bereit sind, eher von ihnen etwas anzunehmen als von anderen Menschen. Die Tiere sind schon lange bereit, uns an ihrem Wissen teilhaben zu lassen und es uns zum Geschenk zu machen. Wenn wir verstehen, dass wir nicht höher stehen als die Tiere, sondern sehr von ihrer Sicht auf die Welt profitieren können, nehmen wir ihr Geschenk in Dankbarkeit an.

Wir befinden uns in einer Neuen Zeit. Der Wandel, von dem schon lange gesprochen wird, steht nicht mehr bevor, wir sind bereits mittendrin. Wohin er uns führt, liegt in unser aller Hand. Ich wünsche mir, dass es eine Zeit des Miteinanders sein wird, eine Zeit der Achtsamkeit und der gegenseitigen Wertschätzung.

Was uns alle miteinander verbindet, ist die Sehnsucht nach Liebe und Nähe, nach Respekt und Verbundenheit. Das ist unsere Zukunft, die Zukunft unserer Spezies und die Zukunft aller Spezies auf diesem Planeten, ob Mensch, Tier, Pflanze, Stein oder andere. Diese Zukunft dürfen wir alle in Verbundenheit miteinander leben. Sie ist bereits da, diese Verbundenheit, aber jetzt dürfen wir wieder lernen, sie auch zu spüren und zu achten. Bei unseren Tieren fällt uns das ganz leicht.

Die Liebe, die sie uns schenken, berührt uns. Wir werden von ihr angezogen und möchten dieses Gefühl nicht mehr missen. Hier, in diesem Fall, wirkt es so selbstverständlich. Dabei übersieht man so leicht, dass diese Verbundenheit umfassend sein darf, nicht nur Mensch und Tier verbindet, sondern alle Wesenheiten, die sich auf Mutter Erde ein Stelldichein geben. Unsere Liebe ermöglicht uns das, und diese Liebe tragen wir in uns.

Die Liebe zu den Tieren ist es, die mich dieses Buch schreiben ließ. Die Liebe zu den Tieren ist es auch, die in so vielen Menschen den Wunsch und die Bereitschaft weckt, etwas in ihrem Leben zu verändern, um dieser Verbundenheit liebevoll Ausdruck zu verschaffen. Auf diese Weise ist es die Liebe zu den Tieren, die den Grundstein für wundervolle Veränderungen legt. Erlaubt euch diese Wunder, denn die Tiere schenken sie uns aus reinster Liebe und mit absolutem Vertrauen in uns.

Ich wünsche mir, dass dieses Buch euch neue Welten eröffnet. Ich wünsche mir, dass es euch neue Perspektiven aufzeigt und auch künftig ein Wegweiser für euren Weg ist.

Ich trage in mir die große Hoffnung, dass ich es in dieser Inkarnation noch erleben darf, dass jeder jemanden kennt, der die Tierkommunikation lebt. Denn jeder, der sie lebt, nutzt das Wissen der Tiere für etwas Gutes. Tierkommunikation ist gelebte Liebe, die Brücken baut – Brücken zur klaren Verbindung zwischen verschiedenen feinstofflichen Welten, aber auch Brücken zu den Herzen aller.

Ich wünsche euch allen einen gesegneten Weg und viel Liebe und Freude in diesem Leben. Jeder Mensch, dem bewusst wird, dass Tiere auch medial mit uns kommunizieren, trägt dazu bei, die Welt für alle zu einem besseren Ort zu machen. Und so trägst du, liebe Leserin oder lieber Leser, ebenfalls dazu bei – dadurch, dass du dieses Buch gelesen und dieses Wissen in dich aufgenommen hast. Dafür möchte ich dir zutiefst danken. Wir sind alle mit allem verbunden. Und wir können alle ständig voneinander lernen. Wenn uns die Verbundenheit mit allem um uns herum bewusst wird, verändert sich unsere Sicht auf die Welt. Dann verändern wir die Welt …

Herzensgrüße,

Eure Bianca

Danksagung

An dieser Stelle möchte ich einigen Menschen meinen besonderen Dank aussprechen. Zunächst bedanke ich mich ganz herzlich bei meinem Verleger, Michael Nagula. Danke, dass du an das Buch geglaubt hast und mich das Manuskript so hast schreiben lassen, wie es meiner Vision und dem Wunsch der Tiere entsprach. Du hast immer ein offenes Ohr für mich gehabt, und unsere Gespräche waren stets sehr inspirierend.

Auch möchte ich ein Dankeschön an meine Familie aussprechen. Ihr habt mir den Freiraum gelassen, den ich zum Schreiben brauchte. Ihr habt mich unterstützt, jeder auf seine eigene Art. Und ihr seid immer mit all eurer Liebe für mich da, so wie ich für euch. Katharina, meine Tochter, du hast den einen oder anderen Abschnitt des Buches vorab gelesen. Danke für deine Tränen dabei, denn sie zeigten mir, dass das Geschriebene dich sehr berührt hat. Mein Mann Nico, du hast mir einen Teil der Büroarbeit abgenommen, mich mit Tee und Keksen versorgt, während ich im Freien saß und am Manuskript gearbeitet habe. Mein Sohn Daniel, auch du hast mit dafür gesorgt, dass ich Ruhe zum Schreiben finde, und hast dich unter anderem um Luna gekümmert. Peter und Melitta, meine wundervollen Eltern, ohne euch gäbe es mich gar nicht.

Ich danke euch für mein Leben, für eure Liebe und auch dafür, dass ihr mich immer meinen Weg habt gehen lassen und immer für mich da wart, auch wenn ihr so vieles davon nicht verstanden habt. Ich konnte euch als Kind nie erklären, was ich alles wahrnahm. Ich wusste, dass ich anders bin und Dinge sehe, die ihr damals nicht sehen konntet. Ich bin gesegnet mit meiner Familie und liebe euch alle so sehr.

Ein weiterer Dank geht an zwei ganz besondere Menschen: Robert und Michaela. Ohne euch wäre ich heute nicht der Mensch, der ich bin. Ihr habt mir ein großes Geschenk gemacht – eure Freundschaft. Ich kann nicht mehr zählen, wie oft ihr euch ins Auto gesetzt habt und mal eben fünf Stunden zu mir gefahren seid, damit wir uns ein oder zwei Stunden sehen können, bevor ihr euch wieder auf die fünfstündige Rückfahrt begabt. Eines weiß ich ganz genau: Wann immer ich euch brauche, seid ihr da. Ohne Wenn und Aber. »Freundschaft ist die aufrichtigste Form von Liebe« – einer meiner Lieblingssätze.

Ich liebe euch beide von ganzem Herzen, und ihr gehört zu den wichtigsten Menschen in meinem Leben. Dank euch habe ich mich vor ein paar Jahren gefunden.

Dank euch habe ich die Kraft und den Mut gehabt, mich auf den Weg zu mir selbst zu begeben, und seit wir uns kennen, sind wir nicht nur zusammengewachsen, sondern haben gemeinsam erfahren dürfen, was wahre Freundschaft bedeutet.

Diese Freundschaft hat mir die Kraft gegeben, an mich zu glauben und mich zu zeigen.

Ich möchte an dieser Stelle auch allen Tieren und der Geistigen Welt danken. Es waren die Tiere, die mich so vieles gelehrt haben. In unzähligen Gesprächen durfte ich die Welt aus ihrer Sicht kennen und den Grund dafür verstehen lernen, warum sie an der Seite der Menschen sind. Die verschiedenen Tierseelen haben mir Zusammenhänge aufgezeigt und mich darauf hingewiesen, dass sie Aufgaben bei uns Menschen haben, mit denen sie uns helfen wollen. Und das Höhere Selbst der Tiere hat sich immer öfter in meine Gespräche mit einzelnen Tieren eingemischt, bis ich schließlich begann, mich gezielt mit den Gruppenseelen zu verbinden und sie zu channeln.

Die Tiere auf dieser wundervollen Welt und ihre Seelen gehören zu den größten Lehrern, die ich auf meinem Weg habe, und es erfüllt mich mit unendlicher Dankbarkeit, dass ich von ihnen lernen und mein Wissen an andere Menschen weitergeben darf. Tiere sind wohl die aufrichtigsten Lebewesen auf dem Planeten, und ich verdanke ihnen viel, wenn nicht alles. Wahrscheinlich hat jeder, der das Buch liest, diese Erfahrung auch schon gemacht. Es sind die Tiere, die uns an die bedingungslose und uneingeschränkte Liebe erinnern.

Sie zeigen uns Wege in eine neue Zukunft, Wege zur Entfaltung und Entwicklung. Sie haben eine direkte Anbindung an die feinstoffliche Welt und begleiten uns auf unserem göttlichen Weg, in schlechten wie in guten Zeiten.

Deshalb geht mein wohl größter und wirklich grenzenloser Dank an die Tiere auf dieser Welt.

Bianca Sommer

wurde 1978 in Halle an der Saale geboren, wo sie ihre Kindheit verbrachte. Schon als Kind hatte sie mediale Fähigkeiten, konnte mit Tieren telepathisch kommunizieren, nahm Verstorbene wahr, sah Ereignisse vorher und wusste, wenn jemand nicht mehr lange zu leben hatte. Sie übte eine starke Anziehung auf Tiere aus, da sogar wilde und scheue Tiere ihre Nähe suchten. So war es nicht verwunderlich, dass sie als Jugendliche ihre Freizeit überwiegend im Reitstall und bei dem dortigen Hund verbrachte.

Als 22-Jährige zog sie in die Münchner Gegend und absolvierte nebenberuflich eine Ausbildung zur Tierheilpraktikerin. Bald darauf verbesserte sie in verschiedenen Kursen ihre Fähigkeiten als Tierkommunikatorin. Sie entschied sich, ihre Stelle im öffentlichen Dienst zu kündigen und sich beruflich den Tieren und deren Heilung zuzuwenden. Dafür gründete sie das *Tier-Therapie-Zentrum*, ein Aus- und Weiterbildungsinstitut im Bereich der Tiernaturheilkunde, und arbeitete als Tierakupunkteurin und Tierkommunikatorin. Je mehr sie sich mit Tierkommunikation befasste, desto stärker entwickelten sich auch ihre medialen Fähigkeiten. Um ihre Medialität besser kontrollieren und steuern zu können, absolvierte sie eine Ausbildung zum Jenseitsmedium. In dieser Zeit verstand sie, dass die Geistige Welt sie deutlich aufforderte, als Jenseitsmedium zu arbeiten.

Heute lebt sie im schönen oberbayrischen Landkreis Freising, inmitten grüner Wiesen und Wälder, mit Familie, Pferd und

Hund, und geht ihrer Berufung als Medium, Tierkommunikatorin, Speakerin und spirituelle Lehrerin nach. Seit einigen Jahren gibt sie ihr Wissen in Kursen weiter. Es ist ihr eine Herzensangelegenheit, Menschen aus der Trauer in ein zufriedeneres Leben zu führen und wieder in ihre Leichtigkeit und ihr Gefühl zu bringen. Da Tiere ihr besonders am Herzen liegen, nimmt die Tierkommunikation – neben den Jenseitskontakten – den größten Teil ihrer Tätigkeit ein. Sie möchte durch die Tierkontakte zeigen, dass Tiere eigene Gedankengänge und Gefühle haben und den Menschen helfen, ihre Lebensaufgabe zu finden. Tiere sind für sie spirituelle Entwicklungshelfer, von denen wir alle unendlich viel lernen können. Das verdeutlicht sie in ihren Tierkommunikationen und auch in ihren Kursen.

Mit Achtsamkeit und Ehrlichkeit begegnet sie nicht nur den Tieren, sondern ebenso ihren Klienten und Kursteilnehmern. Sie begleitet sie liebevoll bei ihrer individuellen Entfaltung, denn »Tierkommunikation ist immer auch Persönlichkeitsentwicklung«, wie sie gerne sagt. Ihr Wunsch ist es, dass die Menschen mehr in ihre Herzensenergie kommen und den Tieren wieder zuhören, denn: »Wir können so unendlich viel von den Tieren lernen, wenn wir nur bereit sind, ihnen zuzuhören und uns die Augen und das Herz von ihnen öffnen zu lassen.«

Bianca Sommer – Dein Herzensmedium®

Liebevolle Hilfe von Herz zu Herz

Bianca Sommer – Medium • Tierkommunikatorin • Speakerin

Im Jägerfeld 4 • D-85399 Hallbergmoos
Mobil +49171/2309077

info@medium-muenchen.de
www.medium-muenchen.de